Die gegenseitige Anerkennung strafrechtlicher Entscheidungen in Europa

Europäische Hochschulschriften
Publications Universitaires Européennes
European University Studies

Reihe II
Rechtswissenschaft

Série II Series II
Droit
Law

Bd./Vol. 4599

PETER LANG
Frankfurt am Main · Berlin · Bern · Bruxelles · New York · Oxford · Wien

Markus Juppe

Die gegenseitige Anerkennung strafrechtlicher Entscheidungen in Europa

Historische Grundlagen – Aktuelle und zukünftige Problembereiche

PETER LANG
Internationaler Verlag der Wissenschaften

Bibliografische Information der Deutschen Nationalbibliothek
Die Deutsche Nationalbibliothek verzeichnet diese Publikation in der Deutschen Nationalbibliografie; detaillierte bibliografische Daten sind im Internet über <http://www.d-nb.de> abrufbar.

Zugl.: Regensburg, Univ., Diss., 2007

D 355
ISSN 0531-7312
ISBN 978-3-631-56734-0

www.peterlang.de

Meinen Eltern

Vorwort

Die vorliegende Abhandlung wurde von der Juristischen Fakultät der Universität Regensburg als Dissertation angenommen. Das Manuskript wurde im Juni 2006 fertig gestellt. Ein Teil der nachfolgend erschienenen Literatur konnte bei der Erstellung der Druckfassung noch eingearbeitet werden

Ich danke Herrn em. Professor Dr. Dr. h.c. Friedrich-Christian Schroeder herzlich für die Betreuung der Arbeit, für seine Anregungen und konstruktiven Ratschläge sowie für die Anfertigung des Erstgutachtens.

Herrn Professor Dr. Tonio Walter danke ich für die zügige Begutachtung der Arbeit als Zweitkorrektor.

Für die Hilfe in der Anfangsphase möchte ich mich beim Team der Vertretung des Freistaats Bayern bei der Europäischen Union bedanken.

Besonderen Dank schulde ich Herrn Dr. Stefan Walz. Er hat mich als Leiter des EU-Koordinierungsreferats im Bundesministerium der Justiz hilfsbereit und kompetent unterstützt.

Ich widme diese Arbeit meinen Eltern, ohne deren großzügige Unterstützung ich dieses Vorhaben nicht zu einem Ende hätte bringen können. Für die sorgfältige Durchsicht des Manuskripts danke ich meinem Vater.

Großen Dank schulde ich meiner Frau Stefanie, die während der gesamten Zeit viel Rücksicht genommen hat.

München, April 2007 Markus Juppe

Inhaltsverzeichnis

Literaturverzeichnis

Aeschlimann, Jürg — Die Zukunft des schweizerischen Strafprozessrechts, ZStrR 1992, 355

Ahlbrecht, Heiko — Der Rahmenbeschlussentwurf der Europäischen Beweisanordnung – eine kritische Bestandsaufnahme, NStZ 2006, 70

Ahlbrecht, Heiko — Freier Personenverkehr innerhalb der Europäischen Union in Auslieferungssachen – die Umsetzung des Europäischen Haftbefehls in das deutsche Rechtshilferecht, StV 2005, 40

Albrecht, Peter-Alexis — Europäischer Strafrechtsraum: Ein Albtraum?, ZRP 2004, 1

Albrecht, Peter-Alexis — Die vergessene Freiheit – Strafrechtsprinzipien in der europäischen Sicherheitsdebatte, BWV Berlin 2003

Alexy, Robert — Theorie der Grundrechte, Frankfurt a.M., 2. Aufl., 1986

Altenhain, Karsten — Europäisches Herkunftslandprinzip und nationales Strafanwendungsrecht, in: Strafrecht und Kriminalität in Europa, Baden-Baden, 2003, 107

Ambos, Kai — Zur Rechtsgrundlage des Internationalen Strafgerichtshofs, Eine Analyse des Rom-Statuts, ZStW 111 (1999), 175

Baier, Helmut — Die Auslieferung von Bürgern der Europäischen Union an Staaten innerhalb und außerhalb der EU, GA 2001, 427

Bänziger, Felix — Die schweizerische Strafprozessordnung: ein Projekt mit Zukunft, Zeitschrift für schweizerisches Recht 2002, 527

Bardenhewer-Rating, Angela u.a. (Schriftleitung) — Kommentar zum Vertrag über die Europäische Union und zur Gründung der Europäischen Gemeinschaft, Baden-Baden, 1999

Bartsch, Hans-Jürgen — Strafvollstreckung im Heimatstaat, NJW 1984, 513

Bendler, Wolfgang — Verteidigungsrechte im Konzept des vergemeinschafteten Ermittlungsverfahrens unter Führung der Europäischen Staatsanwaltschaft am Beispiel des Beweisrechts, StV 2003, 133

Beulke, Werner — Strafprozessrecht, Heidelberg, 2001

Biehler, Anke / Gleß, Sabine / Parra, Nina / Zeitler, Helge Elisabeth — Analyse des Grünbuchs zum strafrechtlichen Schutz der finanziellen Interessen der EG und zur Schaffung einer Europäischen Staatsanwaltschaft, Studie im Auftrag des Haushaltsausschusses des Europäischen Parlaments, Freiburg, 2002

Bleckmann, Albert Allgemeine Staats- und Völkerrechtslehre; Vom Kompetenz- zum Kooperationsvölkerrecht, Köln, 1995

Bogdandy, Armin von Europäische Verfassung und europäische Identität, JZ 2004, 53

Bogdandy, Armin von Grundrechtsgemeinschaft als Integrationsziel?, JZ 2001, 157

Böhm, Ferdinand Handbuch des Rechtshülfeverfahrens im Deutschen und gegenüber dem Auslande; Zweiter Theil: Rechtshülfe in Strafsachen, Erlangen, 1888

Böhm, Klaus Michael Das Europäische Haftbefehlsgesetz und seine rechtsstaatlichen Mängel, NJW 2005, 2588

Böhm, Klaus Michael Das neue Europäische Haftbefehlsgesetz, NJW 2006, 2592

Bohnert, Jean-Francois / Lagodny, Otto Art 54 SDÜ im Lichte der nationalen Wiederaufnahmegründe, NStZ 2000, 636

Bosbach, Jens Anmerkung zum Beschluss des BVerfG zum Europäischen Haftbefehl vom 18.07.2005, NStZ 2006, 104

Böse, Martin Die Verwertung im Ausland gewonnener Beweismittel im deutschen Strafverfahren, ZStW 114 (2002), 148

Böse, Martin Die polizeiliche und justizielle Zusammenarbeit in Strafsachen im Entwurf eines Vertrages über eine Verfassung für Europa, in: Der Verfassungsentwurf des Europäischen Konvents, 2004, 151

Böse, Martin Der Grundsatz „ne bis in idem" in der Europäischen Union, GA 2003, 744

Böse, Martin Das Prinzip der gegenseitigen Anerkennung in der transnationalen Strafrechtspflege in der EU: die Verkehrsfähigkeit strafgerichtlicher Entscheidungen, in: Fragmentarisches Strafrecht, 2003, 233

Braum, Stefan Das Prinzip der gegenseitigen Anerkennung; Historische Grundlagen und Perspektiven europäischer Strafrechtsentwicklung, GA 2005, 681

Braum, Stefan Das „Corpus Juris" – Legitimität, Erforderlichkeit und Machbarkeit, JZ 2000, 493

Braum, Stefan Europäisches Strafrecht im administrativen Rechtsstil: zur kriminalpolitischen Konzeption des „EU-Grünbuchs Europäische Staatsanwaltschaft", ZRP 2002, 508

Braum, Stefan Europäische Strafgesetzlichkeit, Frankfurt a. M., 2003

Braum, Stefan Aufbruch oder Abbruch europäischer Strafverteidigung?, StV 2003, 576

Brüner, Franz-Herrmann; Spitzer, H. Der Europäische Staatsanwalt – ein Instrument zur Verbesserung des Schutzes der EU-Finanzen oder ein Beitrag zur Verwirklichung eines Europas der Freiheit, der Sicherheit und des Rechts?, NStZ 2002, 393

Brüner, Franz-Hermann; Hetzer, Wolfgang Nationale Strafverfolgung und Europäische Beweisführung, NStZ 2003, 113

Bubnoff, Eckhart von Der Europäische Haftbefehl, Ein Leitfaden für die Auslieferungspraxis, Heidelberg, 2005

Bubnoff, Eckhart von Institutionelle Kriminalitätsbekämpfung in der EU; Schritte auf dem Weg zu einem europäischen Ermittlungs- und Strafverfolgungsraum, ZEuS 2002, 185

Buruma, Ybo Radikale Toleranz – Auf dem Weg zu einem zweidimensionalen Raum der Freiheit, der Sicherheit und des Rechts, ZStW 116 (2004), 424

Creifelds, Carl / Weber, Klaus (Hrsg.) Rechtswörterbuch, München, 2002

Dannecker, Gerhard Die Entwicklung des Strafrechts unter dem Einfluß des Gemeinschaftsrechts, JURA 1998, 79

Dannecker, Gerhard Die Garantie des Grundsatzes „ne bis in idem“ in Europa, in: FS Günter Kohlmann, 2003, 593

Dannecker, Gerhard Die Bedeutung des Schutzes der finanziellen Interessen der Europäischen Union für die Harmonisierung des Strafrechts in der Europäischen Union, ZStrR 2003, 280

Dannecker, Gerhard Strafrecht in der Europäischen Gemeinschaft, JZ 1996, 869

Dannecker, Gerhard Die Entwicklung des Strafrechts unter dem Einfluss des Gemeinschaftsrechts, Jura 1998, 79

Deiters, Mark Gegenseitige Anerkennung von Strafgesetzen; Erwiderung zu Schünemann, ZRP 2003, 185, ZRP 2003, 359

Delmas-Marty, Mireille Corpus Juris der strafrechtlichen Regelungen zum Schutz der finanziellen Interessen der Europäischen Union in: Ius Criminale, Köln, 1998

Dencker, Friedrich Verwertungsverbote und Verwendungsverbote im Strafprozeß in: FS Meyer-Goßner, 2001, 237

Dieckmann, Jochen	Europäische Kooperation im Bereich der Strafrechtspflege, NStZ 2001, 617
Eisele, Jörg	Einflussnahme auf nationales Strafrecht durch Richtliniengebung der Europäischen Gemeinschaft, JZ 2001, 1157
Eisele, Jörg	Einführung in das Europäische Strafrecht, JA 2000, 896
Eisele, Jörg	Internationale Bezüge des Strafrechts, JA 2000, 424
Ensthaler, Jürgen (Hrsg.)	Europäischer Binnenmarkt – Stand und Perspektiven der Rechtsharmonisierung, Münster, 1989
Epiney, Astrid	Rechtshilfe in Strafsachen in der EU: zugleich ein Beitrag zum derzeitigen Stand der Verhandlungen der EG im Rahmen der „Bilateralen II" mit der Schweiz, EuZW, 2003, 421
Eser, Albin	Brauchen wir ein europäisches Strafgesetzbuch?, in: Recht schafft Zukunft, Bonn, 2003, S. 136
Eser, Albin / Huber, Barbara (Hrsg.)	Strafrechtsentwicklung in Europa; Landesberichte 1982/1984 über Gesetzgebung, Rechtsprechung und Literatur, in: Beiträge und Materialien aus dem MPI Freiburg, 1995
Eser, Albin / Lagodny, Otto / Wilkitzki, Peter	Internationale Rechtshilfe in Strafsachen, Rechtsprechungssammlung 1949 – 1992, Freiburg, 1993
Esser, Robert	Rahmenbedingungen der Europäischen Union für das Strafverfahrensrecht in Europa, ZEuS 2004, 289
Esser, Robert	Auf dem Weg zu einem europäischen Strafverfahrensrecht, Trier, 2002
Esser, Robert / Herbold, Anna	Neue Wege für die justizielle Zusammenarbeit in Strafsachen – Das Eurojust-Gesetz, NJW 2004, 2421
Fromm, Ingo Erasmus	Der strafrechtliche Schutz der Finanzinteressen der EG; Die Frage der Einführung einer supranationalen Strafrechtskompetenz durch Art. 280 IV EGV, Frankfurt (Oder), 2003
Fuchs, Helmut	Bemerkungen zur gegenseitigen Anerkennung justizieller Entscheidungen, ZStW 116 (2004), 368
Gärditz, Klaus Ferdinand	Der Strafprozeß unter dem Einfluß europäischer Richtlinien, Wistra 1999, 293
Gazeas, Nikolaos	Die Europäische Beweisanordnung – Ein weiterer Schritt in die falsche Richtung?, ZRP 2005, 18
Geiger, Rudolf	EG-Vertrag, Kommentar, München, 1993

Geiger, Rudolf — EUV / EGV; Vertrag über die Europäische Union und Vertrag zur Gründung der Europäischen Gemeinschaft, Kommentar, München, 2000

Geimer, Reinhold / Schütze, Rolf A. — Internationale Urteilsanerkennung; Band I 1. Halbband: Das EWG-Übereinkommen über die gerichtliche Zuständigkeit und die Vollstreckung gerichtlicher Entscheidungen in Zivil- und Handelssachen, München, 1983

Geimer, Reinhold / Schütze, Rolf A. — Internationale Urteilsanerkennung; Band I 2. Halbband: Allgemeine Grundsätze und autonomes deutsches Recht, München, 1984

Gleß, Sabine — Eine akademische Kritik des „EU-Acquis" zur grenzüberschreitenden Beweissammlung, in: ERA-Forum Sonderausgabe zu europäischen Beweismitteln, 2005, 41

Gleß, Sabine — Das Verhältnis von Beweiserhebungs- und Beweisverwertungsverboten und das Prinzip „locus regit actum", FS Grünwald 1999, 197

Gleß, Sabine — Zum Prinzip der gegenseitigen Anerkennung, ZStW 116 (2004), 353

Gleß, Sabine — Die „Verkehrsfähigkeit von Beweisen" im Strafverfahren, ZStW 115 (2003), 131

Gleß, Sabine / Lüke, Monika — Strafverfolgung über die Grenzen hinweg – Formen der Zusammenarbeit europäischer Länder zur Kriminalitätsbekämpfung, JURA 1998, 70

Groeben, Hans von der / Schwarze, Jürgen (Hrsg.) — Kommentar zum Vertrag über die Europäische Union und zur Gründung der Europäischen Gemeinschaft; Zitiert: Autor in: von der Groeben/Schwarze; Baden-Baden, 2003

Grützner, Heinrich — Die zwischenstaatliche Anerkennung europäischer Strafurteile, NJW 1969, 345

Grützner, Heinrich — Staatspolitik und Kriminalpolitik im Auslieferungsrecht, ZStW (68), 1956, 501

Grützner, Heinrich / Pötz, Paul Günther — Internationaler Rechtshilfeverkehr in Strafsachen, Hamburg, 2. Auflage, Stand 2005

Gundel, Jörg — Die Neuordnung der Rechtsangleichung durch den Vertrag von Amsterdam – neue Voraussetzungen für den „nationalen Alleingang", JuS 1999, 1171

Hackner, Thomas — Der Europäische Haftbefehl in der Praxis der Staatsanwaltschaften und Gerichte, NStZ 2005, 311

Hackner, Thomas; Schomburg, Wolfgang; Lagodny, Otto; Wolf, Norbert — Internationale Rechtshilfe in Strafsachen; Ein Leitfaden für die Praxis, München, 2003

Hamm, Rainer	Grundprinzipien eines europäischen Strafrechts, in: Internationalisierung des Strafrechts, Baden-Baden, 2003, S. 55
Hassemer, Winfried	Strafrecht in einem europäischen Verfassungsvertrag, ZStW 116 (2004), 304
Hassemer, Winfried	Ein Strafrecht für Europa, in: Strafrecht und Kriminalität in Europa, 2003, 11
Hecker, Bernd	Das Prinzip des „Ne bis in idem“ im Schengener Rechtsraum (Art. 54 SDÜ), StV 2001, 306
Hecker, Bernd	Europäisches Strafrecht, Berlin, 2005
Hein, Lars	Zuständigkeitskonflikte im internationalen Strafrecht - Ein europäisches Lösungsmodell, Berlin, 2002 2002
Heintschel-Heinegg, Bernd von / Rohlff, Daniel	Der Europäische Haftbefehl, GA 2003, 45
Hilgendorf, Eric	Nationales oder transnationales Strafrecht? Europäisches Strafrecht, Völkerstrafrecht und Weltrechtsgrundsatz im Zeitalter der Globalisierung; in: Raum und Recht, FS 600 Jahre Würzburger Juristenfakultät, 2002, 333
Isensee, Josef / Kirchhof, Paul (Hrsg.)	Handbuch des Staatsrechts, Heidelberg, 2004
Jähnke, Burkhard / Laufhütte, Heinrich Wilhelm / Odersky, Walter	Strafgesetzbuch, Leipziger Kommentar, Berlin, 2003 Zitiert: Autor in: LK
Jedamzik, Alfred	Das rundfunkrechtliche Sonderdelikt als Anwendungsfall interlokalrechtlicher Grundsätze, München, 1979
Jekewitz, Jürgen	Der Europäische Haftbefehl vor dem Bundesverfassungsgericht; Sachverhalt und Besprechung von BVerfG, Urteil vom 18.7.2005, GA 2005, 625
Jescheck, Hans-Heinrich	Die internationale Rechtshilfe in Strafsachen in Europa, ZStW 66 (1954), 518
Jescheck, Hans-Heinrich	Möglichkeiten und Probleme eines Europäischen Strafrechts, in: FS Jhong-Won Kim, 1991, 947
Jescheck, Hans-Heinrich; Weigend, Thomas	Lehrbuch des Strafrechts, Allgemeiner Teil, Berlin, 1996

Joecks, Wolfgang / Miebach, Klaus (beide Hrsg.) Münchner Kommentar zum Strafgesetzbuch, München, 2003 Zitiert: Autor in: MüKo

Jokisch, Jens Gemeinschaftsrecht und Strafverfahren: die Überlagerung des deutschen Strafprozeßrechts durch das europäische Gemeinschaftsrecht, Berlin, 2000

Jung, Heike Konturen und Perspektiven des europäischen Strafrechts, JuS 2000, 417

Jung, Heike Strafverteidigung in Europa, StV 1990, 509

Jung, Heike / Nitschmann, Kathrin / Radke, Henning Einheit und Vielfalt: Zur Entwicklung des Strafverfahrensrechts in Europa – Ein Tagungsbericht, GA 2003, 383

Kattau, Thomas Strafverfolgung nach Wegfall der europäischen Grenzkontrollen, Bremen, 1993

Kempf, Eberhard Der Europäische Staatsanwalt: Freier Fuchs im freien Hühnerstall?, StV 2003, 128

Kielwein, Gerhard Zum gegenwärtigen Stand einer internationalen Kriminalpolitik, in: FS Theodor Rittler, 1957, S. 95

Klip, André Harmonisierung des Strafrechts – eine fixe Idee?, NStZ 2000, 626

Kohlhaas, Max Die Verlesung von Niederschriften über frühere Vernehmungen in der Hauptverhandlung (§ 251 StPO), NJW 1954, 535

Krägenau, Henry In: Mayer, Otto / Scharrer, Hans-Eckart / Schmahl Hans-Jürgen Binnenmarktstrategie – Vom Weissbuch bis heute, in: Der Europäische Binnenmarkt - Grundlagen und Probleme, Hamburg, 1989, S. 15

Kreß, Claus Strafrecht auf der Schwelle zum europäischen Verfassungsvertrag, ZStW 116 (2004), 445

Kreuzer, Karl / Scheuing, Dieter / Sieber, Ulrich (Hrsg.) Europäischer Grundrechtsschutz, in: IUS EUROPAEUM, Baden Baden, 1998

Kühl, Christian Europäisierung der Strafrechtswissenschaft, ZStW 109 (1997), 777

Kühne, Hans-Heiner Die Rechtsprechung des EGMR als Motor für eine Verbesserung der Beschuldigtenrechte in den nationalen Strafverfahrensrechten der Mitgliedstaaten, StV 2001, 73

Kühne, Hans-Heiner Strafprozessrecht, Heidelberg, 1999

Lackner, Karl / Kühl, Kristian Strafgesetzbuch mit Erläuterungen, Kommentar, München, 24. Aufl., 2001

Lagodny, Otto Eckpunkte für die zukünftige Ausgestaltung des deutschen Auslieferungsverfahrens – zugleich Besprechung des BVerfG-Urteils zum Europäischen Haftbefehlsgesetz, StV 2005, 515

Lagodny, Otto Strafrecht in den Schranken der Grundrechte, Freiburg, 1996

Lagodny, Otto Die Rechtstellung des Auszuliefernden in der Bundesrepublik Deutschland, Freiburg, 1987

Lagodny, Otto Auslieferung und Überstellung deutscher Staatsangehöriger, ZRP 2000, 175

Lagodny, Otto Viele Strafgewalten und nur ein transnationales ne-bis-in-idem? in: Strafrecht, Strafprozessrecht und Menschenrechte, FS Trechsel, 2002, S. 253

Lagodny, Otto Empfiehlt es sich, eine europäische Gerichtskompetenz für Strafgewaltskonflikte vorzusehen?
Gutachten im Auftrag des Bundesministeriums der Justiz, Berlin 2001
Zitiert: Lagodny, Strafgewaltkonflikte

Lagodny, Otto Teileuropäisches „ne bis in idem" durch Art. 54 des Schengener Durchführungsübereinkommens (SDÜ), NStZ 1997, 265

Lagodny, Otto Grundkonstellationen des internationalen Strafrechts, ZStW 101, (1989), 987

Lagodny, Otto Die Aktivitäten des Europarates auf strafrechtlichem Gebiet unter besonderer Berücksichtigung der Europäischen Menschenrechtskonvention, in: Strafrechtsentwicklung in Europa Band 3 Teil 2 (Albin Eser / Barbara Huber (Hrsg.), 1990, S. 1315

Landau, Herbert Verwirklichung eines europaweiten „ne bis in idem" im Rahmen der Anwendung des § 153 c Abs. 1 Nr. 3 StPO, in: FS Söllner, 2000

Langsdorff von, Herrmann Maßnahmen der Europäischen Union zur Vereinfachung und Beschleunigung der Rechtshilfe und insoweit vorgesehene Beschuldigten- und Verteidigerrechte, StV 2003, 472

Leutheusser-Schnarrenberger, Sabine Ein System gerät außer Kontrolle: Das Schengener Informationssystem, ZRP 2004, 97

Ligeti, Katalin Strafrecht und strafrechtliche Zusammenarbeit in der Europäischen Union, Berlin, 2004

Linke, Robert — Zwischenstaatliche Kompetenzkonflikte auf dem Gebiet des Strafrechts, in: FS Grützner: Aktuelle Probleme des Internationalen Strafrechts, 1970, 85

Lisken, Hans / Bäumler, Helmut — Handbuch des Polizeirechts, München, 2001

Löwe-Rosenberg — Die Strafprozessordnung und das Gerichtsverfassungsgesetz, Kommentar, Berlin, 2001

Lüderssen, Klaus — Das moderne Strafrecht: eine Zerreißprobe zwischen „ultima ratio“, Pragmatismus und kulturellem Hochgefühl, StV 2004, 97

Lüderssen, Klaus — Europäisierung des Strafrechts und gubernative Rechtssetzung, GA 2003, 71

Ludwigs, Markus — Die Kompetenzordnung der Europäischen Union im Vertragsentwurf über eine Verfassung für Europa, ZEuS 2004, 211

Maierhöfer, Christian — „Aut dedere – aut punicare“, Herkunft, Rechtsgrundlagen und Inhalt des völkerrechtlichen Gebotes zur Strafverfolgung oder Auslieferung, Berlin, 2006

Mansdörfer, Marco — Das Prinzip des ne bis in idem im europäischen Strafrecht, Berlin, 2004

Maurach, Reinhart Zipf, Heinz — Strafrecht, Allgemeiner Teil, Heidelberg, 1992

Mayer, Markus — Ne-bis-in-idem-Wirkung europäischer Strafentscheidungen, Augsburg, 1992

Militello, Vincenzo — Der Alternativ-Entwurf Europäische Strafverfolgung: ein Januskopf, ZStW 116 (2004), 436

Momsen, Carsten / Bloy, René / Rackow, Peter (Hrsg.) — Fragmentarisches Strafrecht, Frankfurt a. M., 2003

Müller-Graff, Peter-Christian — Europäische Zusammenarbeit in den Bereichen Justiz und Inneres - Der dritte Pfeiler der Europäischen Union, Baden Baden, 1996

Musil, Andreas — Umfang und Grenzen europäischer Rechtssetzungsbefugnisse im Bereich des Strafrechts nach dem Vertrag von Amsterdam, NStZ 2000, 68

Nalewajko, Pawel — Der Grundsatz der gegenseitigen Anerkennung in Strafsachen, in: Europäisierung des Strafrechts in Polen und Deutschland – rechtsstaatliche Grundlagen, Berlin, 2007

Nehm, Kay — Zur Reichweite des „ne bis in idem“-Prinzips in Art. 54 SDÜ und den Möglichkeiten seiner Fortentwicklung im Rahmen der Europäischen Union, in: FS Herbert Steininger, 2003, S. 369

Nelles, Ursula Europäisierung des Strafverfahrens – Strafprozessrecht für Europa?, ZStW 109 (1997), 727

Nestler, Cornelius Europäisches Strafprozessrecht, ZStW 116 (2004), 332

Oehler, Dietrich Internationales Strafrecht, Köln, 2. Aufl., 1983

Oehler, Dietrich Internationales Strafrecht, Geltungsbereich des Strafrechts, Recht der Gemeinschaften, Völkerstrafrecht, Köln, 1983

Oppermann, Thomas Europarecht - Lehrbuch, München, 2. Auflage, 1999

Perron, Walter Auf dem Weg zu einem europäischen Ermittlungsverfahren?, ZStW 112 (2000), 202

Perron, Walter Sind die nationalen Grenzen des Strafrechts überwindbar? Überlegungen zu den strukturellen Voraussetzungen der Angleichung und Vereinheitlichung unterschiedlicher Strafrechtssysteme, ZStW 109, (1997), 281

Pieth, Mark Internationale Harmonisierung von Strafrecht als Antwort auf transnationale Wirtschaftskriminalität, ZStW 109 (1997), 756

Plöckinger, Oliver; Leidenmühler, Franz Zum Verbot doppelter Strafverfolgung nach Art. 54 SDÜ 1990, wistra 2003, 81

Popp, Peter Grundzüge der internationalen Rechtshilfe in Strafsachen, München, 2001

Presse- und Informationsamt der Bundesregierung Das Schengener Abkommen; Dokumentation des BMI zum Schengener Durchführungsübereinkommen (SDÜ) anlässlich des ersten Jahrestages der Inkraftsetzung, 1996

Prittwitz, Cornelius Nachgeholte Prolegomena zu einem künftigen Corpus Juris Criminalis für Europa, ZStW 113 (2001), 774

Radke, Henning / Busch, Dirk Transnationaler Strafklageverbrauch in der Europäischen Union: EuGH. Urt. v. 11.02.2003, NStZ 2003, 281

Radtke, Henning Der Europäische Staatsanwalt – Ein Modell für Strafverfolgung in Europa mit Zukunft?, GA 2004, 1

Rasner, Andreas Erforderlichkeit, Legitimität und Umsetzbarkeit des Corpus Juris Florenz, Passau, 2004

Rehmke, Stephen Cops on the top, die Hymne auf die europäisierte Strafverfolgung ist ein Abgesang auf die Freiheitsrechte, Forum Recht, 2004, 4

Riklin, Franz Strafprozessrechtsreform in Österreich und der Schweiz. Eine vergleichende Betrachtung, ZStrR 2001, 371

Riklin, Franz Die Strafprozessrechtsreform in der Schweiz, GA 2006, 495

Rogall, Klaus Über die Folgen der rechtswidrigen Beschaffung des Zeugenbeweises im Strafprozeß, JA 1996, 944

Rohlff, Daniel Der Europäische Haftbefehl, Frankfurt a.M., 2003

Rose, Frank Guido Der Auslandzeuge im Beweisrecht des deutschen Strafprozesses, München, 1999

Rosenthal, Michael Europäisches Haftbefehlsgesetz, zweiter Versuch, ZRP 2006, 105

Roxin, Claus Strafverfahrensrecht, München, 1998

Ruegenberg, Guido Harmonisierung des Allgemeinen Teils, Prolegomena zu einem Europäischen Modellstrafgesetzbuch, JZ 1999, 30

Ruegenberg, Guido Gemeinsamkeiten und Unterschiede des Allgemeinen Teils des Strafrechts in Europa, Tagungsbericht, JZ 1998, 453

Salditt, Franz Doppelte Verteidigung im einheitlichen Raum, StV 2003, 136

Satzger, Helmut Akzeptanz Europäischen Strafrechts: normative Vorkehrungen auf europäischer Ebene für eine Akzeptanzsicherung europäischen Strafrechts in den Mitgliedstaaten, in: Wege zum europäischen Recht, 2002, 51

Satzger, Helmut Gefahren für eine effektive Verteidigung im geplanten europäischen Verfahrensrecht, StV 2003, 137

Satzger, Helmut Die Europäisierung des Strafrechts, in: Ius Criminale, Köln, 2001

Satzger, Helmut Internationales und Europäisches Strafrecht, Baden-Baden, 2005

Satzger, Helmut / Pohl, Tobias The German Constitutional Court and the European Arrest Warrant, Journal of International Criminal Justice 2006, 1

Schmitt von Sydow, Helmut The basic strategies of the commissions white paper; in: Roland Bieber (u.a.): One european market?, Baden Baden, 1988, S. 88

Schmitz, Alexandra Das aktive Personalitätsprinzip im internationalen Strafrecht: zugleich ein kritischer Beitrag zur Legitimation der Ausdehnung der Strafgewalt auf Auslandstaten Deutscher, Frankfurt a. M., 2001

Schnappauff, Klaus Dieter Der Amsterdamer Vertrag, ZFIS 1998, 19

Scholz, Rupert Zehn Jahre Verfassungseinheit, DVBl 2000, 1377

Schomburg, Wolfgang Die Rolle des Individuums in der Internationalen Kooperation in Strafsachen, StV 1998, 153

Schomburg, Wolfgang	Strafsachen in der Europäischen Union, NJW 1999, 540
Schomburg, Wolfgang	Strafrecht und Rechtshilfe im Geltungsbereich von Schengen II, NJW 1995, 1931
Schomburg, Wolfgang	Ein neuer Start! Internationale vertragliche Rechtshilfe in Strafsachen – Kurzübersicht zur aktuellen Rechtsentwicklung, NJW 2001, 801
Schomburg, Wolfgang	Justitielle Zusammenarbeit im Bereich des Strafrechts in Europa: EURO-JUST neben Europol!, ZRP 1999, 237
Schomburg, Wolfgang / Lagodny, Klaus / Gleß, Sabine / Hackner, Thomas	IRG, Kommentar zur internationalen Rechtshilfe in Strafsachen, München, 4. Auflage, 2006
Schönke, Adolf / Schröder, Horst	Strafgesetzbuch Kommentar, München, 2001
Schorkopf, Frank (Hrsg.)	Der Europäische Haftbefehl vor dem Bundesverfassungsgericht, Tübingen, 2006
Schroeder, Friedrich-Christian	Die Gesamtprüfung der Verfahrensfairness durch den EGMR, GA 2003, 293
Schroeder, Friedrich-Christian	Der „räumliche Geltungsbereich" der Strafgesetze, GA 1968, 353
Schroeder, Friedrich-Christian	Schranken für den räumlichen Geltungsbereich der Strafgesetze, NJW 1969, 81
Schroeder, Friedrich-Christian	Die Rechtsnatur des Grundsatzes „ne bis in idem", JuS 1997, 227
Schroeder, Friedrich-Christian	Die Übertragung der Strafvollstreckung, ZStW 98 (1986), 457
Schroeder, Friedrich-Christian	Gefahren des Europäischen Strafrechts – Besteht ein „Demokratiedefizit"?, FAZ 01.08.2006, 10
Schübel, Eva	Wie gut funktioniert die Strafverfolgung innerhalb Europas?, NStZ 1997, 105
Schulz, Lorenz	Europäisches Strafrecht intra muros? – Die Strafverteidigung im geplanten Europäischen Verfahrensrecht. Diskussionsbericht, StV 2003, 142
Schünemann, Bernd	Die Entscheidung des Bundesverfassungsgerichts zum europäischen Haftbefehl: markiges Ergebnis, enttäuschende Begründung, StV 2005, 681

Schünemann, Bernd	Die parlamentarische Gesetzgebung als Lakai von Brüssel? Zum Entwurf des Europäischen Haftbefehlsgesetzes, StV 2003, 531
Schünemann, Bernd	Europäischer Haftbefehl und gegenseitige Anerkennung in Strafsachen (zu Deiters, ZRP 2003, 159), ZRP 2003, 472
Schünemann, Bernd	Ein Gespenst geht um in Europa - Brüsseler „Strafrechtspflege" intra muros, GA 2002, 501
Schünemann, Bernd	Fortschritte und Fehltritte in der Strafrechtspflege der EU, GA 2004, 193
Schünemann, Bernd	Bürgerrechte ernst nehmen bei der Europäisierung des Strafverfahrens!, StV 2003, 116
Schünemann, Bernd	Grundzüge eines Alternativ-Entwurfs zur europäischen Strafverfolgung, ZStW 116 (2004), 376
Schünemann, Bernd	Europäischer Haftbefehl und EU-Verfassungsentwurf auf schiefer Ebene, ZRP 2003, 185
Schünemann, Bernd	Die Rechte des Beschuldigten im internationalisierten Ermittlungsverfahren, StraFO 2003, 344
Schünemann, Bernd (Hrsg.)	Alternativentwurf europäische Strafverfolgung, Köln, 2004
Schünemann, Bernd	Verteidigung in Europa, Beitrag zum fünften Strafverteidiger-Symposion 2006, StV 2006, 361
Schünemann, Bernd; Nestler, Cornelius	Thesen zur „Europäisierung der Strafverfolgung durch das Prinzip der gegenseitigen Anerkennung"
Schwarze, Jürgen (Hrsg.)	Der Verfassungsentwurf des Europäischen Konvents, Verfassungsrechtliche Grundstrukturen und wirtschaftsverfassungsrechtliches Konzept, Baden-Baden, 2004
Schwarze, Jürgen (Hrsg.)	EU-Kommentar, Baden-Baden, 2000
Schweizer, Michael / Hummer, Waldemar	Europarecht, Das Recht der Europäischen Union – Das Recht der Europäischen Gemeinschaften (EGKS, EG,EAG) – mit Schwerpunkt EG, Neuwied, 5. Aufl., 1996
Seetzen, Uwe	Verfassungsrechtliche Schranken der Auslieferung zur Vollstreckung von Abwesenheitsurteilen, in: FS Hans Joachim Faller, 1984, S. 385
Seitz, Helmut	Das Europäische Haftbefehlsgesetz, NStZ 2004, 546
Sieber, Ulrich	Bekämpfung des EG-Betrugs und Perspektiven der europäischen Amts- und Rechtshilfe, ZRP 2000, 186

Sieber, Ulrich Einheitliches europäisches Strafgesetzbuch als Ziel der Strafrechtsvergleichung?, in: FS Ellen Schlüchter, 2002, S. 107

Sieber, Ulrich Memorandum für ein Europäisches Modellstrafgesetzbuch, JZ 1997, 369

Sieber, Ulrich (Hrsg.) Europäische Einigung und Europäisches Strafrecht, Köln, 1993; auch: ZStW 103 (1991), 957

Sommer, Ulrich Die Europäische Staatsanwaltschaft, StV 2003, 126

Stein, Henrike Die Regelungen von Täterschaft und Teilnahme im europäischen Strafrecht am Beispiel Deutschlands, Frankreichs, Spaniens, Österreichs und Englands, Freiburg, 2002

Stein, Sibyl Ein Meilenstein für das europäische „ne bis in idem", NJW 2003, 1162

Streinz, Rudolf Europarecht, Heidelberg, 6. Aufl., 2003

Streinz, Rudolf EUV / EGV, Vertrag über die Europäische Union und Vertrag zur Gründung der Europäischen Gemeinschaft, Kommentar, München, 2003

Streng, Franz Probleme der Strafrechtsgeltung und –anwendung in einem Europa ohne Grenzen, in: Strafrecht und Kriminalität in Europa, 2003, S. 143

Szwarc, Andrzej Ein Entwurf von Rechtsvorschriften zur Anwendung des Verbots der mehrfachen Einleitung und Führung von Strafverfahren in den Mitgliedstaaten der EU gegen einen einer Straftat Verdächtigen, in: Europäisierung des Strafrechts in Polen und Deutschland – rechtsstaatliche Grundlagen, Berlin, 2007

Thomas, Herbert Das Recht auf Einmaligkeit der Strafverfolgung, Baden-Baden, 2002

Trechsel, Stefan Der Einfluß der Europäischen Menschenrechtskonvention auf das Strafrecht und Strafverfahrensrecht der Schweiz, ZStW 100 (1988), 667

Trechsel, Stefan Schweizerisches Strafgesetzbuch vom 21.12.1937, Kurzkommentar, Zürich, 1989

Tröndle, Herbert / Fischer, Thomas Strafgesetzbuch und Nebengesetze, München, 52. Aufl., 2004

Tsiridis, Polychronis Fragen zur Zusammenarbeit der Gerichte in Straffällen, in: Internationalisierung des Strafrechts, 2003, S. 131

Uhle, Arnd Auslieferung und Grundgesetz – Anmerkungen zu Art. 16 II GG, NJW 2001, 1889

Umbach, Dieter / Clemens, Thomas (Hrsg.)	Grundgesetz, Mitarbeiterkommentar und Handbuch, Heidelberg, 2002
Vander Beken, Tom / Vermeulen, Gert / Lagodny, Otto	Kriterien für die jeweils „beste“ Strafgewalt in Europa: zur Lösung von Strafgewaltkonflikten jenseits eines transnationalen Ne-bis-in-idem, NStZ 2002, 624
Vogel, Joachim	Licht und Schatten im Alternativ-Entwurf Europäische Strafverfolgung, ZStW 116 (2004), 400
Vogel, Joachim	Europäischer Haftbefehl und deutsches Verfassungsrecht, JZ 2005, 801
Vogel, Joachim	Harmonisierung des Strafrechts in der Europäischen Union, GA 2003, 315
Vogel, Joachim	Die europäische polizeiliche und justizielle Zusammenarbeit in Strafsachen im Wandel, in: Wandel der Rechtsordnung, 2003, 45
Vogel, Joachim	Stand und Tendenzen der Harmonisierung des materiellen Strafrechts in der Europäischen Union, in: Strafrecht und Kriminalität in Europa, 2003, 29
Vogel, Joachim	Abschaffung der Auslieferung? Kritische Anmerkungen zur Reform des Auslieferungsrechts in der Europäischen Union, JZ 2001, 937
Vogel, Joachim	Anmerkung zu BGH, Beschluss vom 16.10.2001, JZ 2002, 465
Vogel, Joachim	Internationales und europäisches ne bis in idem, in: FS Schroeder, Heidelberg, 2006, 877
Vogel, Joachim	Europäische Kriminalpolitik – europäische Strafrechtsdogmatik, GA 2002, 517
Vogel, Joachim / Grotz, Michael	Perspektiven des internationalen Strafprozessrechts, Heidelberg, 2004
Vogel, Joachim / Norouzi, Ali B.	Europäisches "ne bis in idem" – EuGH, NJW 2003, 1173, JuS 2003, 1059
Vogler, Thomas	Die strafrechtlichen Konventionen des Europarats, Jura 1992, 586
von Bogdandy, Armin	Grundrechtsgemeinschaft als Integrationsziel? Grundrechte und das Wesen der Europäischen Union, JZ 2001, 157
Wasmeier, Martin Thwaites, Nadine	The „battle“ of the pillars“: does the European Community have the power to approximate national criminal laws?, ELR 2004, 613
Wasmeier, Martin	Stand und Perspektiven des EU-Strafrechts, ZStW 116 (2004), 320

Wasmeier, Martin (Hrsg.) Das Strafrecht der Europäischen Union, Herausgegeben und mit Erläuterungen versehen von Martin Wasmeier, Baden Baden, 2003

Wassermann, Rudolf Konflikt zwischen Politik und Recht – Zur Affaire Öcalan, NJW 1999, 760

Wassermann, Rudolf (Hrsg.) Alternativkommentar zum Strafgesetzbuch, Neuwied, 1990

Waßmer, Martin Paul Die Harmonisierung des Europäischen Strafrechts, Tagungsbericht, JZ 1999, 1099

Wattenberg, Andreas Der „Corpus Juris" – Tauglicher Entwurf für ein einheitliches europäisches Straf- und Strafprozessrecht?, StV 2000, 95

Wegner, Carsten Vorschlag der Kommission für einen Europäischen Haftbefehl, StV 2003, 105

Weigend, Thomas Der Entwurf einer Europäischen Verfassung und das Strafrecht, ZStW 116 (2004), 275

Weigend, Thomas Unverzichtbares im Strafverfahrensrecht, ZStW 113 (2001), 271

Weigend, Thomas Mindestanforderungen an ein europaweit geltendes harmonisiertes Strafrecht, in: Strafrecht und Kriminalität in Europa, 2003, 57

Weigend, Thomas Strafrecht durch internationale Vereinbarungen – Verlust an nationaler Strafrechtskultur?, ZStW 105 (1993), 774

Weigend, Thomas Grundsätze und Probleme des deutschen Auslieferungsrechts, JuS 2000, 105

Weigend, Thomas Rezension zu Satzger: Die Europäisierung des Strafrechts, StV 2003, 110

Wilkitzki, Peter Die Regionalisierung des internationalen Strafrechts, ZStW 105 (1993), 821

Wohlers, Wolfgang Strafverfolgungskompetenzen im Bundesstaat; Modellfall Schweiz, in: Schünemann (Hrsg.), Alternativentwurf Europäische Strafverfolgung, Köln, 2004, 51

Würz, Karl Das Schengener Durchführungsübereinkommen, Einführung, Erläuterung, Vorschriften, Stuttgart, 1997

Zieschang, Frank Chancen und Risiken der Europäisierung des Strafrechts, ZStW 113 (2001), 255

Zieschang, Frank Diskussionsbeiträge der Strafrechtslehrertagung 1997 in Berlin, ZStW 109 (1997), 830

Zimmermann, Andreas	Die Auslieferung Deutscher an Staaten der Europäischen Union und internationale Strafgerichtshöfe Überlegungen zum neuen Art. 16 Abs. 2 S. 2 GG, JZ 2001, 233
Zuccalà, Giuseppe	Einheitliches Europäisches Strafgesetzbuch als Ziel der Strafrechtsvergleichung? in: FS Ellen Schlüchter, 2002, 117
Zuleeg, Manfred	Die Vorzüge der europäischen Verfassung, in: Europäisches Verfassungsrecht, Berlin, 2003, S. 931
Zypries, Brigitte	Rechtpolitik in der Europäischen Union: Rückblick und Ausblicke, in: Recht und Politik, 2004, S. 3

Abkürzungsverzeichnis

aA	andere Ansicht
Abl. EG	Amtsblatt der Europäischen Gemeinschaft
Abs.	Absatz
aE	am Ende
AE	Alternativentwurf Europäische Strafverfolgung
aF	Alte Fassung
Art.	Artikel
BGBl	Bundesgesetzblatt
BGH	Bundesgerichtshof
BGHSt	Entscheidungen des Bundesgerichtshofes in Strafsachen
BMI	Bundesministerium des Inneren
BMJ	Bundesministerium der Justiz
BRAK	Bundesrechtsanwaltskammer
BRD	Bundesrepublik Deutschland
BStG	Biersteuergesetz
BT-Drs.	Bundestagsdrucksache
Buchst.	Buchstabe
BV	Bundesverfassung der Schweizerischen Eidgenossenschaft vom 18.04.1999 (Stand 11.05.2004)
BVerfG	Bundesverfassungsgericht
BverfGE	Entscheidungen des Bundesverfassungsgerichtes
bzw.	beziehungsweise
CJ-FF	Corpus Juris der strafrechtlichen Regelungen zum Schutz der finanziellen Interessen der Europäischen Union in der Fassung von Florenz
DAG	Deutsches Auslieferungsgesetz
ders.	derselbe
EAG	Europäische Atomgemeinschaft
EEA	Die Einheitliche Europäische Akte
EGKS	Europäische Gemeinschaft für Kohle und Stahl
EGMR	Europäischer Gerichtshof für Menschenrechte
EGV	Vertrag über die Europäische Gemeinschaft, zitiert: EG
ELR	European Law Review
EMRK	Europäische Menschenrechtskonvention
endg.	endgültig
Entw.	Entwurf
EP	Europäisches Parlament
EPZ	Europäische politische Zusammenarbeit
ETS	European Treaty Series, die amtliche Sammlung der Übereinkommen des Europarats
EuAlÜbk	Europäisches Auslieferungsübereinkommen
EuGH	Europäischer Gerichtshof
EuHbG	Europäisches Haftbefehlsgesetz

EuRhÜbk	Europäisches Rechtshilfeübereinkommen
EuStA	Europäischer Staatsanwalt
EUV	Vertrag über die Europäische Union, zitiert: EU
Fn.	Fußnote
FS	Festschrift
GA	Goltdammers Archiv für Strafrecht
GASP	Gemeinsame Außen- und Sicherheitspolitik
GD	Generaldirektion
GG	Grundgesetz
IRG	Gesetz über die internationale Rechtshilfe in Strafsachen
iSd	im Sinne des
JA	Juristische Arbeitsblätter
JI	Justiz und Inneres
JICJ	Journal of International Criminal Justice
JURA	Juristische Ausbildung
JuS	Juristische Schulung
JZ	Juristenzeitung
KOM	Kommission der Europäischen Gemeinschaften (Die Abkürzung wird im Rahmen der EU-Dokumentverwaltung verwendet.)
KritV	Kritische Vierteljahresschrift für Gesetzgebung und Rechtswissenschaft
m.E.	meines Erachtens
NJW	Neue Juristische Wochenschrift
Nr.	Nummer
NStZ	Neue Zeitschrift für Strafrecht
OLAF	Organisation de la Lutte Anti-Fraude (Europäisches Amt für Betrugsbekämpfung
PJZS	Polizeiliche und justizielle Zusammenarbeit
Rdnr.	Randnummer
RGSt	Entscheidungen des Reichsgerichts in Strafsachen
RiStBV	Richtlinien für das Straf- und Bußgeldverfahren
s. o.	siehe oben
SDÜ	Schengener Durchführungsübereinkommen
Slg.	Sammlung der Entscheidungen des EuGH
StGB	Strafgesetzbuch
StIGH	Internationaler Strafgerichtshof
StIGHE	Entscheidungen des Internationalen Strafgerichtshofes
StPO	Strafprozessordnung
StraFo	Strafverteidiger Forum
StV	Strafverteidiger
UAbs.	Unterabsatz
VE	Entwurf eines Verfassungsentwurfes für Europa
Verb. Rs.	Verbundene Rechtssache
wistra	Zeitschrift für Wirtschafts- und Steuerstrafrecht

ZEuS	Zeitschrift für europarechtliche Studien
ZFIS	Zeitschrift für innere Sicherheit
ZRP	Zeitschrift für Rechtspolitik
ZStrR	Schweizerische Zeitschrift für Strafrecht
ZStW	Zeitschrift für die gesamte Strafrechtswissenschaft

Einleitung

Im stetig näher zusammen wachsenden Europa gibt es seit langem Bestrebungen, einen einheitlichen Raum der Sicherheit und des Rechts zu schaffen.[1] Zur Erreichung dieser Ziele sind große politische Anstrengungen erforderlich. Die Einführung des Prinzips der gegenseitigen Anerkennung im Bereich des Strafrechts ist ein bedeutsamer Schritt hin zur Verwirklichung eines gemeinsamen Raumes des Rechts.

Nach Aussage der Europäischen Kommission handelt es sich im Bereich der Strafjustiz bei der Umsetzung des Grundsatzes der gegenseitigen Anerkennung um einen der wichtigsten und viel versprechendsten Tätigkeitsbereiche der Europäischen Union.[2]
In der Europäischen Union gibt es seit ihrer Entstehung Tendenzen zur Annäherung der einzelnen Rechtsordnungen. Dies ist jedoch gerade auf dem Gebiet des Strafrechts problematisch, da die einzelnen Strafrechtsordnungen besonders stark von den historischen Entwicklungen der einzelnen Länder geprägt sind.[3] Anders formuliert drückt sich im Strafrecht die jeweilige nationale Kultur besonders stark aus, schützt es doch diejenigen Rechtsgüter, die den einzelnen Nationen besonders wichtig sind.[4]
Die Motivation der Politik für eine Verbesserung der Zusammenarbeit der Strafrechtssysteme ergibt sich aus der Erkenntnis, dass auch die Straftäter in zunehmendem Maße die Vorzüge der Freizügigkeit in Europa nutzen und für ihre kriminellen Handlungen gezielt zwischen den Mitgliedstaaten wechseln, während die Strafverfolgungsbehörden meist an nationale Grenzen gebunden sind.[5]

Obwohl die internationale Kriminalität grundsätzlich auch durch eine Harmonisierung[6] der Strafrechtssysteme bekämpft werden könnte, hat sich auf europäischer Ebene der Gedanke der Verkehrsfähigkeit von strafrechtlichen Entscheidungen und anderen Teilen[7] des Strafverfahrens durchgesetzt. Dies soll

---

1 Das Ziel, in Europa einen einheitlichen Raum des Rechts, der Sicherheit und der Freiheit zu schaffen, wurde erstmalig im Rahmen der Gründung der EU festgehalten. Siehe u.a.: Präambel und Art. 2, Art. 29 und Art. 40 Abs. 1 EUV; Art. I-3 Abs. 2, Art. I-41 Abs. 1 und 2, Art. III-158 Abs. 1, Art. III-159, Art. III-283 VE

2 KOM(2005)195 endg. S. 2

3 Strafrecht als Ausdruck nationaler Souveränität: *Perron*, ZStW 109 (1997), 281; ebenso: *Brüner/Hetzer*, NStZ 2003, 113; *Gärditz*, wistra, 1999, 294; *Gleß/Lüke*, Jura 1998, 70; *Dannecker*, Jura 1998, 80; *Weigend*, ZStW 105 (1993), 774; *Albrecht/Braum*, KritV 1998, 460, 465ff.; *Held* in: Sieber, Europäische Einigung und Europäisches Strafrecht, S. 37

4 *Hilgendorf*, Nationales oder transnationales Strafrecht?, S. 339, mit Hinweis auf: *Weigend*, ZStW 105 (1993), S. 774 ff.

5 *Kielwein*, FS Theodor Rittler, S. 95ff; *Sieber* in: Delmas-Marty: Corpus Juris, S. 2; Satzger, StV 2003, 137, 138; *Esser*, Auf dem Weg zu einem europäischen Strafverfahrensrecht, S. 8

6 Siehe dazu nur: *Sieber*, JZ 1997, 370

7 Beispielhaft sei hier die internationale Geltung von Beweismitteln genannt.

durch eine Übertragung der Grundsätze aus dem Europäischen Binnenmarkt ermöglicht werden.[8] Die Einführung des Prinzips der gegenseitigen Anerkennung stellt kein europäisches Strafrecht dar, es werden lediglich Rahmenbedingungen geschaffen, die die grenzüberschreitende Wirkung nationaler Entscheidungen vereinfachen bzw. erst ermöglichen.
Die Zusammenarbeit in Strafsachen in Europa war bislang Teil der Regelungen der internationalen Rechtshilfe in Strafsachen, die in Deutschland im IRG geregelt ist.[9] Die Regelungen des IRG gelten aber nur subsidiär, wenn kein spezielles Abkommen die Rechtshilfe regelt.[10]

Die Anerkennung ausländischer Entscheidungen und damit deren grenzüberschreitende Wirkung im Bereich des Strafrechts ist keine neue Erfindung der Kommission. Es soll daher die Entwicklung speziell der Geltung von Strafurteilen bis zur heutigen Zeit dargestellt werden. Dabei sollen die bisherigen Rechtsakte speziell auf Aspekte der ungeprüften Geltung einer Entscheidung im Ausland untersucht werden. Dies stellt die grundlegende Änderung im Rechtshilferecht nach der Einführung der gegenseitigen Anerkennung dar: Aufgrund der weitgehenden Abschaffung der Prüfung der beiderseitigen Strafbarkeit kommt es zur direkten Geltung von ausländischen Entscheidungen. Sodann soll das Prinzip der gegenseitigen Anerkennung erläutert und die Unterschiede zum bisherigen Verfahren dargelegt werden. Abschließend sind die schon jetzt sich aufgrund der Einführung der gegenseitigen Anerkennung abzeichnenden Problembereiche zu bewerten.

8 *Sieber* in: *Delmas-Marty*, Corpus Juris, S. 2f.

9 BGBl. I 1982 S. 2071, zuletzt geändert durch Gesetz vom 22.07.2005 I 2189 ; siehe auch: *Held* in: Sieber, Europäische Einigung und Europäisches Strafrecht, S. 36

10 Zur Unübersichtlichkeit der einzelnen rechtshilferechtlichen Regelungen siehe nur: *Ambos* in: MüKo, vor §§ 3-7 StGB, Rdnr. 14. Die Regelungen sind auf europäischer Ebene nach der Übernahme des Schengen-Besitzstandes in den EG-Vertrag der EG-Vertrag und die diversen Übereinkommen des Europarates.

A) Historische Aspekte der grenzüberschreitenden Geltung von strafrechtlichen Entscheidungen

Auf dem Gebiet des heutigen Europa gab es schon früh Regelungen zur grenzüberschreitenden Wirkung strafrechtlicher Entscheidungen. Am Beispiel strafrechtlicher Urteile soll ein kurzer Überblick über die bisherigen Regelungen und Anwendungsbereiche der internationalen Anerkennung strafrechtlicher Entscheidungen vor der Gründung der Vorläufer der heutigen EU gegeben werden.

I) Die Vollstreckung ausländischer Urteile

Die Frage einer Vollstreckung ausländischer Strafurteile ergab sich im Altertum und Mittelalter aufgrund der streng nationalen politischen Struktur der Staaten nicht. Die Souveränität der jeweiligen Landesherren war diesen so wichtig, dass sie nur die Wirkung eigener Maßnahmen duldeten.[11] Andererseits wurden jedoch bereits im Mittelalter zwischen selbständigen Staaten, insbesondere in Norditalien, Verträge abgeschlossen, nach denen sich ein Staat bereit erklärte, die Vollstreckung eines in einem anderen Staat ergangenen Strafurteils zu übernehmen. Diesen Verträgen lagen jedoch ausschließlich eigennützige Motive der Landesherren zugrunde, die Verurteilten waren als Sklaven interessant. Besonders die Republik Venedig hat mit den Verurteilten fremder Staaten die Galeeren ihrer Flotte gefüllt.[12] Im 19. Jahrhundert wurden Verträge geschlossen, die auch Bestimmungen über die Vollstreckung ausländischer Urteile enthielten.[13] Die Vollstreckung eines ausländischen Urteils betraf aber nur die Vollstreckung eines auf Vermögensstrafe lautenden Urteiles. Die Rheinschiffahrtsakte vom 17.10.1868 ist eine der bekanntesten Vereinbarungen dieser Art.[14] In dieser haben sich Belgien, Deutschland, Frankreich, die Niederlande und die Schweiz verpflichtet, die Erkenntnisse der Rheinschiffartsgerichte eines Uferstaates zu vollstrecken, unabhängig wo sie erlassen worden sind.

In nationalen Gesetzen fand sich nur selten eine Regelung, die die Vollstreckung eines ausländischen Strafurteils vorsah. Eine der ältesten derartigen Bestimmungen ist wohl § 231 Abs. 3 der Strafprozessordnung des Königreichs Hannover von 1859. Durch sie wurde der Justizminister ermächtigt, selbständig darüber zu befinden, ob ein außerhalb des Königreichs Hannover verurteilter Verbrecher ausgeliefert wurde oder die gegen ihn erkannte Strafe zu vollstrecken war. Das Gesetz des Norddeutschen Bundes betreffend die Gewäh-

---

[11] *Grützner*, NJW 1969, S. 345

[12] *Lammasch*, Auslieferungsrecht und Asylrecht, 1897, S. 824 Anm. 1 zitiert in: *Grützner*, NJW 1969, S. 345

[13] *Krug*, Internationales Recht der Deutschen, Leipzig 1851, zitiert in: *Grützner*, NJW 1969, S. 345

[14] Sie ist noch immer in Kraft in der Fassung der Bekanntmachung vom 11.03.1969, BGBl. 1969 II 597, zuletzt geändert mit Gesetz vom 22.07.1980, BGBl. 1980 II 875.

rung der Rechtshilfe vom 21.06.1869[15] enthielt als erstes deutsches Gesetz die ausdrückliche Verpflichtung für jeden Mitgliedstaat, ein in einem anderen Mitgliedstaat erlassenes Strafurteil zu vollstrecken, und zwar nicht nur wenn es auf eine Vermögensstrafe lautet, sondern auch bei Freiheitsstrafen, sofern die zu vollstreckende Strafe nicht mehr als sechs Wochen betrug. Die Möglichkeit, anstelle der Auslieferung eine im Ausland verhängte Freiheitsstrafe auch in der Schweiz verbüßen zu können, ergibt sich aus Art. 30 des Schweizerischen Bundesgesetzes betreffend die Auslieferung gegenüber dem Ausland vom 22.01.1892. Dies war nach der damaligen Regelung nur mit dem Einverständnis aller Beteiligten möglich. Die Möglichkeit der Vollstreckung eines ausländischen Urteils wurde von der Schweiz auch in ihr Strafgesetzbuch vom 21.12.1937 übernommen.

Das Auslieferungsrecht in Deutschland wurde erstmals mit dem Deutschen Auslieferungsgesetz im Jahr 1930 geregelt.[16]

Trotz diesbezüglicher Ansätze wurde die Vollstreckung ausländischer Strafen, die die Anerkennung des ausländischen Strafurteils voraussetzt, auf internationaler Ebene erst Ende der vierziger Jahre des zwanzigsten Jahrhunderts aufgegriffen.

Vorreiter der Anerkennung ausländischer Strafurteile waren die skandinavischen Staaten Dänemark, Norwegen und Schweden. Sie einigten sich am 08.03.1948 auf eine Konvention betreffend die Vollstreckung von Geldstrafen. Diese wurde 1963 durch das Nordische Vollstreckungsgesetz erweitert, das gleichlautend in Dänemark, Finnland, Island, Norwegen und Schweden verkündet worden ist. Das Vollstreckungsgesetz sieht auch die Vollstreckung von Freiheitsstrafen vor.[17] Auch die Benelux-Staaten Belgien, Luxemburg und die Niederlande haben sich bereits 1952 auf ein mehrseitiges Abkommen geeinigt, das die Möglichkeit der Vollstreckung von Geldstrafen vorsieht.[18]

II) Ausländische Entscheidung als Hindernis erneuter Verurteilung

Innerhalb der verschiedenen Länder Europas gab es schon früh Vorläufer der heute ne bis in idem genannten Regelung. Es kam also bald die Frage auf, ob eine im Ausland ergangene Verurteilung eine erneute Verurteilung wegen derselben Tat verhindern könne. Seit langem erkennen verschiedene europäische Staaten ein ausländisches Strafurteil als Verfolgungshindernis an. Die Voraussetzungen hierfür sind allerdings unterschiedlich. Die auf diesem Gebiet älteste Vorschrift dürfte Art. 13 Abs. 1 des belgischen Einführungsgesetzes zur Strafprozessordnung vom 17.04.1878 sein, wonach eine erneute

---

[15] Bundesgesetzblatt des Norddeutschen Bundes 1869, Seite 305, zitiert in: *Grützner*, NJW 1969, S. 345

[16] RGBl. 1929 I 239, 1930 I 28

[17] Nordisches Vollstreckungsgesetz vom 22.05.1963; deutsche Übersetzung in *Grützner*, Internationaler Rechtshilfeverkehr in Strafsachen, IV S 6 Seite 15

[18] Benelux-Abkommen über die Zusammenarbeit auf dem Gebiet der Zölle und der Verbrauchssteuern vom 05.09.1952

Strafverfolgung nicht durchgeführt wird, wenn der Beschuldigte im Ausland wegen derselben Tat abgeurteilt oder freigesprochen worden ist. Dies gilt auch, wenn der Beschuldigte seine Strafe verbüßt hat, diese verjährt ist, oder er begnadigt worden ist.[19] Ebenfalls enthalten derartige Bestimmungen unter anderem das dänische Strafgesetzbuch[20] und die französische Strafprozessordnung[21].
Andere Rechtsordnungen sahen eine erneute Verurteilung nur nach gesonderter Anordnung vor.[22]

19 *Grützner*, NJW 1969, 345
20 § 10 Abs. 3 dänisches Strafgesetzbuch
21 Art. 692 französische Strafprozessordnung
22 *Grützner*, NJW 1969, 345, 346: So war zur Zeit des Europarates in Schweden, Italien und der Türkei eine erneute Verurteilung nur möglich, wenn der König beziehungsweise der Justizminister sie angeordnet hatte.

B) Die grenzüberschreitende Wirkung ausländischer Entscheidungen nach dem IRG

Subsidiär zu den weiter unten dargestellten Rechtsakten des Europarates und der Europäischen Union wird die Anerkennung ausländischer strafrechtlicher Entscheidungen im Rahmen der internationalen Rechtshilfe in Strafsachen geregelt, die im IRG normiert ist.[23] Die einschlägigen Regelungen der Rechtshilfe werden durch die Einführung des Prinzips der gegenseitigen Anerkennung geändert, einige Prinzipien werden gänzlich abgeschafft. Hier soll nun ein kurzer Überblick über die der Rechtshilfe und der Anerkennung ausländischer Entscheidungen zugrunde liegenden Prinzipien gegeben werden.
Die Rechtshilfe richtet sich gemäß § 1 Abs. 3 IRG nur dann nach den Vorschriften des IRG, wenn keine völkerrechtliche Vereinbarung vorliegt, die innerstaatliches Recht geworden ist. Der Anwendungsbereich des IRG wird auch als vertragsfreie Rechtshilfe bezeichnet.[24]

I) Das „Ersuchens-Prinzip"

Das bisherige Vorgehen im Bereich der Rechtshilfe auch bezüglich der Anerkennung ausländischer Entscheidungen kann als „Ersuchens-Prinzip" bezeichnet werden.[25] Ein Staat ersucht einen anderen Staat um Rechtshilfe, der andere Staat entscheidet daraufhin in einem festgelegten Verfahren, ob er dem Ersuchen stattgeben will. Die Anforderungen an die Stattgabe des Ersuchens sind je nach Bereich der Rechtshilfe unterschiedlich, das Verfahren im ersuchenden Staat wird meist dadurch stark verzögert, dass er erst die Entscheidung des ersuchten Staates abwarten muss, bevor das Strafverfahren weitergeführt werden kann.[26]

II) Voraussetzungen für die Gewährung der Rechtshilfe

Die Gewährung der Rechtshilfe erfolgt nach den Regelungen des IRG unter folgenden Voraussetzungen:[27]

a) Gegenseitigkeit

Für die Gewährung der Rechtshilfe ist zuerst erforderlich, dass der ersuchende Staat bereit ist, in einem vergleichbaren Fall ebenso Rechtshilfe zu leis-

---

[23] Siehe nur: *Jekewitz*, GA 2005, 625, 628
[24] Überblick zur vertraglichen Rechtshilfe bei: *Schomburg*, NJW 2001, 801
[25] KOM(2000) 495 endg., S. 2
[26] KOM(2000) 495 endg., S. 2
[27] Siehe auch: *Schomburg/Lagodny/Gleß/Hackner*, IRG, Einleitung Rdnr. 63 ff.; *Schomburg*, StV 1998, 153, 157

ten.[28] Im Bereich der Auslieferung ergibt sich diese Voraussetzung aus § 5 IRG, bei der sonstigen Rechtshilfe nach den §§ 59 ff. IRG fehlt diese gesonderte Normierung.[29]

b) Die beiderseitige Strafbarkeit

Die beiderseitige Strafbarkeit stellt eine der wesentlichen Voraussetzungen für die Gewährung der Rechtshilfe dar.[30] Sie gilt als allgemein anerkannt, auch wenn die völkerrechtliche Bindung oft verneint wird.[31] Es ist entscheidend, dass das Verhalten des Täters, das dem Rechtshilfeersuchen zugrunde liegt, nicht nur im ersuchenden, sondern auch im ersuchten Staat strafbar ist. Das Erfordernis der beidseitigen Strafbarkeit ist eine Entwicklung aus dem Auslieferungsrecht.[32] Die beidseitige Strafbarkeit ist eine Ausprägung des Gegenseitigkeitsprinzips.[33] Eine individualschützende Komponente wurde dem Prinzip der beiderseitigen Strafbarkeit erst später „unterlegt".[34]

c) Der Tatbegriff in der Rechtshilfe

Die beiderseitige Strafbarkeit bezieht sich auf ein nach Person des Täters und des Opfers, Tatort, Taterfolg und Tatumständen bestimmtes Geschehen. Die Tat im Sinne des Auslieferungsrechts ist gleich einer Tat im prozessrechtlichen Sinne gemäß § 264 StPO.[35]

d) Entscheidender Zeitpunkt

Für die Beurteilung der beiderseitigen Strafbarkeit ist der Zeitpunkt der Bewilligung der Rechtshilfe entscheidend.[36] Bei Ersuchen aus dem Ausland ist es deshalb unschädlich, wenn die Tat zur Zeit ihrer Begehung in Deutschland noch nicht strafbar war, sie dies aber bis zum Ende des Verfahrens geworden ist.[37] Der Vollzugsakt der Rechtshilfe zum Beispiel im Rahmen einer Auslieferung stellt keine Strafe dar[38], so dass keine Verletzung des Rückwirkungsverbots droht.

---

28 Diese einem „do ut des" ähnliche Anforderung spielt hauptsächlich im Bereich der vertragslosen Rechtshilfe eine Rolle.

29 *Schomburg/Lagodny/Gleß/Hackner*, IRG, § 5 IRG Rdnr. 2

30 Zur Grundlage des Erfordernisses der beiderseitigen Strafbarkeit siehe auch unten: H III 3

31 *Popp*, Grundzüge der internationalen Rechtshilfe in Strafsachen, Rdnr. 196

32 *Popp*, Grundzüge der internationalen Rechtshilfe in Strafsachen, Rdnr. 199

33 *Hackner/Schomburg/Lagodny/Wolf*, Internationale Rechtshilfe in Strafsachen, Rdnr. 25

34 *Schomburg/Lagodny/Gleß/Hackner*, IRG, § 3 IRG Rdnr. 2

35 *Schomburg/Lagodny/Gleß/Hackner*, IRG, § 3 IRG Rdnr. 6

36 Dies gilt ausnahmsweise nicht im Rahmen des Art. 4 ZusV US-ALV. Dort kommt es bei Taten, die vor dem Inkrafttreten begangen wurden, auf den Zeitpunkt der Tat an.

37 *Hackner/Schomburg/Lagodny/Wolf*, Internationale Rechtshilfe in Strafsachen, Rdnr. 25

38 *Schomburg/Lagodny/Gleß/Hackner*, IRG, § 3 IRG Rdnr. 21

e) Prüfung der beiderseitigen Strafbarkeit

Die beiderseitige Strafbarkeit wird bejaht, wenn die Tat bei „sinngemäßer Umstellung des Sachverhalts" im ersuchten Staat strafbar ist. Dazu ist der Sachverhalt so zu prüfen, als ob die Tat in dem ersuchten Staat geschehen wäre. Die rechtliche Beurteilung richtet sich nach dem gesamten inländischen Recht.[39]

f) Auslieferungsfähigkeit

Die Auslieferungsfähigkeit[40] und im Rahmen der Vollstreckungshilfe die Mindestvollstreckungsdauer setzen Untergrenzen, ab denen diese Maßnahmen durchgeführt werden. Im Rahmen dieser Ausprägung des Verhältnismäßigkeitsprinzips wird abgewogen, ob sich die Rechtshilfemaßnahme gegenüber der betroffenen Person rechtfertigen lässt.

g) Klärung der konkurrierenden Gerichtsbarkeit

Ergibt sich eine mehrfache Zuständigkeit verschiedener Staaten, so ist zuerst nach den einschlägigen gesetzlichen oder vertraglichen Regelungen die Zuständigkeit zu klären.

h) Ne bis in idem

Der Grundsatz des ne-bis-in-idem ist, wenngleich in verschiedenen Rechtsakten und für unterschiedliche Anwendungsbereiche normiert, auch im Rahmen der Rechtshilfe eine anerkannte Voraussetzung.[41]
Nach dem nun in Art. 54 ff SDÜ geregelten ne bis in idem wird die erneute Aburteilung wegen einer im Ausland bereits erfolgten Verurteilung verhindert.[42]
Nach dieser Regelung stellt auch eine in einem Vertragsstaat des SDÜ getroffene Regelung ein Verfahrenshindernis innerhalb der dem Schengen-Abkommen beigetretenen Staaten dar. Der früher nur in Art. 103 Abs. 2 GG festgehaltene Grundsatz des ne bis in idem galt lediglich, wenn eine rechtskräftige deutsche richterliche Sachentscheidung vorlag.[43] Eine frühere ausländische Verurteilung hinderte die deutsche Gerichtsbarkeit nicht, über die gleiche Tat noch einmal zu entscheiden.
Im Unterschied zu Art. 103 Abs. 2 GG muss für die Anwendbarkeit der Art. 54 ff SDÜ im Falle einer Verurteilung eine Sanktion auch vollstreckt werden oder worden sein.[44]

---

[39] *Hackner* u.a., Internationale Rechtshilfe in Strafsachen, Rdnr. 26
[40] Siehe dazu § 2 IRG; Kurze Übersicht über die bisherigen Auslieferungsvoraussetzungen bei: *von Bubnoff*, Der Europäische Haftbefehl, 2005, S. 26 ff
[41] *Schomburg/Lagodny/Gleß/Hackner*, IRG, Einleitung Rdnr. 68
[42] BGBl. 1993 II 1013 ff
[43] BVerfGE 75, S. 1, 5 ff
[44] Art. 54 SDÜ: *„[...] vorausgesetzt, dass im Fall einer Verurteilung die Sanktion bereits vollstreckt worden ist, gerade vollstreckt wird oder nach dem Recht des Urteilstaats nicht mehr vollstreckt werden kann."*

i) Spezialität

Das Prinzip der Spezialität[45] stellt die Voraussetzung auf, dass ein Ausgelieferter speziell nur wegen der Tat und der rechtlichen Voraussetzungen verfolgt wird, derenwegen die Auslieferung bewilligt wird.[46] Dieses Erfordernis ist nicht unumstritten[47], es besteht in § 41 IRG und einigen Übereinkommen sogar die Möglichkeit des Verzichts[48] durch den Ausgelieferten.

j) Nichtvorliegen eines Rechtshilfehindernisses

Das IRG sieht eine Vielzahl von Gegenrechten und Hindernissen vor, die die Rechtshilfe in Strafsachen verhindern. Beispielhaft sei hier die Gefahr der Todesstrafe[49] oder die Vollstreckung eines nicht mehr abänderbaren und für den Betroffenen überraschenden Abwesenheitsurteils[50] genannt. Bestimmte Deliktsbereiche sind grundsätzlich aus der Gewährung der Rechtshilfe ausgenommen. Dies sind politische, militärische und fiskalische Delikte.

III) Grundzüge des Rechtshilfeverfahrens

Das Verfahren zur Gewährung der Rechtshilfe in Strafsachen ist gekennzeichnet von einer Zweiteilung zwischen dem Bewilligungs- und dem Zulässigkeitsverfahren.

a) Das Zulässigkeitsverfahren

Im Auslieferungsverfahren muss gemäß § 29 IRG auf Antrag der Staatsanwaltschaft das OLG entscheiden, ob die Auslieferung zulässig ist.

b) Das Bewilligungsverfahren

Im Rahmen des Bewilligungsverfahrens entscheidet die nach § 74 IRG zuständige Bundesregierung, ob sie zulässige Rechtshilfe leisten will.

IV) Nachteile der Rechtshilfe nach dem IRG

Die Rechtshilfe nach dem IRG sollte bereits verbessert werden, die Ziele der Vereinfachung und Beschleunigung wurden jedoch auch nach dem SDÜ nicht erreicht.[51]

Ebenso birgt das grundsätzlich allen bisherigen Regelungen auf dem Gebiet der Rechtshilfe eigene „Ersuchens"-Prinzip einige Schwächen. Unabhängig von der Prüfung der beiderseitigen Strafbarkeit ist es im Rahmen der ver-

---

45 Siehe auch: *Böse*, ZStW 114 (2002), 148, 173
46 *Schomburg/Lagodny/Gleß/Hackner*, IRG, Einleitung, Rdnr. 74
47 *Schomburg/Lagodny/Gleß/Hackner*, IRG, § 11 Rdnr. 1ff.
48 Art. 10 EU-AuslÜbk; Art. 66 SDÜ
49 § 8 IRG
50 Dies ergibt sich aus § 73 IRG.
51 *Schübel*, NStZ 1997, 105, 108

schiedenen Übereinkommen unterschiedlich geregelt, ob sich die rechtliche Beurteilung nach dem ersuchten, dem ersuchenden, oder beiden Staaten regelt.[52] Allein die Prüfung, welches Recht der Beurteilung zugrunde zu legen ist, erschwert die internationale Rechtshilfe ohne sachliche Rechtfertigung.[53] Dies unabhängig von den Fragen, die entstehen wenn aufgrund der Mehrfachnormierungen mehrere Übereinkommen auf dasselbe Rechtshilfeverfahren anwendbar sind.

Weiter gestaltet sich die internationale Rechtshilfe oft außergewöhnlich aufwändig und langwierig.[54] Der hohe Zeitaufwand ergibt sich insbesondere durch die Prüfung der beidseitigen Strafbarkeit, die für Auslieferung und Vollstreckung in § 3 Abs. 1 IRG vorgeschrieben ist.[55]

---

52 *Schomburg*, ZRP, 1999, S. 238

53 *Jekewitz*, GA 2005, 625, 629

54 *Schübel*, NStZ 1997, 105, 106 mit Hinweis auf das Verfahren gegen eine an der Entführung der Lufthansa-Maschine „Landshut" beteiligte Terroristin, die im Oktober 1994 in Norwegen verhaftet wurde, aber aufgrund der langwierigen Prüfungen der einzelnen Schuldvorwürfe durch die norwegischen Behörden erst im November 1995 nach Deutschland ausgeliefert werden konnte.

55 *Esser*, Auf dem Weg zu einem europäischen Strafverfahrensrecht, S. 15

C) Internationale Geltung und Aspekte gegenseitiger Anerkennung von strafrechtlichen Entscheidungen in der Zeit vor der Gründung der Europäischen Union

Schon vor der Gründung der Europäischen Union gab es Ansätze, die Rechtshilfe in Strafsachen zu erleichtern und zu verbessern, es handelt sich hierbei um die Übereinkommen des Europarates und die Arbeit der Europäischen Gemeinschaft, EG.

I) Die Arbeit des Europarates

a) Der Europarat

Der Europarat ist ein völkerrechtlicher Zusammenschluss souveräner Staaten mit Sitz in Straßburg. Er wurde am 05.05.1949 in London gegründet. Derzeit gehören dem Europarat 45 Staaten, darunter alle europäischen Staaten, an.[56] Ziel des Europarates ist die Stärkung der Demokratie, der Menschenrechte und der Rechtsstaatlichkeit sowie die Einigung Europas.[57]
Der Europarat verfügt als internationale Organisation außerhalb der EU nicht über eigene Organe und Rechtsetzungsverfahren, wie sie für die vertiefte Integration innerhalb der EU kennzeichnend sind, die über das Stadium einer rein zwischenstaatlichen oder intergouvernementalen Zusammenarbeit hinausgekommen ist. In der Geschichte der europäischen Einigung sind verschiedene Räte zu unterscheiden: der hier genannte Europarat, der Europäische Rat der EU[58] und der Rat der EU[59].

b) Rechtsakte des Europarates

Die Arbeit des Europarates hat sich von Anfang an zu einem erheblichen Teil mit strafrechtlichen Angelegenheiten beschäftigt.[60] Bereits 1957 wurde durch das Ministerkomitee der europäische Ausschuss für Strafrechtsprobleme (ECCP) ins Leben gerufen. Ziel war es, *„einen Aktionsplan des Europarats auf dem Gebiet der Verbrechensverhütung und der Behandlung von Rechtsbrechern auszuarbeiten und zu verwirklichen"*. Aus der Arbeit des Europarates sind im Laufe der Jahre 19 Übereinkommen über die Zusammenarbeit auf strafrechtlichem Gebiet entstanden. Die für die grenzüberschreitende Geltung von strafrechtlichen Entscheidungen relevanten Übereinkommen sollen im Folgenden kurz dargestellt werden. Neben diesen wurden auf dem Gebiet des Strafrechts noch etliche weitere Konventionen angenommen, diese weisen jedoch teilweise einen schlechten Ratifikationsstand auf.

---

[56] Die Bundesrepublik Deutschland ist seit dem 02.05.1951 Vollmitglied des Europarates.
[57] *Hackner/Lagodny/Schomburg/Wolf*, Internationale Rechtshilfe in Strafsachen, Rdnr. 13
[58] Art. 4 EUV; Siehe dazu: *Streinz*, Europarecht, Rdnr. 319
[59] Art. 203 Abs. 1 EGV; Siehe hierzu nur: *Streinz*, Europarecht, Rdnr. 281
[60] *Bartsch*, NJW 1984, 513

Die Begriffe Übereinkommen und Konvention können synonym verwendet werden, der Begriff Konvention kommt von der entsprechenden Verwendung des englischen Begriffs „convention".

c) Das Europäische Auslieferungsübereinkommen vom 13.12.1957

Dieses Übereinkommen des Europarates[61] regelt bis zur Umsetzung des Europäischen Haftbefehls die Grundlagen des EU-Auslieferungsrechts.[62] Das Übereinkommen wurde von allen EU-Mitgliedstaaten ratifiziert.[63]

Im Rahmen des EuAlÜbk[64] wurde die Anwendung des Gegenseitigkeitsprinzips aufgelockert.[65] Nach Art. 2 Abs. 7 des Vertrages wird die Anwendung des Gegenseitigkeitsprinzips in das Ermessen des ersuchten Staates gestellt. Dieser kann also die Auslieferung auch dann bewilligen, wenn der ersuchende Staat einem gleichartigen Ersuchen in der umgekehrten Richtung nicht nachkommen würde. Die Abschwächung des an sich starren Prinzips der Gegenseitigkeit stellte schon zum damaligen Zeitpunkt[66] eine Tendenz in der Gesetzgebung dar.[67]
Obwohl das Übereinkommen am Erfordernis der beiderseitigen Strafbarkeit festhält, gibt es den Grundsatz der beiderseitigen Verfolgbarkeit auf.[68] Diese Voraussetzung ist besonders in Hinsicht auf einen möglicherweise fehlenden Strafantrag relevant. Die Verpflichtung zur Auslieferung wird also nicht durch das Fehlen eines Strafantrags im ersuchten oder ersuchenden Staat aufgehoben.[69] Die Regelung über die Irrelevanz des Strafantrags unterscheidet sich von anderen Übereinkommen auf dem Gebiet der Rechtshilfe in Strafsachen dahingehend, dass dort der gestellte Strafantrag zwar eine Rolle spielt, der im ersuchenden Staat gestellte Strafantrag aber im ersuchten Staat ohne weitere Prüfung anerkannt wird.

Das Übereinkommen trägt in Art. 9 dem „ne bis in idem"-Grundsatz Rechnung, indem es eine erneute Verurteilung nach einem Auslieferungsantrag dadurch verhindert, dass die rechtskräftige Aburteilung im ersuchten Staat ein Auslieferungshindernis darstellt.

---

[61] BGBl. 1964 II S. 1369, 1976 II S. 1778, 1982 I S. 2071, 1994 II S. 299
[62] *Wasmeier*, Das Strafrecht der Europäischen Union, S. 230
[63] *Wasmeier*, Das Strafrecht der Europäischen Union, S. 230
[64] BGBl. 1964 II, S. 1371, BGBl. 1976 II, S. 1778
[65] *Vogler*, Jura, 1992, S. 588
[66] Das Übereinkommen wurde 1957 beschlossen.
[67] *Grützner*, ZStW 68 (1956), S. 501, 509 mit Hinweisen auf die Entwicklung in anderen europäischen Ländern.
[68] Die Relevanz der beiderseitigen Verfolgbarkeit wird nicht völlig verdrängt, in Art. 9 und 10 des Übereinkommens spielt im Rahmen des „ne bis in idem" und der Verjährung die Verfolgbarkeit noch eine Rolle.
[69] *Vogler*, Jura, 1992, S. 589

d) Das Europäische Übereinkommen über die Rechtshilfe in Strafsachen vom 20.04.1959

Das EuRhÜbk[70] des Europarates soll durch die gemeinsame Annahme von Vorschriften auf dem Gebiet der Rechtshilfe in Strafsachen eine Annäherung der Mitgliedstaaten des Europarates erreichen.[71]
Das unter ETS Nr. 30 veröffentlichte Übereinkommen soll die Rechtshilfe in Strafsachen vereinfachen. Im Gegensatz zu dem Übereinkommen betreffend die internationale Geltung von Strafurteilen handelt es sich hier um den repressiven Bereich der Strafverfolgung im Vorfeld der Urteilsfindung. Aus Art. 1 Nr. 2 ergibt sich die Abgrenzung der Anwendungsbereiche der Übereinkommen. Es handelt sich hierbei hauptsächlich um die Übersendung von Ermittlungsergebnissen und die Ermöglichung des Zugangs zu Zeugenaussagen.[72]
Systematisch wird in dem Übereinkommen wieder nach dem Ersuchensprinzip vorgegangen.[73]
Im Rahmen des Übereinkommens werden die Voraussetzungen zur Gewährung der Rechtshilfe nicht an die Voraussetzungen der Auslieferung geknüpft. In der Grundkonstellation, ohne eine zusätzliche Erklärung zur Ratifikation der Mitgliedstaaten kommt es bei dem Übereinkommen nicht auf die beiderseitige Strafbarkeit an. Dies ergibt sich aus Art. 2 des Übereinkommens, der keinen derartigen Verweigerungsgrund vorsieht, und Art. 5, der die Möglichkeit für die Staaten aufzeigt, die Rechtshilfe an die beiderseitige Strafbarkeit[74], an die Auslieferungsfähigkeit[75], oder die Vereinbarkeit des Ersuchens mit dem Recht des ersuchten Staates[76] zu knüpfen. Verfolgungshindernisse wie Verjährung, fehlender Strafantrag oder schon erfolgte rechtskräftige Verurteilung stehen also einem Rechtshilfeersuchen nicht entgegen.

Diese niedrigere Schutzschwelle ist zwar zum einen sicher in der Bestrebung nach Vereinfachung der gegenseitigen Unterstützung in Strafverfahren begründet.[77] Andererseits muss aber auch die geringere Belastung für die betroffenen Personen beachtet werden. Im Rahmen dieser Rechtshilfe droht weder die Auslieferung in ein anderes Land noch ein Eingriff in die Freiheits- oder Verfahrensrechte der betroffenen Personen. Die Einigung auf ein im Verhältnis zur Auslieferung niedrigeres Schutzniveau fiel dementsprechend leichter.

---

[70] BGBl. 1964 II, 1386
[71] siehe die Präambel des EuRhÜbk
[72] Art. 3 Nr. 1 des Europäischen Übereinkommens über die Rechtshilfe in Strafsachen
[73] Siehe nur Art. 3 des Übereinkommens und die verwendete Terminologie des *„Rechtshilfeersuchens"*.
[74] Art. 5 Nr. 1 Buchst. a EuRhÜbk
[75] Art. 5 Nr. 1 Buchst. b EuRhÜbk
[76] Art. 5 Nr. 1 Buchst. c EuRhÜbk
[77] *Vogler*, Jura 1992, 589

e) Das Übereinkommen über die internationale Geltung von Strafurteilen vom 28.05.1970

Das Europäische Übereinkommen über die internationale Geltung von Strafurteilen vom 28.05.1970[78] ist am 26.07.1974 nach Hinterlegung der dritten Ratifikationsurkunde in Kraft getreten. Es wurde zwar von Deutschland unterzeichnet, aber noch nicht ratifiziert.[79]

Das Übereinkommen wurde wie auch die aktuellen Bestrebungen aus der Erkenntnis heraus entwickelt, dass sich die Kriminalität zunehmend über die Staatsgrenzen hinaus entwickelt, während die Strafverfolgung bzw. ihre Entscheidungen die Staatsgrenzen nicht überschreiten.[80] Das Übereinkommen soll daneben der Resozialisierung der Straftäter dienen, indem die verhängte Freiheitsstrafe im Heimatstaat des Straftäters verbüßt werden kann.[81]
Neben der Vollstreckung einer Strafe in einem anderen Mitgliedstaat wird durch das Übereinkommen auch die Wirkung eines europäischen Strafurteils geregelt. Dazu wird neben dem Verweis auf den Grundsatz des ne bis in idem auch die Verpflichtung der Mitgliedstaaten festgelegt, Vorkehrungen zu treffen, dass frühere Urteile bei der Urteilsfindung berücksichtigt werden können.[82]

aa) Anwendungsbereich des Übereinkommens

Die internationale Geltung der Strafurteile bezieht sich zum einen auf die Übertragung der Vollstreckung einer strafrechtlichen Sanktion, die in einem Mitgliedstaat erlassen wurde, in einem anderen Mitgliedstaat.[83] Die zu vollstreckenden Strafen sind freiheitsentziehende Sanktionen, Geldstrafen und Geldbußen sowie Einziehungen und Aberkennungen.[84]

bb) Beiderseitige Strafbarkeit

Das Übereinkommen sieht in Art. 4 Nr. 1 den Grundsatz der beiderseitigen Strafbarkeit vor. Demnach kann das Urteil eines Staates nur in einem anderen Staat vollstreckt werden, wenn das Verhalten, das der Verurteilung zugrunde lag, auch in dem Vollstreckungsstaat strafbar ist.
Dieses Erfordernis erweist sich in der Praxis naturgemäß als Verfahrenshindernis, da vor einer wirksamen Übertragung der Strafvollstreckung erst in zwei verschiedenen Staaten die Strafbarkeit eines Verhaltens geprüft werden muss. Allein der hierbei entstehende zeitliche Aufwand ist erheblich.

---

78 ETS Nr. 70,

79 *Grützner/Pötz*, Internationaler Rechtshilfeverkehr, Band 4 III 5 Rdnr. 1

80 Siehe die Präambel des Übereinkommens

81 *Grützner/Pötz*, Internationaler Rechtshilfeverkehr, Band 4 III 5 Rdnr. 2

82 Art. 56 f des Übereinkommens

83 Nach der Aufzählung der Begriffsbestimmungen in diesem Übereinkommen ist unter dem Begriff „Europäisches Strafurteil" „jede rechtskräftige, von einem für Strafsachen zuständigen Gericht eines Vertragsstaates auf Grund eines Strafverfahrens ergangene Entscheidung" zu verstehen.

84 Zum Anwendungsbereich siehe: KOM(2000)495 S. 13, Fn. 19

cc) Mechanismus zur Übertragung der Vollstreckung

Die internationale Geltung der Strafurteile wird im Rahmen des hier untersuchten Übereinkommens nach dem „Ersuchens"-Prinzip erreicht. Das Land, in dem die Verurteilung erfolgt ist, ersucht das andere Land um Durchführung der Strafvollstreckung. Dem schriftlich[85], und mit allen benötigten Unterlagen[86] einzureichenden Ersuchen folgt dann im ersuchten Land ein aufwändiges Verfahren, in dem hauptsächlich die Strafbarkeit des Verhaltens im ersuchten Staat geprüft wird.
Die Bewilligung des Ersuchens erfolgt nach Art. 37 des Übereinkommens durch die Entscheidung eines Richters im ersuchten Staat.

Obwohl sich die Beurteilung der beiderseitigen Strafbarkeit grundsätzlich nur nach dem Recht des ersuchten Staates richtet, sind im Rahmen der Beurteilung der Verjährung auch die rechtsgültigen Handlungen im Urteilsstaat zu beachten.
Nach Art. 8 des Übereinkommens sind die die Verjährung beeinflussenden Handlungen (hemmend und unterbrechend) so zu behandeln, als hätten sie für die Beurteilung der Verjährung im ersuchten Staat die gleiche Wirkung hervorgebracht.

Hier findet also offensichtlich im kleinen Rahmen schon eine gegenseitige Anerkennung gerichtlicher Handlungen auf dem Gebiet des Strafrechts statt. Die rechtliche Wirkung dieser Anerkennung ist zwar sicherlich gering, bemerkenswert ist aber dennoch, dass eben keine erneute rechtliche Beurteilung der die Verjährung beeinflussenden Handlungen im ersuchten Staat erfolgt.
Hintergrund dieser nicht durchgeführten Überprüfung ist eine Art „Meistbegünstigung", es soll verhindert werden, dass der Verurteilte zur Vollstreckung seiner Strafe in ein anderes Land überstellt wird, obwohl die Vollstreckung der Strafe im Urteilstaat wegen Verjährung nicht mehr möglich wäre.
Aus Art. 10 Nr. 3 des Übereinkommens ergibt sich, dass sowohl der Urteils- als auch der Vollstreckungsstaat das Gnadenrecht ausüben können. Das weitere Vorgehen im Rahmen der Begnadigung ist aber nicht geregelt. Insofern ist also auch hier davon auszugehen, dass die Gnadenentscheidungen des Urteilsstaates ohne weitere Überprüfung im Vollstreckungsstaat anerkannt werden.

dd) Ne bis in idem im Europäischen Übereinkommen zur internationalen Geltung von Strafurteilen

Das Übereinkommen schließt mit seiner in Art. 53 ff. festgehaltenen Anerkennung des ne bis in idem - Grundsatzes die damalige Lücke zwischen einigen

---

85 Art. 15 Nr. 1 des Übereinkommens
86 Art. 16 des Übereinkommens

nationalen Rechtsordnungen[87], die den Grundsatz nur auf einheimische Urteile angewendet haben.[88]

ee) Praktische Bedeutung des Übereinkommens

Die praktische Bedeutung des Übereinkommens ist als gering einzuschätzen. Aus der Rechtsnatur der Übereinkommen des Europarates ergibt sich der Bedarf für eine nationale Ratifizierung. Solange noch keine flächendeckende Ratifikation in den Ländern Europas erfolgt ist, ist auch die Bedeutung eines vereinfachten Verfahrens gering. Das Übereinkommen wurde von fünfzehn der fünfundvierzig Mitglieder des Europarats ratifiziert, es ist am 26.07.1974 in Kraft getreten. Im Rahmen der Europäischen Union wurde das Übereinkommen von elf Mitgliedstaaten unterzeichnet[89], fünf dieser Staaten haben es auch ratifiziert[90], es ist am 26.07.1994 in Kraft getreten.[91] Bezüglich der Durchführung des Übereinkommens wurden zahlreiche Vorbehalte durch die Vertragsstaaten eingelegt.[92]

f) Das Europäische Übereinkommen über die Übertragung der Strafverfolgung vom 15.05.1972

Das Übereinkommen regelt die länderübergreifende Übertragung der Strafverfolgung.[93] Ist eine Person in einem Vertragsstaat beschuldigt, eine strafbare Handlung begangen zu haben, so kann dieser Staat die Verfolgung dieser Person auf einen anderen Vertragsstaat übertragen.

Nach Art. 7 Nr. 1 des Übereinkommens kann einem Ersuchen um Strafverfolgung in einem anderen Staat nur nachgekommen werden, wenn die gegenständliche Handlung im ersuchten Staat nicht nur strafbar ist, sondern wenn sie im ersuchten Staat auch tatsächlich zu einer Verurteilung geführt hätte. Die rechtliche Beurteilung richtet sich zwar nach dem Recht des ersuchten Staates, die zu verfolgende Person „nimmt" aber ihre persönlichen Eigenschaften „mit".[94]

---

87 BVerfGE 75, 1, 5ff.

88 *Vogler*, Jura 1992, 586, 590

89 Österreich, Belgien, Dänemark, Deutschland, Spanien, Griechenland, Italien, Luxemburg, Niederlande, Portugal und Schweden. Die Unterzeichnung durch die Bundesrepublik Deutschland erfolgte am 28.05.1970.

90 Österreich, Dänemark, Spanien, Niederlande und Schweden

91 Ratifikationsstand abrufbar unter: http://conventions.coe.int/Treaty/Commun/ ChercheSig.asp?NT=070&CM=8&DF=6/5/2006&CL=GER

92 Grünbuch über die Angleichung, die gegenseitige Anerkennung und die Vollstreckung strafrechtlicher Sanktionen in der Europäischen Union, 30.04.2004, KOM(2004)334 endg, S. 38

93 ETS Nr. 73

94 Bekleidet die zu verfolgende Person ein öffentliches Amt, so wird im Rahmen der Strafbarkeitsprüfung im ersuchten Staat auch von einer ein öffentliches Amt bekleidenden Person ausgegangen.

Nach der Entscheidung des ersuchten Staates, die Verfolgung zu übernehmen, verliert der ersuchende Staat die Möglichkeit seinerseits die Verfolgung zu betreiben.

aa) Zuständigkeitssystem

Die Zuständigkeit zur Übernahme der Strafverfolgung ergibt sich nach Art. 2 des Übereinkommens dahingehend, dass jeder Vertragsstaat befugt ist, eine strafbare Handlung, auf die das Strafrecht eines anderen Vertragsstaates Anwendung findet, nach seinem eigenen Strafrecht zu verfolgen. Der Staat hat aber nicht die Möglichkeit, die Strafverfolgung an sich zu ziehen, er muss darum von einem anderen Vertragsstaat ersucht worden sein. Diese Möglichkeit, den anderen Vertragsstaat um die Verfolgung zu ersuchen, haben die Behörden des ersuchenden Staates in Betracht zu ziehen. Die das Ersuchen um Verfolgungsübernahme rechtfertigenden Gründe sind in Art. 8 des Übereinkommens enumerativ aufgeführt.

Zu beachten ist, dass es den beteiligten Staaten möglich ist, die Verfolgung im eigenen Staat einzustellen, wenn der Beschuldigte wegen derselben Tat von einem anderen Vertragsstaat verfolgt wird oder verfolgt werden soll.[95] Dies bedeutet eine Aufweichung des in Deutschland nach § 152 Abs. 2, 170 Abs. 1 StPO geltenden Legalitätsprinzips.[96] Dieses sieht die Möglichkeit des Absehens von der Strafverfolgung gerade nicht vor.[97]

bb) Gegenseitige Anerkennung

Das Übereinkommen bietet die Möglichkeit, dass ein Strafantrag im ersuchenden Staat auch im ersuchten Staat gilt.[98] Obwohl die Einreichung eines Strafantrages an bestimmte Voraussetzungen geknüpft ist, die in den beteiligten Ländern verschieden sein können, spielen diese Unterschiede hier keine Rolle. Der in einem Staat gestellte Strafantrag gilt auch in dem ersuchten Staat, auch wenn er die dortigen Vorschriften nicht erfüllt hätte. Hierin kann ein Vorläufer der Verkehrsfähigkeit strafrechtlicher Entscheidungen gesehen werden, auch wenn es sich nicht um eine Endentscheidung handelt.

cc) Ne bis in idem

Im Titel V des Übereinkommens ist das Verbot der Doppelverfolgung geregelt. Obwohl das Übereinkommen an sich nur die Übertragung der Strafverfolgung behandelt, wird hier ein umfassendes Verbot der doppelten Strafverfolgung, Verurteilung und Strafvollstreckung normiert.[99] Außerdem kann eine im Rahmen der Vollstreckungsübertragung erlittene Freiheitsentziehung auf die im

95 Art. 30 des Europäischen Übereinkommens über die Übertragung der Strafverfolgung
96 *Vogler*, Jura 1992, 586, 590
97 *Beulke*, Strafprozeßrecht, Rdnr. 17
98 Art. 24 des Europäischen Übereinkommens über die Übertragung der Strafverfolgung
99 Art. 35 Nr. 1 des Europäischen Übereinkommens über die Übertragung der Strafverfolgung

ersuchenden Land bereits verhängte Strafe anzurechnen sein. Der Verurteilte soll also wegen einer Festnahme im Ausland wegen derselben Tat nicht länger festgehalten werden, als wenn er seine Freiheitsstrafe nur im Inland verbüßt hätte. Auch hierin kommt einer nationalen Entscheidung eine über die Grenzen hinaus relevante Wirkung zu.[100]

g) Übereinkommen des Europarates über die Überstellung verurteilter Personen vom 21.03.1983

Das Übereinkommen über die Überstellung verurteilter Personen vom 21.03.1983[101] (ÜberstÜbk) ist am 01.07.1985 in Kraft getreten. Der Beitritt der BRD erfolgte mit Wirkung zum 01.02.1992[102], es wurde von sämtlichen Mitgliedstaaten der EU ratifiziert.[103]

Wie sich aus der Präambel ergibt, soll das Verbüßen einer Freiheitsstrafe im Heimatstaat die Resozialisierung der Straftäter erleichtern. Dazu sollte das ÜberstÜbk die Überstellung ausländischer Gefangener in ihre Heimatstaaten zur Verbüßung ihrer Freiheitsstrafen vereinfachen. Die Erleichterung sollte durch ein einfaches, schnelles und flexibles Verfahren erreicht werden.[104] Besonders die negativen Erfahrungen in der Anwendung des Europäischen Übereinkommens über die internationale Geltung von Strafurteilen vom 28.05.1970 sollten hier vermieden werden. [105]

Im Gegensatz zu dem Abkommen von 1970[106] kann nur die Vollstreckung von Freiheitsstrafen und freiheitsentziehenden Maßnahmen übertragen werden. Seit diesem Abkommen kann sowohl der Urteilsstaat als auch der Vollstreckungsstaat um die Übertragung der Vollstreckung ersuchen. Außerdem kann durch die Zustimmung des Verurteilten (Art. 3 Absatz 1 Buchst. d) ein langwieriges Rechtsmittelverfahren vermieden werden. Wichtige Voraussetzung für die Überstellung ist, dass die verurteilte Person die Staatsangehörigkeit des Vollstreckungsstaats besitzt (Art. 3 Absatz 1 Buchst. a). Für die BRD sind damit alle Deutschen im Sinne des Art. 116 Absatz 1 GG erfasst.[107]
Die Überstellung der verurteilten Personen funktioniert nach dem in der Rechtshilfe verbreiteten „Ersuchens"-Prinzip (Art. 2 Nr. 3 und Art. 5).
Nach dem Übereinkommen werden weder die betreffenden Staaten zur Überstellung der verurteilten Personen verpflichtet noch diesen Personen ein Recht auf Überstellung eingeräumt.[108] Die Zustimmung des Verurteilten ist aber wie

---

[100] Siehe dazu auch: *Satzger*, S. 689 f.
[101] BGBl 1991 I S. 1954, BGBl 1991 II S. 1006
[102] BGBl 1992 II S. 98
[103] *Wasmeier*, Das Strafrecht der Europäischen Union S. 240
[104] *Grotz* in: Grützner/Pötz, Abschnitt III 21 Rdnr. 4
[105] *Grotz* in: Grützner/Pötz, Abschnitt III 21 Rdnr. 4
[106] Übereinkommen über die internationale Geltung von Strafurteilen vom 28.05.1970
[107] Erklärung zu Art. 3 Absatz 4 ÜberstÜbk, BGBl. 1992 II S. 99
[108] KOM(2004)334 endg. S. 44

die Einigung der betroffenen Staaten Voraussetzung für eine Überstellung (Art. 3 Absatz 1 Buchst. d und f). Weitere Voraussetzung für die Überstellung ist, dass die Handlung, die im Urteilsstaat sanktioniert wurde, auch im Vollstreckungsstaat eine Straftat darstellt (Art. 3 Absatz 1 Buchst. e).
Im Rahmen dieses Übereinkommens werden also zwei Mechanismen der internationalen Rechtshilfe in Strafsachen angewendet, das Prinzip der beidseitigen Strafbarkeit und das „Ersuchens"-Prinzip.
Die Vollstreckung der Strafe im Vollstreckungsstaat kann auf zwei Arten erfolgen (Art. 9 Absatz 1). Zum einen kann der Vollstreckungsstaat die Vollstreckung der Sanktion unmittelbar oder aufgrund einer Gerichts- oder Verwaltungsentscheidung (Art. 10) fortsetzen. Die andere Möglichkeit besteht in einer Umwandlung der ausländischen Entscheidung in eine des Vollstreckungsstaates (Art. 11) im Rahmen eines Exequaturverfahrens.[109] In jedem Fall richtet sich der Vollzug der Sanktion nach dem Recht des Vollstreckungsstaates (Art. 9 Absatz 3). Im Fall der Fortsetzung der Vollstreckung der Strafe im Vollstreckungsstaat ist der Vollstreckungsstaat an die Art und Dauer der Strafe gebunden (Art. 10 Absatz 1). Eine Anpassung der Strafe an das Recht des Vollstreckungsstaates ist nur in dem Fall möglich, dass die Strafe mit dem Recht des Vollstreckungsstaates nicht vereinbar ist (Art. 10 Absatz 2).
Mit der Fortsetzung der Vollstreckung im Vollstreckungsstaat kommt es also trotz vorgeschalteter Prüfung der beidseitigen Strafbarkeit zu einer Wirkung der Entscheidung in einem anderen Staat. Die Wirkung ergibt sich unmittelbar aus der ausländischen Entscheidung, es findet die Anerkennung einer ausländischen Entscheidung ohne Umwandlung der ausländischen Entscheidung in eine inländische statt.

[109] *Vogler*, Jura 1992, 586, 591

aa) Abkommen über die Anwendung des Übereinkommens des Europarates über die Überstellung verurteilter Personen zwischen den Mitgliedstaaten der Europäischen Gemeinschaften vom 25.05.1987

Das Abkommen ergänzt die Beziehungen der Staaten, die das Überstellungsübereinkommen von 1983 ratifiziert haben.[110] Die BRD ist diesem Abkommen bislang noch nicht beigetreten.

Durch dieses Abkommen werden die Voraussetzungen der Überstellung einer verurteilten Person erleichtert. Nach dem Überstellungsübereinkommen konnte eine verurteilte Person nur in den Staat überstellt werden, dessen Staatsangehöriger die Person war (Art. 3 Absatz 1 Buchst. a ÜberstÜbk). Nach dem Abkommen vom 25.05.1987 werden die Angehörigen der anderen Staaten den eigenen Staatsangehörigen gleichgestellt, wenn sie einen ständigen Wohnsitz oder einen gewöhnlichen Aufenthalt im potentiellen Vollstreckungsstaat haben. Die Überstellung kann also nunmehr auch in den Staat erfolgen, in dem die verurteilte Person ihren Lebensmittelpunkt hat, auch wenn sie nicht die Staatsangehörigkeit dieses Staates besitzt.

bb) Zusatzprotokoll zum Übereinkommen über die Überstellung verurteilter Personen vom 18.12.1997

Das unter Nr. 167 der ETS veröffentlichte Zusatzprotokoll des Europarates zum Überstellungsübereinkommen[111] wurde von der BRD am 18.12.1997 unterzeichnet.[112]
Das Zusatzprotokoll soll die Anwendung des Überstellungsübereinkommens vom 21.03.1983 erleichtern und die Ziele des Übereinkommens, die Rechtspflege und die Resozialisierung der Verurteilten, verfolgen (Präambel).
Im Rahmen des Zusatzprotokolls soll die Zustimmung des oder der Verurteilten als Voraussetzung für die Überstellung abgeschafft werden (Art. 3 Nr. 1 des Zusatzprotokolls), wenn die verurteilte Person der Ausweisung oder der Abschiebung unterliegt.[113] Dies gilt ebenso, wenn die verurteilte Person aus dem Urteilsstaat geflohen ist (Art. 2 Nr. 3 des Zusatzprotokolls). Besonders in Fällen der Flucht der verurteilten Person hat sich diese den Motiven der Resozialisierung des Übereinkommens entzogen, somit erscheint auch die Notwendigkeit ihrer Zustimmung unangebracht.[114]

---

110 KOM(2004)334 endg. S. 47
111 BGBl. 2002 II 2867
112 BGBl. 2002 II 2866
113 *Hackner/Lagodny/Schomburg/Wolf*, Internationale Rechtshilfe in Strafsachen, S. 99
114 Erläuternder Bericht zum Zusatzübereinkommen Nr. 14, abrufbar unter: http://conventions.coe.int/Treaty/en/Reports/Html/167.htm

h) Praktische Bedeutung der Rechtsakte des Europarates

Auch wenn eine Vielzahl von Konventionen des Europarates über die Jahre erlassen wurde, so war den Bemühungen des Europarates um die Schaffung eines europäischen Rechts durch strafrechtliche Konventionen kein großer Erfolg beschieden.[115] An dieser noch vor der Schaffung der Europäischen Union getroffenen Feststellung hat sich seitdem nicht viel geändert.
Die Rechtsakte des Europarates bleiben auch deshalb hinter ihrer möglichen Bedeutung zurück, da sie in einem kaum überschaubaren Geflecht divergierender Übereinkommen mit unterschiedlichen regionalen Anwendungsbereichen unterzugehen drohen.[116] Besonders erschwerend ist die Tatsache, dass die einzelnen Übereinkommen von jeweils verschiedenen Ländern mit unterschiedlicher Bedeutung angewendet werden.[117] Ebenfalls nicht zur einfachen Anwendung tragen die zum Teil nur schwer zugänglichen nationalen Vorbehalte und Erklärungen zu den einzelnen Konventionen bei.
Auch das ÜberstÜbk hat, obwohl es von sehr vielen Staaten ratifiziert wurde, nur eine geringe praktische Bedeutung.[118] So wurden in dem Zeitraum von 1996 bis 1999 zwischen 60 und 63 verurteilte Personen an das Ausland zur dortigen Strafvollstreckung überstellt, es wurden lediglich 16 bis 31 im Ausland verurteilte Deutsche nach Deutschland überstellt.[119] In der Praxis hat sich unter anderem die Behandlung nicht beglichener Geldstrafen und Geldbußen oder die Nichteinhaltung der für die Bearbeitung der Überstellungsanträge gesetzten Fristen als problematisch erwiesen.[120]

II) Die Arbeit der Europäischen Gemeinschaft

Im Rahmen der EG wurde ebenfalls der Versuch unternommen, die Zusammenarbeit auf dem Gebiet des Strafrechts durch Übereinkommen zu intensivieren. Die 1985 eingesetzte Arbeitsgruppe „Justizielle Zusammenarbeit" hat im Rahmen der Europäischen Politischen Zusammenarbeit (EPZ) fünf EG-Übereinkommen im strafrechtlichen Bereich formuliert.[121] Darunter ist das Übereinkommen zur Vollstreckung ausländischer Strafurteile aus dem Jahr 1991.[122] Dieses Übereinkommen sollte das Übereinkommen über die interna-

---

115 *Vogler*, Jura 1992, 586, 592
116 *Schomburg*, ZRP 1999, 237
117 *Schomburg*, ZRP 1999, 237, 238; So gibt es das herkömmliche Erfordernis des Inkrafttretens ergänzende Rechtskonstrukte wie die „Inkraftsetzung" (bei dem zweiten Schengener Übereinkommen) und die „vorläufige Anwendung" der Übereinkommen des Europarates durch manche Staaten.
118 *Grotz* in: Grützner/Pötz, Band 4 III 21 Rdnr.
119 Antwort der Bundesregierung auf die große Anfrage „Erleichterungen bei der internationalen Vollstreckungshilfe" BT-Drs. 14/3957
120 KOM(2004)334 endg. S. 45
121 KOM(2004)334 endg., S. 28, 38
122 Übereinkommen vom 13.11.1991 zwischen den Mitgliedstaaten der Europäischen Gemeinschaft über die Vollstreckung ausländischer strafrechtlicher Verurteilungen (EG-VollstrÜbk),

tionale Geltung von Strafurteilen ergänzen und die Anwendung der darin enthaltenen Grundsätze erleichtern.[123]

Ebenso wurde ein Übereinkommen[124] zur Anwendung des Grundsatzes ne bis in idem angenommen. Die Übereinkommen sollen eine inhaltliche und formale Ergänzung zu den einschlägigen Übereinkommen des Europarats darstellen und die Anwendung der darin enthaltenen Grundsätze und Mechanismen erleichtern.[125] Sie sind sämtlich noch nicht in Kraft getreten. In den Übereinkommen finden sich Anwendungsklauseln, so dass sie im bilateralen Verhältnis zwischen einzelnen EG-Staaten Wirkung entfalten können. Hiervon hat Deutschland jedoch keinen Gebrauch gemacht.

a) Übereinkommen über die Vollstreckung ausländischer Entscheidungen in Strafsachen vom 13.11.1991

Das Übereinkommen über die Vollstreckung ausländischer Entscheidungen in Strafsachen[126] wurde am 13.11.1991 von acht Mitgliedstaaten der Europäischen Gemeinschaften unterzeichnet.[127] Es ist jedoch von keinem der Mitgliedstaten ratifiziert worden und somit nicht in Kraft getreten. Gemäß Art. 20 des Übereinkommens soll es das Europäische Übereinkommen über die internationale Geltung von Strafurteilen vom 28.05.1970 ergänzen und seine Anwendung erleichtern.

Aufgrund dieses Übereinkommens wird zwar genau genommen nicht die Entscheidung, die Verurteilung, an sich verkehrsfähig, ihre Folge, die Strafvollstreckung, bekommt jedoch Wirkung über die Grenzen hinweg.

Das Übereinkommen sieht in Art 2 Absatz 1 die weitestgehende Zusammenarbeit der Mitgliedstaaten im Hinblick auf die Übertragung der Vollstreckung vor. Um die Übertragung der Vollstreckung kann durch den Urteilsstaat oder den Vollstreckungsstaat ersucht werden (Art. 2 Absatz 2).

b) Praktische Bedeutung der Arbeit der Europäischen Gemeinschaft

Die von der EG vorangetriebenen Übereinkommen haben nie große praktische Bedeutung erlangt. Unabhängig von der tatsächlichen Anwendbarkeit und Anwendung blieb der Ratifikationsstand immer auf niedrigem Niveau, eine europaweite Anwendung war so nicht möglich.

---

123 Art. 20 des EG-VollstrÜbk

124 Übereinkommen vom 25.05.1987 zwischen den Mitgliedstaaten der EG über das Verbot der Doppelbestrafung. Es wurde am 07.09.1998 vom Bundestag ratifiziert, BGBl. 1998 II S. 2227

125 *Wilkitzki*, ZStW 105 (1993), 821, 828

126 BGBl 1997 II S. 1351

127 Belgien, Dänemark, Deutschland, Griechenland, Spanien, Frankreich, Italien und Luxemburg

D) Gegenseitige Anerkennung strafrechtlicher Entscheidungen in dem Schengener Durchführungsübereinkommen

Dem Schengener Durchführungsübereinkommen (SDÜ) vom 19.06.1990 ging das Übereinkommen von Schengen vom 14.06.1985 voraus. Darin beschlossen die Regierungen der Staaten der Benelux-Wirtschaftsunion, der Bundesrepublik Deutschland und der Französischen Republik den schrittweisen Abbau der Kontrollen an den gemeinsamen Grenzen.[128] Die Verpflichtung zum Abbau der Grenzkontrollen und zu gleichzeitigen polizeilichen Ausgleichsmaßnahmen findet sich im auch „Schengen II" genannten Durchführungsübereinkommen SDÜ.[129]

Das SDÜ bringt Erleichterungen für alle drei Kernbereiche der justiziellen Rechtshilfe in Strafsachen durch Bezugnahme auf die jeweiligen Europaratsübereinkommen, wobei Belgien für den Schengen-Bereich ausdrücklich so gestellt wurde, als sei es Mitgliedsstaat des EuAlÜbk (Art. 60 SDÜ).

Im SDÜ und in den vorhergehenden Schengener Abkommen finden sich Ansätze zu einem System der gegenseitigen Anerkennung.

So ist im Rahmen der in Art. 95 SDÜ geregelten Ausschreibung im Schengener Informationssystem bereits die gegenseitige Anerkennung nationaler Haftbefehle vorgesehen. Gemäß Art. 95 Abs. 2 S. 1 SDÜ prüft schon die ausschreibende Behörde, ob die Festnahme des ausgeschriebenen Person in dem anderen Mitgliedstaat, theoretisch in allen Vertragsstaaten, nach dem dortigen Recht zulässig ist. Eine Prüfung der Ausschreibung durch die zuständigen Stellen der anderen Mitgliedstaaten soll grundsätzlich nicht stattfinden.[130]

---

128 BGBl. II 1994, S. 631; Dem Übereinkommen sind beigetreten: Italien, Portugal, Spanien, Griechenland und Österreich

129 *Oppermann*, Europarecht, Rdnr. 1555; Siehe auch: *Esser*, Auf dem Weg zu einem europäischen Strafverfahrensrecht, S. 13; siehe auch: *Hackner/Lagodny/Schomburg/Wolf*, Internationale Rechtshilfe in Strafsachen, Rdnr. 14

130 *Mokros* in: Lisken/Bäumler, Handbuch des Polizeirechts, Abschnitt O, Rdnr. 151

E) Die grenzüberschreitende Wirkung und Aspekte gegenseitiger Anerkennung strafrechtlicher Entscheidungen im Rahmen der Europäischen Union

Die Union soll nach Art. 29 EU[131] im Bereich der PJZS ein gemeinsames Vorgehen der Mitgliedstaaten entwickeln. Daraus ergibt sich eine allgemeine Pflicht der Mitgliedstaaten zur Kooperation durch gegenseitige Information und Konsultation.[132]

I) Rechtsinstrumente der EU auf dem Gebiet des Strafrechts

Der Union stehen zur Verbesserung der strafrechtlichen Integration und zur Herausbildung eines eigenständigen EU-Strafrechts eigene Rechtsinstrumente zur Verfügung, deren Rechtswirkung und Entstehungsweise sich von den herkömmlichen Instrumenten des Völkerrechts erheblich unterscheidet. Im Gegensatz zu völkerrechtlichen Abkommen, die erst durch eine Ratifikation rechtsverbindlich werden, bedürfen die Rechtsinstrumente, die der Unionsvertrag als Beschlüsse und Rahmenbeschlüsse[133] bezeichnet, keiner Ratifikation mehr, um zu einem vom Rat festgesetzten Zeitpunkt in Kraft zu treten.
Ausgangspunkt für diese speziellen Handlungsformen ist die Eigenart der dritten Säule der EU als Bereich der intergouvernementalen Zusammenarbeit.[134]
Im Rahmen der durch den EU-Vertrag vorgegebenen Pflicht zur Koordinierung werden die Mitgliedstaaten durch die Beschlüsse des Rates unterstützt. Diese Verpflichtung der Mitgliedstaaten zur Zusammenarbeit auf dem Gebiet des Strafrechts ergibt sich aus Art. 29 Abs. 1 EU.
Dennoch muss beachtet werden, dass diese Instrumente keine unmittelbare Wirkung in den Mitgliedsstaaten haben. Zur Anwendung muss erst die Umsetzung in nationales Recht mittels eines Umsetzungsgesetzes erfolgen.

---

[131] Nach der in der Lehre herrschenden Ansicht hat der Unionsvertrag die bereits in der EEA vorgegebene Struktur beibehalten. Demnach umfasst die Union sowohl supranationale wie intergouvernementale Elemente, die unter dem Dach der Europäischen Union zusammengefasst werden. Dem EU-Vertrag kommt also die Rolle eines völkerrechtlich geprägten Dachvertrages zu, der die Europäischen Gemeinschaften, die gemeinsame Außen- und Sicherheitspolitik (GASP) sowie die polizeiliche und justizielle Zusammenarbeit in Strafsachen (PJZS) verklammert. So ist auch das oft zitierte Säulenmodell zu verstehen, dass die verschiedenen Politikbereiche als Säulen, den EU-Vertrag als von den Säulen gestütztes Dach über den Säulen darstellt. Die Zahl der Säulen variiert nach der Einteilung der einzelnen Politikbereiche als eigenständige Säulen. Die hier als eine Säule zusammengefassten drei Gemeinschaften werden teilweise als eigene Säulen betrachtet, so dass sich ein Modell mit fünf Säulen ergibt. Nachweise in: *Satzger*, Die Europäisierung des Strafrechts, S. 19. Zum Aufbau der EU siehe auch: *Oppermann*, Europarecht, Rdnr. 323

[132] *Böse* in: Schwarze, EU-Kommentar, Art. 29 EU, Rdnr. 7

[133] *Streinz*, Europarecht Rdnr. 476: Die Rahmenbeschlüsse sind für die Mitgliedstaaten verbindlich, sie müssen durch nationale Gesetze umgesetzt werden und haben keine unmittelbare Wirkung.

[134] *Geiger*, Kommentar zu EUV / EGV, Art. 34 EUV, Rdnr. 1

II) Aspekte gegenseitiger Anerkennung strafrechtlicher Entscheidungen in Rechtsakten der EU

Auch im Rahmen der Europäischen Union wurden Rechtsakte eingeführt, die eine grenzüberschreitende Wirkung von Entscheidungen auf dem Gebiet des Strafrechts und Ordnungswidrigkeitenrecht haben.

a) Übereinkommen der EU über den Entzug der Fahrerlaubnis vom 17.06.1998

Das Übereinkommen[135] wurde bisher noch nicht ratifiziert. Hintergrund des Rechtsaktes war die Befürchtung, dass sich Personen, gegen die in einem anderen als ihrem Wohnsitzstaat ein Entzug ihrer Fahrerlaubnis verfügt worden war, sich mit dem Verlassen Staates der Zuwiderhandlung nicht der Wirkung des Bestrafung entziehen konnten. Die Entscheidung über die Entziehung der Fahrerlaubnis sollte also nicht nur im Entscheidungsstaat Wirkung entfalten.
Die dafür notwendige Vollstreckung der ausländischen Entscheidung kann auf drei Arten erfolgen.[136] Zuerst kann die Entscheidung unmittelbar vollstreckt werden. Ebenso ist die Vollstreckung aufgrund einer eigenen Entscheidung des Wohnsitzstaates möglich, wobei hierbei der bereits erfolgte Entzug berücksichtigt und die Dauer nicht verändert wird. Drittens kann der Wohnsitzstaat die ausländische Entscheidung in eine eigene umwandeln, wobei er an die Tatsachenfeststellungen der ausländischen Behörden gebunden ist, aber die Strafe herabsetzen darf.[137]

Der Rechtsakt sieht ferner obligatorische und fakultative Verweigerungsgründe vor.[138] So besteht die Möglichkeit die Vollstreckung zu verweigern, wenn das Verhalten im Vollstreckungsstaat keine Zuwiderhandlung darstellt.

Das Verfahren der Vollstreckung von ausländischen Entscheidungen kommt hier also dem Prinzip der gegenseitigen Anerkennung zumindest in der ersten Variante schon sehr nahe. Zwar besteht noch die Möglichkeit der Prüfung der beiderseitigen Strafbarkeit, die Staaten müssen davon aber keinen Gebrauch machen.
Der Rechtsakt kann als Beispiel gesehen werden, dass sich schon seit längerem Tendenzen zur gegenseitigen Anerkennung von strafrechtlichen/ ordnungswidrigkeitsrechtlichen Entscheidungen in europäischen Rechtsakten finden lassen.

---

[135] Übereinkommen über den Entzug der Fahrerlaubnis, Abl. EG C 216 vom 10.07.1998; Siehe auch den erläuternden Bericht zu dem Übereinkommen, Abl. EG C 211 vom 24.06.1999

[136] Art. 4 des Übereinkommens. Es ist vorgesehen, dass die Mitgliedstaaten im Rahmen einer Erklärung ihre Entscheidung für eines dieser Verfahren mitteilen.

[137] Eine Umwandlung in eine Geldstrafe ist nicht möglich.

[138] Art. 6 des Übereinkommens

b) EU-Auslieferungsübereinkommen vom 10.03.1995

Das EU-Auslieferungsübereinkommen vom 10.03.1995[139] gilt neben dem Übereinkommen des Europarates und soll dessen Durchführung vereinfachen.[140]
Gegenstand dieses Rechtsaktes ist nicht wie bei dem Europäischen Haftbefehl die unmittelbare Vollstreckbarkeit eines ausländischen Haftbefehls. Es wird aber ein deutlicher Schritt hin zu der ungeprüften Auslieferung aufgrund eines ausländischen Ersuchens gegangen. Dies ist den Konstellationen gegeben, in denen die betroffene Person dem vereinfachten Verfahren zustimmt. Liegt die Zustimmung vor, ist der Staat verpflichtet, die Person an den ersuchenden Staat auszuliefern.[141] Außerdem müssen bei Auslieferung im vereinfachten Verfahren weniger Informationen bezüglich der auszuliefernden Person und der zugrunde liegenden Tat übermittelt werden.[142]

Das Übereinkommen hat also noch keine unmittelbaren Elemente der gegenseitigen Anerkennung, es weicht aber die Regeln der Rechtshilfe zumindest in den Fällen der Zustimmung der betroffenen Personen so auf, dass im ersuchten Staat nur noch eine sehr eingeschränkte oder keine Prüfung des ausländischen Ersuchens stattfindet. Dies kommt der gegenseitigen Anerkennung nach aktuellem Zuschnitt sehr nahe und kann als Vorläufer bezeichnet werden.

c) Übereinkommen über die Rechtshilfe in Strafsachen zwischen den Mitgliedstaaten der Europäischen Union vom 29.05.2000

Das Übereinkommen[143] soll das Europäische Übereinkommen vom 20.04.1959 über die Rechtshilfe in Strafsachen[144] ergänzen.
Hauptzweck des Übereinkommens ist die Vereinfachung der Rechtshilfe, diese geschieht aber nicht durch Vorläufer einer gegenseitigen Anerkennung, sondern hauptsächlich durch die Standardisierung der zu übermittelnden Unterlagen.

Eine der wichtigsten Neuerungen des EuRhÜbk ist die Änderung der Rechtsordnung, nach der ein Rechtshilfeersuchen erledigt wird. Früher war für die Erledigung noch die Rechtsordnung des ersuchten Staates einschlägig, ge-

---

139 Abl. EG C 78 vom 30.03.1995; Siehe auch: *Vogel*, JZ 2001, 937
140 Siehe dazu auch den erläuternden Bericht zum Übereinkommen über das vereinfachte Auslieferungsverfahren, Abl. EG C 375 vom 12.12.1996
141 Art. 2 des Übereinkommens
142 Art. 4 des Übereinkommens
143 Abl. C 197 vom 12.07.2000, S. 1; Zu dem Übereinkommen siehe auch: *Gleß*, ZStW 115(2003), 135; *Kreß*, ZStW 116(2004), 468
144 ETS Nr. 30

mäß Art. 4 EuRhÜbk wird das Rechtshilfeersuchen in Zukunft nach den Vorschriften des ersuchenden Staates erledigt.[145]

> Art. 4 Abs. 1: *In den Fällen, in denen Rechtshilfe geleistet wird, hält der ersuchte Mitgliedstaat die vom ersuchenden Mitgliedstaat ausdrücklich angegebenen Formvorschriften und Verfahren ein, soweit in diesem Übereinkommen nichts anderes bestimmt ist und sofern die angegebenen Formvorschriften und Verfahren nicht den Grundprinzipien des Rechts des ersuchten Mitgliedstaates zuwiderlaufen.*

Der ersuchte Staat bemüht sich außerdem, die ihm vom ersuchenden Staat genannten Fristen für die Rechtshilfe einzuhalten (Art. 4 Abs. 2). Kann der ersuchte Staat die Rechtshilfe nicht oder nicht vollständig nach dem Recht des ersuchenden Staates erbringen, so sieht das Übereinkommen vor, dass die involvierten nationalen Behörden eine alternative Bearbeitung des Ersuchens vereinbaren (Art. 4 Abs. 3). Außerdem sieht das Übereinkommen in Art. 4 Abs. 4 eine Informationspflicht des ersuchten Staates an den ersuchenden Staat vor, wenn dieser das Ersuchen nicht in der nötigen Zeit erledigen kann.

Mit der Entscheidung für das Recht des ersuchenden Staates für die Erledigung des Rechtshilfeersuchens kommt das EuRhÜbk einer oft geäußerten Forderung nach und kann so die sich aus der Mischung von Verfahrensteilen, die in unterschiedlichen Rechtsordnungen gewonnen wurden, ergebenden Probleme verhindern.[146]

d) Bewertung der Arbeit der EU

Es ist zu beachten, dass sich die bisherige Rechtshilfe in Strafsachen immer noch nach den Übereinkommen des Europarates und nicht nach den wesentlich neueren Übereinkommen der EU richtet.[147] Dies ergibt sich hauptsächlich aus dem unzureichenden Ratifikationsstand der auf EU-Ebene geschlossenen Übereinkommen.

---

[145] Die Anwendung „fremden“ Rechts ist der deutschen Rechtsordnung bereits aus dem Internationalen Privatrecht und den Regeln über das interlokale Strafrecht bekannt. Zum interlokalen Strafrecht siehe *Lemke* in: AK StGB, vor § 3 StGB, Rdnr. 46; ebenso: *Eser* in: Sch/Sch, vor §§ 3-7 StGB, Rdnr. 52

[146] *Böse*, GA 2002, 148, 181; *Lagodny*, Anmerkung zu BGH JZ 1997, 45, 49

[147] Siehe auch *Ahlbrecht*, StV 2005, 40, 41

F) Einschub: Die Vereinheitlichung des Strafrechts in Europa

Auch wenn die Einführung des Prinzips der gegenseitigen Anerkennung im Strafrecht momentan sicher die vorherrschende politische Richtung ist, so hat die Harmonisierung[148] der verschiedenen europäischen Strafrechtsordnungen nicht vollständig an Bedeutung verloren.[149] Im Rahmen der aktuellen Rechtsakte fällt immer wieder auf, dass mit der Einführung der gegenseitigen Anerkennung auch eine stärkere Harmonisierung von Teilbereichen des Strafrechts einhergehen soll.[150] So wird das Prinzip der gegenseitigen Anerkennung auch als *„Harmonisierung durch die Hintertür"* bezeichnet.[151]
Gerade zur Steigerung des im Rahmen der gegenseitigen Anerkennung so wichtigen Vertrauens in die anderen Rechtsordnungen kann die Harmonisierung ein wichtiger Schritt sein.[152]
Auch im Binnenmarkt war die Rechtsangleichung stets an der Seite der gegenseitigen Anerkennung als ergänzendes Instrument zur Erreichung der Schaffung des Binnenmarktes zu sehen.[153]

Beispielhaft für die bisherigen Harmonisierungsbestrebungen kann das Europäische Modellstrafgesetzbuch gesehen werden. Dessen Einführung wurde bereits im Jahr 1971 durch den Europarat erörtert. Der Ausschuss für Rechtsfragen des Europarats beschrieb die von ihm diskutierte Modellgesetzgebung 1970 als Instrument, „um eine Anleitung zu geben und eine Quelle der Aspiration und Inspiration für die Gesetzgeber bei der Erörterung von Strafrechtlichen Reformmaßnahmen zu sein".[154]
Das Ergebnis der Arbeiten fiel allerdings negativ aus. In der Harmonisierung des Strafrechts wurde kein Vorteil gesehen.[155] Erst im Jahr 1993 wurde die Idee eines Modellstrafgesetzbuches wieder aufgegriffen.[156]

---

148 Zur Historie der Harmonisierung des Strafrechts siehe: *Kielwein*, FS Rittler, S. 96 und den dortigen Bezug auf die sechste internationale Konferenz zur Vereinheitlichung des Strafrechts in Kopenhagen 1935

149 Zur Harmonisierung siehe nur: *Vogel*, GA 2003, 314, 315f; *ders.* Jura 1992, 587; *Sieber* in: Delmas – Marty: Corpus Juris, S. 2; *ders.* JZ 97, 369; *Perron* ZStW 109(1997), 283; *Klip*, NStZ 2000, 626

150 *Delmas-Marty*, Corpus Juris, S. 21

151 *Fuchs*, ZStW 116(2004) 368, 369

152 *Streinz*, Europarecht, Rdnr. 956 mit Hinweis auf das „globale Konzept für Zertifizierung und Prüfwesen" aus dem Binnenmarkt; ebenso wurden Mindestnormen für bestimmte Kontrollen veröffentlicht.

153 *Streinz*, Europarecht, Rdnr. 955

154 *Sieber*, JZ 1997, 369

155 Das Ergebnis ergab sich auf der Grundlage eines Memorandums von *Enschedé*, Universität Amsterdam. Das Memorandum ist als „Memorandum, Model Penal Code for Europe, Council of Europe, AS/Jur (22) 45 of March, the 23rd 1971" veröffentlicht.

156 Der Vorschlag befindet sich in: Council of Europe Parliamentary Assembly, Motion for a Recommendation on a model European Penal Code, Doc 6851 of 28th May 1993, ADOC6851-1403-25/5/93-4-E.

I) Argumente für die Vereinheitlichung des Strafrechts in Europa

Insbesondere bezüglich der gegenseitigen Anerkennung von Strafrechtlichen Endentscheidungen bietet sich eine Vereinheitlichung der betroffenen Vorschriften im Gegensatz zu einem eigenen System der gegenseitigen Anerkennung an.
Zum einen fällt die Anerkennung wesentlich leichter, wenn sie auf harmonisierten Gesetzen beruht. Aber auch wenn die entscheidungsrelevanten Gesetze nicht harmonisiert wurden, so erhöht eine möglichst umfassende Harmonisierung das grundsätzliche Vertrauen in die anderen Rechtsordnungen und deren Entscheidungen.[157]

II) Warum wurde doch nicht die vollständige Vereinheitlichung gewählt?

Trotz der sicherlich vorhandenen Vorteile der Rechtsvereinheitlichung mittels Modellstrafgesetzen hat sich dieser Ansatz zur Schaffung eines Systems, in dem Strafurteile auch in anderen Ländern der EU anerkannt werden, nicht durchgesetzt.[158]
Die Gründe können zum einen gerade in der Flexibilität und der Unverbindlichkeit der Modellgesetze gesehen werden. Obwohl die Umsetzung von Richtlinien oder Rahmenbeschlüssen in den EU-Mitgliedstaaten gesetzlich vorgeschrieben ist, wird diese zum Teil lange hinausgezögert. Die Rechtsprechung des EuGH zur unmittelbaren Geltung von Richtlinien hat sich aus diesem Verhalten der Mitgliedstaaten entwickelt. Selbst bei Vorliegen ausreichender politischer Motivation in den einzelnen Staaten wird sich nur aufgrund eines freiwillig umzusetzenden Modellstrafgesetzbuches kein einheitliches System der gegenseitigen Anerkennung von Strafurteilen in Europa herausbilden.
Insbesondere im Rahmen eines Systems der gegenseitigen Anerkennung von strafrechtlichen Endentscheidungen ist es nötig, dass in den einzelnen Ländern ein stets vergleichbares Grundgerüst vorherrscht, das den Automatismus der gegenseitigen Anerkennung erst ermöglicht. Ziel der gegenseitigen Anerkennung ist es gerade, die aufwändigen Verwaltungsverfahren abzuschaffen und weitere Behördenentscheidungen wegfallen zu lassen. Dies ist aber nur möglich, wenn sich das anerkennende Land auch auf das ordnungsgemäße Zustandekommen der jeweiligen Entscheidung verlassen kann. Dies muss für alle Länder der EU gleichermaßen gelten. Nationale Alleingänge und isolierte Abweichungen von diesem System sind dabei aber wieder hinderlich, sie zwingen das anerkennende Land ja wieder zur Überprüfung des Zustandekommens des anzuerkennenden Urteils. Ein echter Fortschritt im Sinne einer

---

[157] *Sieber*, ZRP 2000, 186, 190; *ders.* in: Delmas-Marty: Corpus Juris, S. 9; ders. ZStW 103(1991), 957, 978

[158] *Wasmeier*, Das Strafrecht der Europäischen Union, S.12; *Vogler*, Jura 1992, 587; *Kattau*, Strafverfolgung nach Wegfall der Europäischen Grenzkontrollen, S. 156; *Perron*, ZStW 109(1997), 289

Beschleunigung des Verfahrens ist also nur bei genauer Umsetzung der Vorgaben zur Vereinheitlichung des Systems möglich.
Außerdem ist der erhebliche Aufwand der Harmonisierung zu sehen. Bleibt den Mitgliedstaaten bei der Einführung der gegenseitigen Anerkennung noch ein gewisser Spielraum, die Gesetze ihren historisch gewachsenen und austarierten Rechtsordnungen anzupassen, so wird bei der Harmonisierung den Staaten eine Rechtsordnung gleichsam übergestülpt, die möglicherweise im Zusammenspiel mit anderen Rechtsbereichen der Länder enorme Probleme aufwirft.
Es muss auch beachtet werden, dass es sich bei der vollständigen Harmonisierung immer eher um ein Anliegen der Wissenschaft gehandelt hat, auf politischer Ebene war sie nie mehrheitsfähig.

III) Aktuelle Ansätze zur Rechtsangleichung

Die Harmonisierung der strafrechtlichen Vorschriften der EU wurde seit dem Corpus Juris nicht völlig aufgegeben. Insbesondere im Entwurf für einen Verfassungsvertrag für Europa wird die Angleichung der Rechtsvorschriften neben der gegenseitigen Anerkennung der Entscheidungen genannt.

a) Harmonisierung im Rahmen der PJZS

Mit den Regelungen der Art. 29 ff. EUV wird im Rahmen der PJZS der Trend zur Harmonisierung verstärkt.[159] Dies erfolgt sowohl durch die Vereinheitlichung der materiellrechtlichen Vorschriften in den Bereichen organisierte Kriminalität, Terrorismus und illegaler Drogenhandel[160], als auch durch die Verstärkung der polizeilichen und justiziellen Zusammenarbeit.[161] Die Umsetzung dieser Politik wird hauptsächlich durch die Instrumente Rahmenbeschluss und Übereinkommen erreicht.[162]

b) Der Wiener Aktionsplan

Im Aktionsplan des Rates und der Kommission zur bestmöglichen Umsetzung der Bestimmungen des Amsterdamer Vertrages betreffend den Aufbau eines Raums der Freiheit, der Sicherheit und des Rechts ist eine Annäherung des Strafrechts der Mitgliedstaaten bei bestimmten Delikten vorgesehen.[163] Bei Delikten aus dem Bereich der organisierten Kriminalität, des Drogenhandels und des Terrorismus besteht nach dem Wiener Aktionsplan besonderer Bedarf der Festlegung einheitlicher Strafbarkeitsmerkmale und Strafrahmen.[164]

---

159 *Ambos* in: MüKo, vor §§ 3-7 StGB, Rdnr. 12
160 Art. 29 Abs. 2 UA 3, 31 Buchst. e EUV
161 Art. 29 Abs. 2 UA 1 und 2 EUV
162 *Ambos* in: MüKo, vor §§ 3-7 StGB, Rdnr. 12
163 Diese Annäherung soll innerhalb von zwei Jahren erfolgen, Nr. 46 des Wiener Aktionsplans, Abl. C 19 vom 23.01.1999, S. 1 ff.
164 Wiener Aktionsplan, Abl. C 19 vom 23.01.1999, S. 13

Bei diesen Bereichen besteht nach Ansicht der Kommission die besondere Gefahr, dass sich Straftäter durch den Wechsel ihres Aufenthaltsorts die nationalen Unterschiede der Strafsysteme zu nutzen machen.[165] Dementsprechend soll besonders in diesen Bereichen ein in der EU einheitliches Niveau der Strafbarkeit bestimmter Verhaltensweisen sowohl bezüglich der Tatbestandsmerkmale als auch bezüglich der Strafdrohung geschaffen werden.

c) Das Grünbuch der Kommission zur Angleichung und gegenseitigen Anerkennung

Die Kommission nennt in ihrem Grünbuch einige mit der Rechtsangleichung zu verfolgende Ziele.[166] Schon der Titel verdeutlicht die Verbindung zwischen der Einführung der gegenseitigen Anerkennung und der Harmonisierung.
Die Angleichung der Tatbestandsmerkmale und der Sanktionen führt nach Ansicht der Kommission zu einem gemeinsamen Rechtsgefühl der EU-Bürger.[167] Durch die Angleichung würden bestimmte Verhaltensweisen in der gesamten EU als illegal eingestuft.
Dies bietet den Bürgern im Gebiet der EU einen gleichmäßigen Schutz vor Verhaltensweisen, die den gemeinsamen Grundsätzen und Werten der Mitgliedstaaten widersprechen. Ebenfalls soll durch die Angleichung der Strafdrohung in der Mitgliedstaaten verhindert werden, dass Straftäter, besonders im Bereich der organisierten Kriminalität, von den Unterschieden in den Sanktionensystemen der verschiedenen Mitgliedstaaten profitieren, indem sie sich der Strafverfolgung durch Ausweichen auf ein anderes Mitgliedsland entziehen.[168]
Weiter trägt die Angleichung der Strafvorschriften nach Ansicht der Kommission zur Vertrauensbildung bei, ist jedoch für die gegenseitige Anerkennung nicht unabdingbar. Es handelt sich um zwei komplementäre Vorgehensweisen auf dem Weg zu einem europäischen Rechtsraum.[169] Die Kommission führt weiter aus, dass die Angleichung der Strafen nur ein erster Schritt sein kann, solange die Art und Weise der Strafvollstreckung noch starken Differenzen unterliegt.

d) Der Verfassungsentwurf

Der Verfassungsentwurf nennt im Abschnitt über die justizielle Zusammenarbeit in Strafsachen[170] die Angleichung der Rechts- und Verwaltungsvorschrif-

---

165 Wiener Aktionsplan, Abl. C 19 vom 23.01.1999, S. 3

166 Grünbuch der Kommission über die Angleichung, die gegenseitige Anerkennung und die Vollstreckung strafrechtlicher Sanktionen in der Europäischen Union, KOM(2004)334 endg., S. 9

167 KOM(2004)334 endg., S. 10

168 KOM(2004) 334, dieses Ziel wird auch unter Nr. 5 in den Schlussfolgerungen des Rats von Tampere ausgedrückt. Dokument der Kommission, SI(1999)800 vom 16.10.1999

169 KOM(2004) 334, S. 11

170 Art. III-270 des Konventsentwurfes für eine Verfassung für Europa

ten der Mitgliedstaaten neben der gegenseitigen Anerkennung als Grundlage der justiziellen Zusammenarbeit in Strafsachen.[171]

In Art. III-271 des Konventsentwurfs werden die Bereiche, in denen durch Europäische Rahmengesetze[172] eine Angleichung der Rechtsvorschriften erfolgen soll, genannt. Dabei handelt es um Mindestvorschriften zur Festlegung von Straftaten und Strafen in Bereichen besonders schwerer Kriminalität mit grenzüberschreitender Dimension. Die hierfür vorgesehenen Bereiche werden in Art. III-172 aufgezählt. Es handelt sich hierbei um unscharf abgegrenzte Themengebiete wie Terrorismus, Menschenhandel, sexuelle Ausbeutung von Frauen und Kindern oder den illegalen Handel mit Waffen oder Drogen.[173] Die Kriminalitätsbereiche sind aber jederzeit durch einen Europäischen Beschluss[174] des Ministerrates erweiterbar. Sollten in einem Gebiet, in dem bereits Harmonisierungsmaßnahmen erfolgt sind, zur sinnvollen Erreichung der Ziele dieser Politik weitere harmonisierende Schritte erforderlich sein, so kann dies nach Art. III-172 Abs. 2 auch in Bereichen erfolgen, die nicht der schweren Kriminalität im Sinne des Art. III-172 Abs. 1 unterfallen.

Ansätze zur Harmonisierung finden sich auch in Art. III-257 Abs. 3 VE: *„und erforderlichenfalls durch die Angleichung der strafrechtlichen Bestimmungen"*. Im Rahmen des Art. III-257 VE kommt die Ansicht des Konvents zum Ausdruck, die strafrechtliche Zusammenarbeit durch Koordinierung und Zusammenarbeit und gegenseitige Anerkennung, aber nur ausnahmsweise durch Harmonisierung zu erreichen.[175]

e) Aktuelle harmonisierende Rechtsakte

Auf europäischer Ebene werden in den im EU-Vertrag, im Wiener Aktionsplan und in den Schlussfolgerungen von Tampere genannten Gebieten harmonisierende Rechtsakte vorbereitet oder wurden bereits erlassen.[176]

---

171 Siehe hierzu auch den Abschlussbericht der Gruppe X „Freiheit, Sicherheit und Recht" an den Konvent vom 02.12.2002, CONV 426/02

172 Nach dem Konventsentwurf findet sowohl eine Umbenennung bestehender Rechtsinstrumente als auch die Einführung neuer Rechtsinstrumente statt. So werden die bisherigen Rahmenbeschlüsse nach Art. I-33 Abs. 1 des Konventsentwurfs als Europäisches Rahmengesetz bezeichnet. Die Definition des Europäischen Rahmengesetzes in Art. I-33 Abs. 1 entspricht der Definition des Rahmenbeschlusses nach Art. 34 Abs. 2 Satz 1 Buchst. b EU bis auf die fehlende unmittelbare Wirksamkeit, die nicht in den Konventsentwurf übernommen wurde.

173 Art. III-271 Abs. 1 des Konventsentwurfes für eine Verfassung für Europa

174 Art. 32 des Konventsentwurfs: *„Der Europäische Beschluss ist ein Rechtsakt ohne Gesetzescharakter, der in allen seinen Teilen verbindlich ist. Ist er an bestimmt Adressaten gerichtet, so ist er nur für diese verbindlich."*

175 Buruma, ZStW 116 (2004), 424, 427

176 Dannecker, ZStrR 2003, 280

f) Freiheitsstrafen

Im Rahmen der Angleichung von Freiheitsstrafen wurde anfänglich nur vorgegeben, dass die Sanktionen wirksam, angemessen und abschreckend sein müssen. Neuerdings wird in den Rechtsakten auch die so genannte Mindesthöchststrafe festgelegt.[177] Es wurden bisher acht Rahmenbeschlüsse und eine Richtlinie zur Harmonisierung der Freiheitsstrafen erlassen, über eine Reihe von Rahmenbeschlüssen wird noch beraten.

g) Geldstrafen und Geldbußen

Die Harmonisierung der Strafrahmen bei Geldstrafen und Geldbußen ist noch nicht weit fortgeschritten. Die Kommission hat erstmalig im Vorschlag für einen Rahmenbeschluss zur Verstärkung des strafrechtlichen Rahmens zur Bekämpfung der Verschmutzung durch Schiffe zwei Strafrahmen für die Verhängung von Geldbußen und Geldstrafen vorgeschlagen.[178]

h) Nebenentscheidungen

Auch bei den Nebenentscheidungen, wie der Einziehung oder der Aberkennung von Rechten, gibt es bereits Rahmenbeschlüsse, die auf europäischer Ebene angepasste Maßnahmen vorsehen. Es gibt in bereits erlassenen Rahmenbeschlüssen die Möglichkeit, ein Berufsverbot auf EU-Ebene auszusprechen.[179]

Auf dem Gebiet der Einziehung ist die Harmonisierung der mitgliedstaatlichen Rechtsordnungen weiter fortgeschritten. Es gibt bereits mehrere Rahmenbeschlüsse, die den Mitgliedstaaten die Einführung der Möglichkeit von Einziehungsentscheidungen vorschreiben. Spätestens nach der Umsetzung der Rahmenbeschlüsse in nationales Recht durch ein Umsetzungsgesetz besteht dann in den durch den Rahmenbeschluss abgedeckten Teilbereichen ein EU-weit einheitliches Niveau der Möglichkeit zur Einziehung von Gegenständen nach Straftaten. Hervorzuheben ist hier die dänische Initiative für einen Rahmenbeschluss des Rates über die Einziehung von Erträgen, Tatwerkzeugen und Vermögensgegenständen aus Straftaten[180]. Dieser Vorschlag wurde auf der Ratstagung im Dezember 2002 grundsätzlich gebilligt.

i) Rechte im Strafverfahren

Der unten dargestellte[181] Rechtsakt zur Stärkung der Rechte der Betroffenen im Strafverfahren[182] hat stark harmonisierenden Charakter. Er kann besonders

---

[177] KOM(2004) 334, S. 16

[178] Dem Rahmenbeschlussentwurf liegt der „Vorschlag für eine Richtlinie des Rates über die Meeresverschmutzung durch Schiffe und die Einführung von Sanktionen, einschließlich strafrechtlicher Sanktionen, für Verschmutzungsdelikte" (KOM(2003)92 endg. vom 05.03.2003) zugrunde.

[179] KOM(2004)334 endg., S. 20

[180] Abl. C 184 vom 02.08.2002, S. 3

[181] Siehe unten, G IX 1

als Beispiel für die Verbindung der Harmonisierung zur gegenseitigen Anerkennung gesehen werden. Gerade durch die europaweit einheitliche Verbesserung der Rechte im Strafverfahren wird das für die Akzeptanz der gegenseitigen Anerkennung notwendige Vertrauen gesteigert.

j) Bewertung

Der Umfang der Harmonisierung des materiellen Strafrechts in der Europäischen Union ist noch gering. Insbesondere werden in den verschiedenen Rechtsakten nicht alle Straftaten erfasst und die verschiedenen Begehungsformen nicht definiert, so dass dort noch verschiedene nationale Beurteilungsmöglichkeiten bestehen.[183] Dies widerspricht aber gerade der Idee der Harmonisierung der Strafnormen.
Für eine effektive Harmonisierung der Strafgesetze zur Erreichung einer gleichmäßigen Strafdrohung in der gesamten Union reicht die Angleichung der Tatbestandsmerkmale einzelner Delikte nicht aus. Dies führt nur zu einer einheitlichen Tatbestandsmäßigkeit der Straftaten. Es müssen weiter einheitliche Strafrahmen und insbesondere einheitliche Vorschriften für den allgemeinen Teil der Strafgesetzbücher eingeführt werden. Dabei ist dann aber wieder der Umfang der Harmonisierung zu beachten. Eine derart weitreichende Harmonisierung liefe wieder auf die Ansätze eines Modellstrafgesetzbuches für die Europäische Union hinaus. Dieses hat sich aber in der Vergangenheit als politisch nicht durchsetzbar erwiesen.
Die Kommission bringt die auch schon im Rahmen des Verfassungsentwurfes ausgedrückte Ansicht vor, der europäische Raum der Freiheit, der Sicherheit und des Rechts kann im Strafrecht nur durch die Kombination von Angleichung und gegenseitiger Anerkennung erreicht werden. Es sieht nach dem Grünbuch der Kommission so aus, als ob die Harmonisierung im Bereich des Strafrechts schon wegen der neben sie getretenen gegenseitigen Anerkennung nur in geringem Ausmaß erfolgen sollte. Dies ist aber nicht der Fall, das Grünbuch grenzt die Bereiche der Harmonisierung nicht ab, der zu harmonisierende Bereich ist noch nicht absehbar. Sollte wieder versucht werden, weite Bereiche des materiellen Strafrechts zu harmonisieren, so dürfte dies wieder auf die bekannten Probleme stoßen. Erinnert sei hier an die Auffassung vom Strafrecht als Bereich nationaler Identität, der in der Sicht vieler Politiker durch die Harmonisierung sicherlich in seinem Bestand gefährdet ist.

Aus den Erfahrungen aus dem Binnenmarkt kann wohl der Schluss gezogen werden, dass nach einer weit reichenden Einführung der gegenseitigen Anerkennung der Anwendungsbereich für die Harmonisierung kleiner wird.[184] Teilweise wird sogar die Ansicht vertreten, dass bei einer konsequenten gegensei-

182 Siehe auch KOM(2005)195endg. S. 7; KOM(2004)328 endg.
183 KOM(2004)334 endg., S. 24
184 *Buruma*, ZStW 116(2004), 424 f.; Siehe auch: *Tröndle/Fischer*, Einl. Rdn. 11; *Ruegenberg*, JZ 98, 453; *ders.* JZ 99, 30; *Waßmer*, JZ 99, 1099

tigen Anerkennung von strafrechtlichen Normen und Entscheidungen eine Harmonisierung überhaupt nicht erforderlich sei.[185]

---

[185] *Buruma*, ZStW 116(2004), 424, 427

G) Das Prinzip der gegenseitigen Anerkennung

I) Einführung

Nach dem Prinzip der gegenseitigen Anerkennung wird eine in einem Mitgliedstaat ergangene Entscheidung als gleichwertig zu einer im eigenen Staat ergangenen Entscheidung betrachtet, auch wenn das zur Entscheidung führende Verfahren nicht identisch ist.[186] Die Anerkennung einer ausländischen Entscheidung ohne eigene Prüfung der ihr zugrunde liegenden Tatsachen oder des angewendeten Verfahrens setzt ein hohes Maß an Vertrauen in die Rechtsvorschriften der anderen Mitgliedstaaten und deren Anwendung voraus.[187] Aufgrund der der ausländischen Entscheidung zugestandenen Gleichwertigkeit wird die Rechtswirkung dieser Entscheidung auch in der heimischen Rechtsordnung anerkannt. Das Prinzip der gegenseitigen Anerkennung gibt den anerkannten Entscheidungen Wirkung auch außerhalb des Staates, in dem sie erlassen wurde.
Das bisherige auf dem „Ersuchens"-Prinzip basierende Rechtshilferecht erkennt in Grundzügen ja auch schon die ausländische Entscheidung an.[188] Nur das gegenseitige Vertrauen in die ausländische Entscheidung ist nach dem „Ersuchens"-Prinzip mit seiner Prüfung der beiderseitigen Strafbarkeit geringer ausgeprägt als nach dem Prinzip der gegenseitigen Anerkennung, das auf diese Voraussetzung verzichtet und somit auf die Rechtmäßigkeit der Entscheidung vertraut.

Mit der Einführung des Prinzips der gegenseitigen Anerkennung wird die Vereinfachung und vor allem die Beschleunigung der bisherigen strafrechtlichen Zusammenarbeit verfolgt.[189] *Böse* bezeichnet das gemeinsame Interesse der Mitgliedstaaten an einer wechselseitigen Förderung der Strafrechtspflege als Grundlage der gegenseitigen Anerkennung.[190]

Die Bezeichnung dieser Änderung im bisherigen Rechtshilferecht als *„gegenseitige"* Anerkennung drückt zwar die Motivation der Mitgliedstaaten aus, ihre nationalen Entscheidungen gegenseitig anzuerkennen. Betrachtet man jedoch jedes einzelne Verfahren für sich, so kommt es dabei nicht zu einer gegenseitigen Anerkennung, es wird nur die ausländische Entscheidung vom Vollstreckungsstaat anerkannt. Echte gegenseitige Anerkennung würde auch die Ent-

---

[186] KOM(2000) 495 endg. S. 4, Überblick bei: *Hackner* in: Schomburg/Lagodny/Gleß/Hackner, IRG, vor § 78 IRG, Rdnr. 4ff; *Nalewajko*, Der Grundsatz der gegenseitigen Anerkennung in Strafsachen, in: Europäisierung des Strafrechts in Polen und Deutschland – rechtsstaatliche Grundlagen, S. 297

[187] KOM(2000) 495 endg. S. 4; Siehe auch: *Nalewajko*, a.a.O., S. 301

[188] *Vogel*, JZ 2001, 937, 940

[189] KOM(2000)495, S. 19

[190] *Böse* in: Momsen/Bloy/Rackow (Hrsg.), Fragmentarisches Strafrecht, S. 237

scheidungen des Vollstreckungsstaates bezüglich des verfahrensgegenständlichen Verhaltens berücksichtigen.[191]

II) Grundlagen des Prinzips der gegenseitigen Anerkennung aus dem Binnenmarkt

Das Prinzip der gegenseitigen Anerkennung stammt aus dem Gebiet des Binnenmarktes der Europäischen Union.[192] Dort sollte es Hindernisse aufgrund unterschiedlicher nationaler Vorschriften beseitigen, ohne dass die betreffenden Bereiche aufwändig harmonisiert werden mussten.[193]

Die Verwirklichung des Binnenmarktes in Europa wurde durch das Weißbuch der Kommission vorangetrieben. In diesem wurden die der Verwirklichung des Binnenmarktes entgegenstehenden Probleme identifiziert und Möglichkeiten für deren Überwindung dargelegt.[194] Ursprünglicher Ansatz des Weißbuches war die Angleichung der unterschiedlichen nationalen Rechtsordnungen.[195] Obwohl nach der Halbzeitbilanz im Jahr 1988 nur noch nötige 279 Rechtsangleichungen übrig geblieben waren, setzte sich schnell die Erkenntnis durch, dass nur mit den Methoden der Rechtsangleichung der Binnenmarkt nicht zu realisieren sei.[196] Im Weißbuch findet sich dann auch an vielen Stellen eine „neue Strategie"[197] zur Verwirklichung des Binnenmarktes. Sie wendet sich vom traditionellen Ansatz der schrittweisen Rechtsangleichung („institutionelle Harmonisierung") hin zum Prinzip der gegenseitigen Anerkennung („funktionale Harmonisierung" im Sinne des Ursprungslandsprinzips).
Grundsätzlich bedeutet dies, dass nationale Vorschriften nur für heimische, nicht aber für ausländische, Tatbestände gelten. Im Rahmen des Warenverkehrs wurde diese Tendenz hin zur gegenseitigen Anerkennung durch die „Cassis de Dijon" Entscheidung aus dem Jahr 1979 vorgezeichnet.[198] Im Weißbuch der Kommission wurde sie auf die anderen Binnenmarktbereiche ausgedehnt.

---

[191] Durch die Abschaffung der Prüfung der beiderseitigen Strafbarkeit kommt eine möglicherweise vorliegende Straffreiheit des Verhaltens im Vollstreckungsstaat nicht zur Geltung. Ebenso: *Deiters*, ZRP 2003, 359, 361; *Hecker*, Europäisches Strafrecht, § 9 Rdnr. 11

[192] *Schünemann*, ZRP 2003, 185 f.; *Hecker*, Europäisches Strafrecht, § 12 Rdnr. 42; *Braum*, GA 2005, 681, 687; *Ligeti*, Strafrecht und strafrechtliche Zusammenarbeit in der Europäischen Union, 181ff; *Nalewajko* in: Europäisierung des Strafrechts in Polen und Deutschland – rechtsstaatliche Grundlagen, S. 297, 298

[193] *Streinz*, Europarecht, Rdnr. 973

[194] *Krägenau*, Binnenmarktstrategie – Vom Weißbuch bis heute, S. 22

[195] So hatte die Kommission im Weißbuch ursprünglich 307 Rechtsangleichungen aufgelistet, die zur Einführung des Binnenmarktes als erforderlich erachtet wurden.

[196] *Krägenau*, Binnenmarktstrategie – Vom Weißbuch bis heute, S. 23

[197] *Krägenau*, Binnenmarktstrategie – Vom Weißbuch bis heute, S. 23

[198] EuGH Slg. 1979 S. 649

Im Ergebnis können so kostspielige Prüfverfahren in anderen Mitgliedsländern vermieden werden, die gegenseitige Anerkennung sollte jedoch die Harmonisierung der Rechtssysteme nicht komplett verdrängen.[199]

Die im Rahmen des Binnenmarktes einzige gesetzliche Regelung des Prinzips der gegenseitigen Anerkennung von Rechtsvorschriften erfolgte mit dem durch die EEA eingeführten Art. 100b Abs. 1 UAbs. 2 aF EGV.[200] Aufgrund dieser Norm konnte durch Ratsbeschluss gemäß Art. 100b Abs. 1 UAbs. 2 aF EGV eine einer echten Harmonisierung durch Rechtsangleichung entsprechende Rechtswirkung herbeigeführt werden.[201] Aufgrund der geringen Teilnahme an der mit der Norm bezweckten Erfassung der nicht angeglichenen Rechts- und Verwaltungsvorschriften wurde diese mit dem Vertrag von Amsterdam wieder aufgehoben.[202]

Die Kommission hat in ihrer Mitteilung[203] die Wichtigkeit des Prinzips der gegenseitigen Anerkennung in nicht harmonisierten Bereichen des Binnenmarktes herausgestellt.[204] Als Grund für die Probleme in der Anwendung des Prinzips der gegenseitigen Anerkennung wurde hier noch die fehlende Kenntnis der Bürger ausgemacht, nicht wie heute oft das fehlende Vertrauen in die Entscheidungen der anderen Mitgliedstaaten.

Im Rahmen des Binnenmarktes ist besonders die gegenseitige Anerkennung und Vollstreckung von gerichtlichen Entscheidungen und Schiedssprüchen, die durch Art. 293 4. Spiegelstrich EGV gewährleistet werden soll, relevant. Diese Norm erfasst Entscheidungen und Schiedssprüche aus sämtlichen Rechtsgebieten, an sich also auch des Strafrechts.[205] Aufgrund dieser Vorschrift ist aber bisher nur das „Brüsseler EWG-Abkommen über die gerichtliche Zuständigkeit und die Vollstreckung gerichtlicher Entscheidungen in Zivil- und Handelssachen vom 27.09.1968“[206] erlassen worden.[207] Nach diesem kann eine Entscheidung zwar erst nach einer Vollstreckbarkeitsentschei-

---

[199] *Schmitt von Sydow*, The basic strategies of the commissions white paper, S. 88: Die Rechtsangleichung sollte insbesondere aus zwei Gründen immer noch erforderlich sein: Zum einen aus Gründen des Binnenmarktes, soweit Handelshindernisse mit der bloßen gegenseitigen Anerkennung nicht beseitigt werden können. Zum anderen aus wirtschaftspolitischen Gründen wenn es den Warenverkehr noch weiter vereinfachen kann.

[200] Art. 100b Abs. 1 UAbs. 2 aF EGV: „*Der Rat kann gemäß Artikel 100a beschließen, daß die in einem Mitgliedstaat geltenden Vorschriften als den Vorschriften eines anderen Mitgliedstaates gleichwertig anerkannt werden müssen.*“

[201] *Geiger*, EG-Vertrag, 1. Auflage, 1993, Art. 110 b EGV Rdnr. 3

[202] *Streinz*, Europarecht, Rdnr. 975

[203] KOM(1999)299 endg.

[204] BullEU 6-1999, Ziffer 1.2.14; abrufbar unter: http://europa.eu.int/abc/doc/off/bull/de/9906/p102014.htm

[205] *Leible* in: Streinz, EUV/EGV, Art. 293 EGV Rdnr. 12

[206] Konsolidierte Fassung: AblEG C 27 vom 26.01.1998 S. 1

[207] Zur weiteren Entwicklung des Übereinkommens siehe: *Leible* in: Streinz, EUV/EGV, Art. 293 EGV Rdnr. 12

dung[208] eines anderen Staates in diesem vollstreckt werden, es findet jedoch weder ein besonderes Vollstreckungsverfahren noch eine eigene Sachprüfung statt.[209]

Außerhalb des Binnenmarktes[210] findet sich ein weiterer Anwendungsbereich der gegenseitigen Anerkennung in der in Art. 47 Abs. 1 EGV geregelten gegenseitigen Anerkennung von Qualifikationsnachweisen wie Diplomen und Prüfungszeugnissen. Auch in diesem Zusammenhang bedeutet die gegenseitige Anerkennung die rechtliche Gleichstellung der Qualifikationsnachweise.[211] Sie stellt einen Ausdruck des gegenseitigen Vertrauens in die Gleichwertigkeit der Prüfungsentscheidungen dar.[212]

a) Entwicklung der gegenseitigen Anerkennung in der Rechtsprechung des EuGH

Das Prinzip der gegenseitigen Anerkennung findet seinen Ursprung in den unten näher vorgestellten Entscheidungen des EuGH.[213] Ausgangspunkt war die Erreichung der unbehinderten Verkehrsfähigkeit von Waren in der EU. Die Rechtsprechung des EuGH bewirkte die Unwirksamkeit der die Verkehrsfähigkeit behindernden nationalen Regelungen. Damit wurde die europaweite Gültigkeit der die Verkehrsfähigkeit ermöglichenden Normen erreicht.

Die gegenseitige Anerkennung auf dem Gebiet des Strafrechts basiert auf demselben Gedanken. Durch den Wegfall der die europaweite Gültigkeit der strafrechtlichen Entscheidungen verhindernden Normen sollen die betreffenden strafrechtlichen Entscheidungen in Europa verkehrsfähig gemacht werden. Das zur Erreichung des Binnenmarktes verwendete Prinzip soll so die Erreichung des Raums der Freiheit, der Sicherheit und des Rechts ermöglichen.

b) Dassonville

Die Grundlage für das Prinzip der gegenseitigen Anerkennung wurde vom EuGH in der Rechtssache „Dassonville"[214] gelegt.
Der Vorlage beim EuGH ging ein Strafverfahren in Belgien gegen Benoit und Gustave Dassonville voraus. Die Angeklagten hatten einen Posten Scotch Whisky in Frankreich ordnungsgemäß erworben, diesen aber unter Verletzung

---

208 Art. 31 des Brüsseler Übereinkommens, Abl. C 27 vom 26.01.1998 S. 11

209 Art. 26 und 29 des Brüsseler Übereinkommens, Abl. C 27 vom 26.01.1998 S. 10

210 Weiterer Anwendungsbereich der gegenseitigen Anerkennung ist zum Beispiel die Anerkennung ausländischer Gesellschaften (Art. 48 Abs. 2 EGV).

211 *Müller-Graff* in: Streinz, EUV/EGV, Art. 47 EGV, Rdnr. 9

212 *Streinz*, Europarecht, Rdnr. 977: Dem gegenseitigen Vertrauen wird im Rahmen der Anerkennung von Qualifikationsnachweisen aufgrund der fehlenden Mindestvoraussetzungen besonderes Gewicht gegeben.

213 *Gleß*, Zum Prinzip der gegenseitigen Anerkennung, ZStW 116(2004), S. 353, 354

214 EuGH Rs. 8/74, Slg. 1974, 837

der belgischen Vorschriften nach Belgien eingeführt. Für den Import nach Belgien wäre eine Ursprungsbescheinigung der britischen Zollbehörden erforderlich gewesen. Problematisch war, dass der Händler, der wie hier den bereits in Frankreich im freien Verkehr befindlichen Whisky nur unter erheblich größeren Erschwernissen nach Belgien einführen konnte, da die für die Einfuhr erforderliche Ursprungsbescheinigung für den Direktimporteur aus dem Erzeugerland wesentlich einfacher zu erlangen war, als für den Handeltreibenden, der die Ware aus einem anderen als dem Erzeugerstaat einführen wollte.

Unter Nr. 6 der Gründe findet sich eine der gedanklichen Grundlagen der gegenseitigen Anerkennung. Solange es an einer Gemeinschaftsregelung fehlt, also die Harmonisierung nicht fortgeschritten ist, kann ein Mitgliedstaat zwar durch nationale Regelungen unlautere Verhaltensweisen verhindern. Diese Verhinderung darf aber nur unter der Voraussetzung erfolgen, dass sie sinnvoll ist und keine diskriminierende Wirkung hat. Sie darf weder ein Mittel zur willkürlichen Diskriminierung noch eine verschleierte Beschränkung des Handels darstellen. Eine derartige Beschränkung kann nach Ansicht des Gerichts (Grund Nr. 7/9) vorliegen, wenn die Erlangung des Ursprungsnachweises an Formalitäten geknüpft wird, die ohne Schwierigkeiten nur die Direktimporteure zu erfüllen in der Lage sind.

Der EuGH hat es also hier als europarechtswidrig angesehen, dass der freie Warenverkehr durch unterschiedlich schwierig zu erlangende Ursprungslandbescheinigungen behindert wird. Die Unzulässigkeit der die ungerechtfertigt[215] höheren Anforderungen aufstellenden Normen hat dann im Ergebnis zur Wirksamkeit und damit zur Anerkennung der in einem anderen europäischen Mitgliedstaat ausgegebenen Bescheinigung geführt.

Das oft als eine der Grundlagen des Prinzips der gegenseitigen Anerkennung zitierte Vertrauen in die Rechtsordnungen der anderen Mitgliedstaaten wird in der „Dassonville"-Entscheidung noch nicht erwähnt. Hierbei ist zu beachten, dass das Prinzip der gegenseitigen Anerkennung in seiner heutigen Form erst später im Binnenmarkt unter dem Eindruck dieser Entscheidung entwickelt wurde und erst im Rahmen dieser Entwicklung der Aspekt des gegenseitigen Vertrauens ausdrücklich erwähnt wurde.

Die Rechtsprechung des EuGH hat in der Konsequenz faktisch zu einer gegenseitigen Anerkennung nationaler Produktstandards geführt.[216]

---

[215] Grund Nr.6 der Entscheidung „Dassonville": Die getroffene Maßnahme musste sinnvoll sein und die geforderten Nachweise keine Behinderung des Handels zwischen den Mitgliedstaaten bewirken, der Nachweis muss von allen Staatsangehörigen erbracht werden können.

[216] *Streinz*, Europarecht, Rdnr. 956

c) Cassis de Dijon

Ein weiterer Grundstein für das Prinzip der gegenseitigen Anerkennung im Binnenmarkt wurde durch die Entscheidung des EuGH in der Sache REWE/Bundesmonopolverwaltung für Branntwein, besser bekannt als „Cassis de Dijon“[217] gelegt.

Interessant ist in diesem Zusammenhang besonders die sog. „Cassis-Formel“, die vom EuGH in einer nachfolgenden Entscheidung[218] neu gefasst wurde:

> *„Hemmnisse für den freien Warenverkehr, die sich in Ermangelung einer Harmonisierung daraus ergeben, daß Waren aus anderen Mitgliedstaaten, die dort rechtmäßig hergestellt und in den Verkehr gebracht worden sind, bestimmten Vorschriften entsprechen müssen (wie etwa hinsichtlich ihrer Bezeichnung, ihrer Form, ihrer Abmessungen, ihres Gewichts, ihrer Zusammensetzung, ihrer Aufmachung, ihrer Etikettierung und ihrer Verpackung), stellen selbst dann, wenn diese Vorschriften unterschiedslos für alle Erzeugnisse gelten, nach Art. 30 (=28) EGV verbotene Maßnahmen gleicher Wirkung dar, sofern sich die Anwendung dieser Vorschriften nicht durch einen Zweck rechtfertigen läßt, der im Allgemeininteresse liegt und den Erfordernissen des freien Warenverkehrs vorgeht“*

Diese Formel ist auch auf die Probleme bezüglich der Verkehrsfähigkeit strafrechtlicher Entscheidungen anwendbar. Wie bezüglich des Binnenmarktes, dessen Verwirklichung die gegenseitige Anerkennung bei nicht erfolgter Harmonisierung rechtfertigte, so kann als Rechtfertigungsgrund bei der Anerkennung strafrechtlicher Entscheidungen das Erreichen eines europäischen Raums der Freiheit, der Sicherheit und des Rechts[219] gesehen werden. Wie im Binnenmarkt ist auch bei strafrechtlichen Entscheidungen der Hintergedanke der Anerkennung, dass die Entscheidung, die in einem anderen Land der EU nach rechtsstaatlich einwandfreien Gesichtspunkten ergangen ist, auch in den anderen Ländern der EU gelten sollte, sofern nicht der gegenseitigen Anerkennung ein Zweck entgegensteht, der im Allgemeininteresse liegt, und der Erreichung des Raums der Freiheit, der Sicherheit und des Rechts vorgeht.
Hier stellt sich aber die Frage, ob bei der gegenseitigen Anerkennung im Strafrecht überhaupt eine im Allgemeininteresse stehende Hürde der Verwirklichung des Raums der Freiheit, der Sicherheit und des Rechts entgegenstehen kann.

d) Reinheitsgebot

Die BRD war in den zum Prinzip der gegenseitigen Anerkennung führenden Entscheidungen des EuGH besonders in der Entscheidung „Kommission der

---

[217] EuGH, Urteil vom 20.02.1979, Rs. 120/78, Slg. 1979, 649
[218] EuGH, Rs. C-368/95, Vereinigte Familiapress/Bauer Verlag, Slg 1997, I-3689, Rdnr. 8
[219] Siehe dazu nur: *Streinz*, Europarecht, Rdnr. 958

Europäischen Gemeinschaften / Deutschland"[220] betroffen. Die Kommission verklagte die BRD wegen ihrer Verweigerung des Imports von Brauereierzeugnissen aus dem europäischen Ausland, die nach dem im deutschen Biersteuergesetz (§9 und 10 BierStG) verankerten Reinheitsgebot nicht die Bezeichnung Bier tragen durften.

Wie in den beiden oben dargestellten Entscheidungen räumt die Kommission den Mitgliedstaaten mangels Harmonisierung auf Gemeinschaftsebene grundsätzlich die Befugnis ein, das Inverkehrbringen von Getränken zu regeln (Nr. 25 und 28 der Gründe). Das deutsche Reinheitsgebot überschreite jedoch das zur Sicherung des Verbraucherschutzes nötige Maß und sei daher unverhältnismäßig. Interessant ist in diesem Zusammenhang das im Urteil wiedergegebene (Nr. 38 der Gründe) Vorbringen der Kommission, dass die anderen Mitgliedstaaten bezüglich der Verwendung von Nahrungsmittelzusätzen eine sehr strenge Haltung einnähmen und deren Verwendung erst nach aufwändigen Untersuchungen gestatten. Es müsse die Vermutung gelten, dass die in einem Mitgliedstaat zugelassenen Zusatzstoffe die Volksgesundhit in keiner Weise gefährden könnten. In diesen Aussagen kommt m.E. noch klarer als in den vorigen Entscheidungen die Ansicht zum Ausdruck, man müsse den Entscheidungen und Prüfverfahren der anderen Mitgliedstaaten Vertrauen entgegen bringen.

Die BRD unterlag in diesem Verfahren gegen die Kommission. Im Ergebnis war der grenzüberschreitenden Verkehrsfähigkeit der Ware Bier die Tür geöffnet. Nach dem Verbot der Einfuhrbeschränkungen musste die BRD alle europäischen Erzeugnisse, die in ihrem Herkunftsland als Bier verkauft werden, auch in Deutschland als Bier anerkennen und den Import ermöglichen.

Auch hier hat also das Verbot von Handelshindernissen zu einer gegenseitigen Anerkennung von Produktstandards geführt. Die deutsche Bezeichnung Bier sowie ihre Entsprechungen in den anderen Mitgliedstaaten der EU dürfen nicht den Erzeugnissen vorenthalten werden, die nur den strengen Vorschriften der BRD genügen (Nr. 34 der Gründe). Was in einem Land als Bier gilt, gilt auch in allen anderen Ländern der EU als Bier.

III) Grundprinzipien der gegenseitigen Anerkennung strafrechtlicher Entscheidungen

Dem Prinzip der gegenseitigen Anerkennung strafrechtlicher Entscheidungen liegen verschiedene grundsätzliche Annahmen über den europäischen Strafrechtsraum zugrunde.[221] Aus den oben beispielhaft dargestellten Entscheidungen des EuGH lassen sich drei Aspekte als Grundlage des Prinzips der gegenseitigen Anerkennung erkennen.

---

[220] EuGH Rs. 178/84, Slg. 1987, 1227

[221] Siehe auch: *Vogel*, JZ 2001, S. 937, 940

a) Der gemeinsame Rechtsraum

Das Konzept vom dem angestrebten europaweiten Raum der Freiheit, der Sicherheit und des Rechts basiert auf dem Gedanken eines gemeinsamen Rechtsraums für Europa. Dieser soll durch die Verbesserung der justiziellen Zusammenarbeit erreicht werden, deren Eckstein der Grundsatz der gegenseitigen Anerkennung ist.[222]

b) Das Vertrauen in die Rechtsordnungen der anderen Mitgliedstaaten

Die zur Erklärung des Prinzips der gegenseitigen Anerkennung am häufigsten vorgebrachte und gleichzeitig auch unklarste Grundüberlegung ist das gegenseitige Vertrauen zwischen den Mitgliedstaaten. Die verschiedenen Mitgliedstaaten vertrauen sich gegenseitig bezüglich der Qualität und Rechtsstaatlichkeit ihrer justiziellen Entscheidungen und Systeme.[223]

Gerechtfertigt wird das Vertrauen durch die Tatsache, dass es sich bei den Mitgliedstaaten der EU um demokratische Staaten handelt, die die Grund- und Menschenrechte der Bürger auf nationaler und europäischer Ebene beachten und wahren.[224] Dieses Vertrauen beruht auf gemeinsamen Wertvorstellungen und Überzeugungen, die den Mitgliedstaaten gemein sind. Sie werden gebildet durch das Beachten und Verfechten der Grundsätze von Freiheit, Demokratie, Menschenrechte und Grundfreiheiten sowie der Rechtstaatlichkeit.[225]

Seinen Ursprung findet die Betonung des gegenseitigen Vertrauens in der „Cassis de Dijon"-Entscheidung des EuGH.[226] Nach der dort dargestellten „Cassis-Philosophie"[227] bringen die Mitgliedstaaten gegenseitig Vertrauen auf, indem sie davon ausgehen, dass die in einem Mitgliedstaat rechtmäßig erzeugten Produkte auch in den anderen Mitgliedstaaten zulässig sind.
Auch die Entscheidung des EuGH im Fall *Gözütok und Brügge*[228] betont die Bedeutung des gegenseitigen Vertrauens in die jeweils anderen Rechtsordnungen in Europa.

---

[222] Schlussfolgerung Nr. 33 des Vorsitzes des Europäischen Rats von Tampere, abrufbar unter: http://www.europarl.eu.int/summits/tam_de.htm

[223] So geht die Kommission in ihrer Mitteilung KOM(2000)495 endg. S. 4 vom gegenseitigen Vertrauen nicht nur in die Rechtsvorschriften der Mitgliedstaaten, sondern auch deren ordnungsgemäßer Anwendung aus.
Siehe auch: Grünbuch zum Schutz der finanziellen Interessen der EU und zur Schaffung einer Europäischen Staatsanwaltschaft, KOM (2001) 715 endg., S. 61
Bendler, StV 2003, 133, 135

[224] *Vogel*, JZ 2001, 937, 940

[225] KOM(2004)334 endg. S. 14 Dieses gegenseitige Vertrauen soll, wie sich aus den Erfahrungen in den nordeuropäischen Ländern gezeigt hat, durch die Harmonisierung nationaler Rechtsordnungen noch verstärkt werden.

[226] EuGH, Urteil vom 20.02.1979, Rs. 120/78, Slg. 1979, 649

[227] *Oppermann*, Europarecht, § 18 Rdnr. 1299

[228] EuGH, 11.02.2003, verbundene Rechtssachen C-187/01 und C-385/01, Rdnr. 33

Im Rahmen der Gründe[229] führt der EuGH aus, dass

> „*ein gegenseitiges Vertrauen der Mitgliedstaaten in ihre jeweiligen Strafjustizsysteme besteht und dass jeder Mitgliedstaat die Anwendung des in den anderen Mitgliedstaaten geltenden Strafrechts akzeptiert, auch wenn die Anwendung seines eigenen nationalen Rechts zu einem anderen Ergebnis führen würde*" (Nr. 33 der Gründe).

Das im Rahmen der Einführung des Prinzips der gegenseitigen Anerkennung oft beschworene gegenseitige Vertrauen der Mietgliedstaaten in ihre Rechtssysteme und deren Anwendung wird also auch vom EuGH als bereits vorhanden angesehen.[230]

c) Das Herkunftsstaatsprinzip

Aus dem Bereich des Binnenmarktes ist das Herkunftsstaatsprinzip anerkannt. Nach diesem Prinzip müssen alle in einem Mitgliedstaat rechtmäßigen Waren auch in den anderen Mitgliedstaaten als rechtmäßig anerkannt werden. Das Herkunftsstaatsprinzip bedeutet also die gegenseitige Anerkennung nationaler Produktstandards.[231] Dabei sind insbesondere technische Handelshemmnisse betroffen, bei diesen galt das Prinzip der gegenseitigen Anerkennung der technischen Standards in den Mitgliedstaaten der EU.[232]
Auch das Herkunftsstaatsprinzip findet seinen Ursprung in der „Cassis de Dijon"-Entscheidung. Nach dieser Entscheidung gelten die Vorschriften des Zielstaates der Importe nur noch für dort hergestellte Waren. Bezüglich der Importware, die bereits den Vorschriften des herstellenden Mitgliedstaates genügt, sind die Vorschriften des Zielstaates nicht anwendbar.[233] Einschlägig sind also stets die Vorschriften des Staates, aus dem die Waren stammen.

IV) Entwicklung der gegenseitigen Anerkennung strafrechtlicher Entscheidungen

Das aus dem Binnenmarkt stammende Prinzip der gegenseitigen Anerkennung befindet sich seit einigen Jahren in der Diskussion als Lösung der Probleme der europäischen Zusammenarbeit auf dem Gebiet des Strafrechts.[234]

---

[229] EuGH, verb. Rs. Gözütok – Brügge, NJW 2003, S. 1173f. = EuZW 2003, S. 214; siehe auch: *Vogel/Norouzi*, JuS 2003, S. 1059, 1061; *Böse* in: Der Verfassungsentwurf des Europäischen Konvents, S. 151, 154, der das Verbot der mehrfachen Strafverfolgung als Anwendungsfall des Prinzips der gegenseitigen Anerkennung bezeichnet.

[230] *Stein*, NJW 2003, S. 1162, 1164 beschreibt den Geist des EuGH im Gegensatz zur vom Argwohn gegen eine fremde Entscheidung geprägten Haltung einiger deutscher Gerichte.

[231] *Hatje* in: Schwarze, EU-Kommentar, Art. 14 EGV Rdnr. 8

[232] *Kahl* in: Calliess/Ruffert EUV/EGV Art. 14 EGV Rdnr. 18

[233] *Geiger*, EUV/EGV, Art. 28 EGV Rdnr. 16

[234] Frühe Hinweise auf die Übertragbarkeit der Grundsätze des Binnenmarktes auf strafrechtliche Entscheidungen bei: *Sieber*, ZStW 103 (1991), 957, 963; ders. in: *Delmas-*

Dabei soll nicht nur für die Anwendung der Urteile an sich ermöglicht werden, es soll auch die Anwendung der Urteile in einer Form, die den Schutz der Rechte des einzelnen gewährleistet, stattfinden.[235] Weiter soll durch die gegenseitige Anerkennung die Rechtssicherheit in der Union gefördert werden, indem eine in einem Staat ergangene gerichtliche Entscheidung in einem anderen Mitgliedstaat nicht wieder in Frage gestellt wird.[236]

a) Überblick

Die Möglichkeit, das Prinzip der gegenseitigen Anerkennung auch auf strafrechtliche Entscheidungen anzuwenden, wurde auf politischer Ebene erstmals auf der Sitzung des Rates in Cardiff im Jahr 1998 diskutiert und in den Schlussfolgerungen des Ratstreffens erwähnt.[237] Das Prinzip wurde in den Aktionsplan des Rats und der Kommission vom 03.12.1998 aufgenommen.[238] Weiter wird es unter Abschnitt B VI in den Schlussfolgerungen des Sondergipfels von Tampere aufgeführt.[239] Ebenso wurde das Prinzip der gegenseitigen Anerkennung in das „Maßnahmenprogramm" der EU integriert.[240] Seine Anwendung wurde dann im „Grünbuch zum Strafrechtlichen Schutz der finanziellen Interessen der EG und zur Schaffung einer europäischen Staatsanwaltschaft" vorgeschlagen.[241]
Die Anwendung des Prinzips der gegenseitigen Anerkennung wurde, nach dem sie seit den Schlussfolgerungen von Tampere nur halbherzig verfolgt worden war, im Zuge der Einführung des europäischen Haftbefehls stark forciert. Augenscheinlich noch unter dem Eindruck der Terroranschläge in New York vom 11.9.2001 wurde bereits auf der Ratssitzung vom 10.12.2001 die politische Einigung über den Rahmenbeschluss zum europäischen Haftbefehl erzielt.[242] Der Rahmenbeschluss[243] bezeichnet in den Erwägungsgründen un-

---

Marty (Hrsg.), Corpus Juris, S. 3; Aktuell siehe auch: *Schünemann*, ZRP 2003, 185, 186; *Satzger*, StV 2003, 137, 142; *Streinz*, Europarecht, Rdnr. 977

235 KOM(2004)334 endg. S. 13

236 Maßnahmenprogramm zur Umsetzung des Grundsatzes der gegenseitigen Anerkennung gerichtlicher Entscheidungen in Strafsachen, ABl. C 12 vom 15.01.2001, S. 10

237 Schlussfolgerung Nr. 39 des Vorsitzes des Europäischen Rats von Cardiff, abrufbar unter: http://www.europarl.eu.int/summits/car1_de.htm (letzter Abruf am: 27.10.2004); Kurzer Überblick bei: *Satzger*, Internationales und Europäisches Strafrecht, § 9 Rdnr. 33

238 Maßnahmenprogramm zur Umsetzung des Grundsatzes des gegenseitigen Anerkennung gerichtlicher Entscheidungen in Strafsachen, Abl. EG Nr. C 12/10 vom 15.01.2001, S. 1

239 Schlussfolgerungen des Vorsitzes, Europäischer Rat (Tampere) 15. und 16.10.1999, Kommissionsdokument SI(1999)800; Siehe auch: *Schünemann*, ZRP 2003, S. 186

240 Maßnahmenprogramm zur Umsetzung des Grundsatzes des gegenseitigen Anerkennung gerichtlicher Entscheidungen in Strafsachen, Abl. EG Nr. C 12/10 vom 15.01.2001, S. 1

241 KOM(2001)715 endg.

242 *Rohlff*, Der Europäische Haftbefehl, S. 2
Das gesamte Gesetzgebungsverfahren kann im Internet unter folgender Adresse nachvollzogen werden: http://europa.eu.int/prelex/detail_dossier_real.cfm?CL=de&DosId=167840

243 Rahmenbeschluss des Rates vom 13.06.2002 über den Europäischen Haftbefehl und die Übergabeverfahren zwischen den Mitgliedstaaten, Abl. EU 18.07.2002 L 190/1

ter Nr. 6 den Europäischen Haftbefehl im Sinne dieses Rahmenbeschlusses als erste konkrete Verwirklichung des vom Europäischen Rat als „Eckstein" der justiziellen Zusammenarbeit qualifizierten Prinzips der gegenseitigen Anerkennung.

Die Kommission hat am 30.04.2004 das „Grünbuch über die Angleichung, die gegenseitige Anerkennung und die Vollstreckung strafrechtlicher Sanktionen in der Europäischen Union" vorgelegt.[244] Ziel des Grünbuchs war es, durch Konsultation aller interessierten Kreise die Verwirklichung des Raums der Freiheit, der Sicherheit und des Rechts[245] voranzutreiben. Insbesondere sollte geprüft werden, ob die Unterschiede in den strafrechtlichen Sanktionensystemen der Mitgliedstaaten der Verwirklichung dieses Ziels entgegenstehen. Um dies zu erreichen, sollte zuerst festgestellt werden, welche Hindernisse der Anwendung des Grundsatzes der gegenseitigen Anerkennung entgegenstehen. Auch das als Reflexionspapier konzipierte Grünbuch geht in seinen Zielen davon aus, dass der sich als Ergebnis der Konsultationen ergebende Legislativvorschlag sowohl die Annäherung der strafrechtlichen Sanktionsvorschriften, als auch die gegenseitige Anerkennung von freiheitsentziehenden Sanktionen bewirken soll.

b) Die Mitteilung der Kommission KOM(2000)495

Die Kommission hat am 26.07.2000 die „Mitteilung an den Rat und das Europäische Parlament: Gegenseitige Anerkennung von Endentscheidungen in Strafsachen" veröffentlicht.
Die Mitteilung der Kommission stellt einen Beitrag zu den Arbeiten nach dem Maßnahmenprogramm[246] zur Umsetzung des Grundsatzes der gegenseitigen Anerkennung dar.[247] Sie legt die Ansicht der Kommission zu den Möglichkeiten der Umsetzung des Grundsatzes der gegenseitigen Anerkennung und den damit verbundenen Problemen dar. Die Kommission geht zwar davon aus, dass der Grundsatz der gegenseitigen Anerkennung auch auf andere als Endentscheidungen ausgedehnt werden kann, der Schwerpunkt der Mitteilung betrifft jedoch die Anerkennung strafrechtlicher Endentscheidungen.[248] In der Mitteilung gibt die Kommission ihre Einschätzung der Möglichkeiten und Probleme der gegenseitigen Anerkennung wieder und versucht Lösungsmöglichkeiten aufzuzeigen.[249] Insbesondere setzt sie sich intensiv mit den Notwendigkeiten und Möglichkeiten der Einführung einer EU-weiten ausschließlichen internationalen Zuständigkeit auseinander.[250]

---

[244] KOM 2004(334) endg.
[245] Art. 29 EU
[246] Abl. EG C12/10 vom 15.01.2001
[247] KOM(2000) 495 endg. S. 3
[248] KOM(2000) 495 endg. S. 2
[249] KOM(2000) 495 endg. S. 3
[250] Dazu siehe unten G VIII 1

c) Das Grünbuch der Kommission zur gegenseitigen Anerkennung

Das oben vorgestellte Grünbuch der Kommission[251] beschäftigt sich neben der Harmonisierung der Rechtsvorschriften ausführlich mit der gegenseitigen Anerkennung von strafrechtlichen Sanktionen in der Europäischen Union.

d) Der Inhalt des Grünbuchs

Das Grünbuch stellt eine Auflistung aller nach Ansicht der Kommission mit der gegenseitigen Anerkennung strafrechtlicher Entscheidungen verbundener Probleme dar, und soll die „interessierten Kreise“[252] zu Reaktionen und Kommentaren anregen. Nach den Ergebnissen der Konsultationen soll eine Entscheidung über die Durchführbarkeit eines Gesetzesvorschlages getroffen werden können, der sowohl die Harmonisierung allgemeiner strafrechtlicher Sanktionsnormen als auch die gegenseitige Anerkennung freiheitsentziehender Sanktionen und ihrer Alternativen ermöglichen soll.[253] Besonders die gegenseitige Anerkennung freiheitsentziehender Sanktionen ist derzeit noch nicht auf der europapolitischen Tagesordnung. Das Grünbuch soll der Vorbereitung eines Rechtsaktes mit diesem Inhalt dienen.[254]

e) Das Konsultationsverfahren nach dem Grünbuch

Im Rahmen des Grünbuchs fordert die Kommission auf, zu den von ihr aufgestellten Fragen eine Stellungnahme abzugeben. Die Möglichkeit zur Abgabe einer Stellungnahme ist nicht auf bestimmte Personenkreise beschränkt, sie werden im Internet veröffentlicht.[255]

f) Gegenseitige Anerkennung im Konventsentwurf für eine Verfassung für Europa

Das Prinzip der gegenseitigen Anerkennung wurde ebenfalls in den bislang auf politischer Ebene gescheiterten Konventsentwurf für eine Verfassung in Europa aufgenommen. Gemäß Art. I-42 Absatz 1 Buchst. b des Konventsentwurfes für eine Verfassung für Europa (VE) soll der europäische Raum der Freiheit, der Sicherheit und des Rechts durch die Stärkung des Vertrauens zwischen den Mitgliedstaaten erreicht werden. Das Vertrauen soll insbesondere durch die gegenseitige Anerkennung gerichtlicher und außergerichtlicher Entscheidungen erreicht werden. Diese allgemeine Aussage beinhaltet noch keine Eingrenzung auf bestimmte Entscheidungsformen oder Rechtsgebiete.

---

[251] Grünbuch über die Angleichung, die gegenseitige Anerkennung und die Vollstreckung strafrechtlicher Sanktionen in der Europäischen Union, KOM(2004)334 endg.

[252] KOM(2004)334 endg. S 2

[253] KOM(2004)334 endg. S 2

[254] KOM(2004)334 endg. S. 14

[255] Abrufbar unter: http://www.europa.eu.int/comm/justice_home/news/consulting_public/gp_sanctions/news_contributions_sanctions_en.htm. Die Ergebnisse wurden bislang nur unzureichend veröffentlicht.

Die gegenseitige Anerkennung von Entscheidungen in Strafsachen wird im Konventsentwurf in Abschnitt Vier, Justizielle Zusammenarbeit in Strafsachen, festgehalten.
Die EU bildet gemäß Art. III-257 VE einen Raum der Freiheit, der Sicherheit und des Rechts. Die gegenseitige Anerkennung strafrechtlicher Entscheidungen (und wenn nötig die Harmonisierung der strafrechtlichen Bestimmungen) soll neben anderen Maßnahmen sicherstellen, ein hohes Sicherheitsniveau zu gewährleisten.
Nach Art. III-270 Absatz 1 VE beruht die justizielle Zusammenarbeit in Strafsachen in der Union auf dem Grundsatz der gegenseitigen Anerkennung gerichtlicher Urteile und Entscheidungen.[256] Die Aufnahme des Prinzips der gegenseitigen Anerkennung in den Konventsentwurf wurde auch von der Expertengruppe X in ihrem Abschlussbericht angeregt.[257] Obwohl hier in der deutschen Übersetzung des Konventsentwurfs noch der Begriff „Urteil" verwendet wird, findet sich in den aktuellen Gesetzesinitiativen nur noch der Begriff der „Entscheidung".[258] Auch im Konventsentwurf wird nicht nur die gegenseitige Anerkennung von Entscheidungen sondern auch die Angleichung der Rechtsvorschriften der Mitgliedstaaten als Teil der justiziellen Zusammenarbeit in Strafsachen dargestellt. Zur Erleichterung der gegenseitigen Anerkennung strafrechtlicher Entscheidungen können durch Europäische Rahmengesetze[259] Mindestvorschriften festgelegt werden, Art. III-270 Abs. 2 VE. Diese der Rechtsangleichung dienenden Mindestvorschriften sollen die Zulässigkeit von Beweismitteln auf gegenseitiger Basis zwischen den Mitgliedstaaten, die Rechte des Einzelnen im Strafverfahren, die Rechte der Opfer von Straftaten und sonstige, vom Ministerrat durch einen Europäischen Beschluss bestimmte, spezifische Aspekte des Strafverfahrens betreffen.

g) Mitteilung der Kommission zur gegenseitigen Anerkennung gerichtlicher Entscheidungen in Strafsachen vom 19.05.2005

Die Kommission stellt in dieser Mitteilung die von ihr vorgesehenen weiteren Schritte zur Umsetzung des Grundsatzes der gegenseitigen Anerkennung dar.[260]

---

256 Siehe auch: *Jekewitz*, GA 2005, 625, 628

257 Schlussbericht der Gruppe X „Freiheit, Sicherheit und Recht" an den Konvent, 02.12.2002, CONV 426/02, S. 8

258 So spricht der Entwurf für einen Rahmenbeschluss zur gegenseitigen Anerkennung von Geldbußen und Geldstrafen lediglich von Entscheidungen. Diese können nach der Begriffsbestimmung in Art. 1 des RB von einem Gericht oder einer nicht gerichtlichen Behörde getroffen werden.

259 Das Europäische Rahmengesetz sollte mit dem Verfassungsentwurf eingeführt werden. Art. 32 VE: *„Das Europäische Rahmengesetz ist ein Gesetzgebungsakt, der für jeden Mitgliedstaat, an den es gerichtet ist, hinsichtlich des zu erreichenden Ziels verbindlich ist, jedoch den innerstaatlichen Stellen die Wahl der Form und Mittel überlässt."*

260 KOM(2005)195 endg. Die Kommission geht in der Mitteilung (S.2) noch von dem sicheren Inkrafttreten der Verfassung für Europa aus. Inwieweit das bisherige Scheitern der

Für die Phase vor dem Strafverfahren sieht die Kommission die Europäische Beweisanordnung nur als ersten Schritt zur umfassenden Einführung des Prinzips der gegenseitigen Anerkennung. Es sollten auch Instrumente zur gegenseitigen Anerkennung von Vernehmungen von Verdächtigen oder Zeugen oder die Überwachung des Konto- und Telekommunikationsverkehre möglich sein. Nach Ansicht der Kommission ist Ziel ein einziges Rechtsinstrument zur Erleichterung der Beweiserhebung in der gesamten Europäischen Union.[261] Dabei soll der Anordnungsstaat der Herr der Ermittlungen sein, der Vollstreckungsstaat kann die Entscheidung zur Beweiserhebung nicht überprüfen.[262] Dementsprechend sei in diesem Bereich der Beweiserhebung vom Grundsatz der doppelten Strafbarkeit abzurücken.
Im Bereich der gegenseitigen Anerkennung von rechtskräftigen Entscheidungen weist die Kommission darauf hin, dass zuerst der Informationsfluss zwischen den Mitgliedstaaten verbessert werden muss, um die Wirkung einer strafrechtlichen Verurteilung auch im Ausland zu gewährleisten.[263] Außerdem sieht die Kommission Handlungsbedarf in der Umsetzung des ne bis in idem-Grundsatzes, in der Berücksichtigung von ausländischen Verurteilungen im Rahmen eines neuen Urteils und der gegenseitigen Anerkennung von Rechtsverlusten.
Ebenso wird in der Mitteilung auf den wichtigen Aspekt der Stärkung des gegenseitigen Vertrauens in die anderen Rechtsordnungen hingewiesen. Dies soll zum einen durch eine partielle[264] Harmonisierung des Strafprozessrechts erfolgen. Ebenso werden von der Kommission praktische Begleitmaßnahmen wie die Unterstützung eines Netzwerks von Juristen oder die Förderung der Juristenausbildung propagiert.

V) Anwendungsbereich der gegenseitigen Anerkennung auf dem Gebiet des Strafrechts

Das Prinzip der gegenseitigen Anerkennung soll nicht nur auf Urteile, sondern ebenso auf weitere Entscheidungen und Ergebnisse des Strafverfahrens angewendet werden. Aktuell sind folgende Bereiche vom Prinzip der gegenseitigen Anerkennung betroffen:

Verfassung den angegeben Zeitplan beeinträchtigen wird kann noch nicht abschließend beurteilt werden.

261 KOM(2005)195 endg. S. 3

262 KOM(2005)195 endg. S. 3

263 KOM(2005)195 endg. S. 4

264 Dabei nennt die Kommission die Bereiche Schutz der Verfahrensrechte, Stärkung der Unschuldsvermutung, Ausarbeitung von Mindestnormen für die Beweiserhebung, Regelungen für Abwesenheitsurteile und die klare Festlegung des zuständigen Gerichts und die weitere Harmonisierung des materiellen Rechts.

a) Entscheidungen / Endentscheidungen

Eine der zentralen Fragen zum Prinzip der gegenseitigen Anerkennung ist die Definition des Begriffs der anzuerkennenden Entscheidung. Als Entscheidung ist dabei ein Akt zu verstehen, der eine bestimmte Angelegenheit in verbindlicher Weise regelt.[265] Gemäß Nr. 33 der Schlussfolgerungen des Vorsitzes des Rates von Tampere soll der Grundsatz der gegenseitigen Anerkennung auf Urteile und Entscheidungen von Justizbehörden Anwendung finden.[266] Nach dem Vorschlag der Kommission soll der Begriff „Endentscheidung" alle Entscheidungen erfassen, die die materiellrechtlichen Fragen einer Strafsachen regeln und die keinem ordentlichen Rechtsmittel mehr zugänglich sind, bzw. das Rechtsmittel keine aufschiebende Wirkung hat.[267] Zu beachten ist, dass es sich hierbei nicht lediglich um gerichtliche Entscheidungen handelt.
Ebenfalls sollen strafrechtliche Entscheidungen einer Verwaltungsbehörde einbezogen werden.[268] Damit soll verhindert werden, dass in Tatbestand und Rechtsfolge vergleichbare Entscheidungen nur deshalb nicht der gegenseitigen Anerkennung zugänglich sind, weil in einigen Mitgliedstaaten eine Verwaltungsbehörde und kein Gericht zuständig ist. Dies wurde in dem Rahmenbeschluss zur gegenseitigen Anerkennung von Geldstrafen und Geldbußen[269] in Art. 1 Buchst. a) ii) und iii) übernommen. Dagegen ist im Rahmenbeschluss zum ne bis in idem[270] in Art. 1 Buchst. b) nur eine gerichtliche Entscheidung erwähnt. Es ist aber zu beachten, dass nach dem eindeutigen Wortlaut des Entwurfes auch Entscheidungen, die die Strafverfolgung endgültig einstellen, in den Anwendungsbereich einbezogen werden. Darunter sind nach deutschem Recht die verfahrenseinstellenden Verfügungen der Staatsanwaltschaft gemäß § 153a StPO zu verstehen. Nur diese bewirken im Gegensatz zu den Einstellungsverfügungen nach §§ 153, 153b und 170 Abs. 2 StPO einen eingeschränkten Strafklageverbrauch und beenden so das Verfahren endgültig.[271] Staatsanwaltschaftliche Verfügungen, die gegen Erfüllung von Auflagen durch den Täter ein Strafverfahren einstellen, wurden nach der Rechtsprechung des EuGH in den Anwendungsbereich des Art. 54 SDÜ einbezogen.[272] Der im Entwurf vorliegende Rahmenbeschluss zum transnationalen „ne-bis-in-

---

265 KOM(2000)495endg. S. 5

266 Abrufbar unter: http://www.europarl.eu.int/summits/tam_de.htm (letzter Abruf: 01.09.2004), im Gegensatz zur Überschrift der Passage, die lediglich von gerichtlichen Entscheidungen spricht.

267 KOM(2000)495endg. S. 5

268 KOM(2000)495endg. S. 5

269 Entwurf vom 19.12.2003, Ratsdokument 16321/03; ebenso in den Erwägungsgründen dieses Dokuments Nr. 2

270 Entwurf vom 28.03.2003, Ratsdokument 7246/03

271 Siehe nur: *Kleinknecht/Meyer-Goßner*, Strafprozessordnung, §153 a StPO Rdnr. 45

272 Fall Gözütok-Brügge, Aktenzeichen C-187/01 und C-385/01, abrufbar unter: http://www.curia.eu.int/jurisp/cgi-bin/form.pl?lang=de

idem“ soll die Art. 54 bis 58 des SDÜ ersetzen[273] und die im Fall Gözütok-Brügge vom EuGH aufgestellten Grundsätze übernehmen.[274]

b) Strafsachen

Bei einer Strafsache im Sinne der Schlussfolgerungen von Tampere[275] handelt es sich um Entscheidungen, die aufgrund materiellrechtlich – strafrechtlicher Vorschriften ergangen sind. Darunter sind Normen zu verstehen, mit denen der Staat ein von ihm missbilligtes Verhalten eines Täters sanktioniert, um den Täter oder andere von einer Wiederholung der Tat abzuhalten.[276] Weiter sollen auch Entscheidungen gegen juristische Personen erfasst werden, die nach den obigen Kriterien zwar keine Strafsachen darstellen, die aber für die strafrechtliche Verantwortlichkeit von juristischen Personen notwendig sind.[277]

c) Strafprozessuale Maßnahmen

Neben den verfahrensbeendigenden Entscheidungen soll das Prinzip der gegenseitigen Anerkennung auch die europaweite Verkehrsfähigkeit von Entscheidungen oder sonstigen Maßnahmen im Ermittlungsverfahren ermöglichen.
Nach den Schlussfolgerungen von Tampere, Nr. 37, soll sich die gegenseitige Anerkennung auch auf Beweismittel beziehen. Es soll jedoch nach aktuellem Stand nicht nur die Verkehrsfähigkeit des Beweismittels, sondern auch die Verkehrsfähigkeit der die Beweiserhebung anordnenden Entscheidung erreicht werden.[278]

VI) Bestehende Rechtsakte, die das Prinzip der gegenseitigen Anerkennung verwenden

Im Rahmen der aktuellen Gesetzgebung auf europäischer Ebene gibt es eine Reihe von Rechtsakten auf dem Gebiet des Strafrechts, die in ihren Regelungen das Prinzip der gegenseitigen Anerkennung verwenden. Diese Rechtsakte sollen hier kurz dargestellt werden.

a) Der Europäische Haftbefehl

Der Rahmenbeschluss des Rates „über den Europäischen Haftbefehl und die Übergabeverfahren zwischen den Mitgliedstaaten“[279] wurde am 13.06.2002

---

273 Art. 9 des Rahmenbeschlusses des Rates über die Anwendung des „ne-bis-in-idem“-Prinzips (Entwurf)
274 Europäisches Parlament, Bericht zu der Initiative der Hellenischen Republik im Hinblick auf die Anwendung des „ne-bis-in-idem“-Prinzips vom 14.07.2003, A5-0275/2003, S. 21
275 Nr. 33 der Schlussfolgerungen des Vorsitzes des Rates von Tampere
276 KOM(2000)495 endg. S. 6
277 KOM(2000)495 endg. S. 6
278 Siehe dazu unten: G VII 6; *Radtke*, GA 2004, 1, 17
279 Abl. EG L 190 vom 18.07.2002, S. 1

vom Rat angenommen und ist am 07.08.2002 in Kraft getreten. Der Vorschlag zu dem Rahmenbeschluss wurde von der Kommission am 19.09.2001, nur wenige Tage nach den Anschlägen auf das World Trade Center in New York, vorgelegt.[280]

b) Regelungsbereich

Der Europäische Haftbefehl stellt eine Neukonzeption[281] des europäischen Rechtshilferechts dar und setzt erstmalig das Prinzip der gegenseitigen Anerkennung im Bereich des Strafrechts um.[282] Mit dem Europäischen Haftbefehl soll ein in der gesamten EU einheitliches Auslieferungsrecht geschaffen werden, das die bisherige Praxis der Auslieferung insbesondere vereinfachen und beschleunigen soll.
Mit der Einführung des Europäischen Haftbefehls sollen die Art. 59 ff. SDÜ geändert bzw. außer Kraft gesetzt werden.[283]

c) Der Rahmenbeschluss

Nach der Idee des Rahmenbeschlusses soll eine Person aufgrund eines in einem Land erlassenen Haftbefehls auch in einem anderen europäischen Land festgenommen werden können. Dies soll durch die gegenseitige Anerkennung der einzelnen Haftbefehle wesentlich schneller und mit geringerem Verwaltungsaufwand möglich sein.[284]
Die Abkehr vom bisherigen Rechtshilferecht zeigt sich schon in der verwendeten Terminologie. Die bisher verwendeten Begriffe „ersuchender" und „ersuchter Staat" werden durch die Begriffe „Ausstellungsmitgliedstaat" und „Vollstreckungsmitgliedstaat" ersetzt.[285] Anhand dieser Änderung der Terminologie kann der Wandel im Rechtshilfeverkehr von der zwischenstaatlichen Kooperation zur Zusammenarbeit von Behörden und Gerichten der verschiedenen Mitgliedstaaten gesehen werden.[286]

---

280 *Vogel* in: Grützner/Pötz, vor § 1 IRG Rdnr. 171a

281 Zum Paradigmenwechsel im Rechtshilferecht durch den Europäischen Haftbefehl: *Böse*, Fragmentarisches Strafrecht, S. 240; Hinweise für die praktische Anwendung bei: *von Bubnoff*, Der Europäische Haftbefehl, 2005

282 Umfassend: *Rohlff*, Der Europäische Haftbefehl, 2003
Kurzer historischer Überblick zuletzt bei *Ahlbrecht*, StV 2005, 40 ff.; *Jekewitz*, GA 2005, 625, 627; Kurzer inhaltlicher Überblick bei *Satzger*, Internationales und Europäisches Strafrecht, § 9 Rdnr. 35; *von Bubnoff*, ZEUS 2002, 185, 223
Zur umfangreichen Literatur siehe zuletzt: *Vogel*, JZ 2005, 801; *Böse* in: Grützner/Pötz IRG, vor § 78 IRG
Zur Kritik am Europäischen Haftbefehl: *Schünemann*, GA 2002, 501; *ders.* ZRP 2003, 185; *ders.* StV 2003, 53

283 *Ambos* in: MüKo, vor §§ 3-7 StGB, Rdnr. 14

284 Überblick bei: *Hackner* in: Schomburg/Lagodny/Gleß/Hackner, IRG, vor § 78 IRG, Rdnr. 6

285 Siehe Art. 1, 3, 5, 6 des Rahmenbeschlusses, Abl. L 190 vom 18.07.2002, S. 1

286 *Böse* in: Fragmentarisches Strafrecht, S. 233, 241; *von Bubnoff*, ZEuS 2002, 185, 225; *Ahlbrecht*, StV 2005, 40, 41

Der Grundsatz der gegenseitigen Anerkennung wird in dem Rahmenbeschluss in Art. 2 festgehalten. Er ist als allgemeine Regel gestaltet, von der den Mitgliedstaaten nur in den normierten Ausnahmen Abweichungen erlaubt sind. Wie oben bereits gezeigt[287] gab es auch in früheren Auslieferungsabkommen die Verpflichtung zu gegenseitiger Hilfe, diese war aber durch eine Vielzahl von Vorbehalten und Ausnahmen ausgehöhlt und konnte somit den Auslieferungsverkehr nicht entscheidend erleichtern.[288] Im Rahmenbeschluss zum Europäischen Haftbefehl werden die Ausnahmen jedoch abschließend festgelegt.[289] In Art. 3 sind zwingende und in Art. 4 fakultative Ablehnungsgründe aufgeführt. Zwingende Ablehnungsgründe liegen vor bei Amnestie im Vollstreckungsstaat, Verstoß gegen den ne bis in idem - Grundsatz und altersbedingter fehlender strafrechtlicher Verantwortlichkeit der betroffenen Person. Die weiter gefassten fakultativen Ablehnungsgründe liegen unter anderem vor bei Doppelverfolgung der Tat in einem anderen Mitgliedstaat, Verjährung der Tat im Vollstreckungsstaat bei auch vorliegender eigener Zuständigkeit des Vollstreckungsstaates, der Bereitschaft des Vollstreckungsstaates bei von dem Europäischen Haftbefehl betroffenen eigenen Staatsangehörigen die Strafvollstreckung selber zu übernehmen wenn der Haftbefehl zur Vollstreckung einer Freiheitsstrafe ausgestellt worden ist.[290]
Neben dem Prinzip der gegenseitigen Anerkennung ist besonders die Abkehr von dem Erfordernis der beiderseitigen Strafbarkeit relevant.[291] Dazu wird in Art. 2 des Rahmenbeschlusses neben der Voraussetzung einer Mindesthöchststrafe für die Vollstreckung des Haftbefehls ein Straftatenkatalog festgelegt. Unterfällt die Tat, wegen der der Haftbefehl ausgestellt wurde, dem Katalog, so ist die beiderseitige Strafbarkeit nicht zu prüfen.
Die nach bisherigem Verständnis den Rechten des Auszuliefernden zugehörigen Auslieferungsvoraussetzungen wurden im RB zum Europäischen Haftbefehl beibehalten. Dabei handelt es sich insbesondere um das Auslieferungshindernis bei Abwesenheitsurteilen gemäß Art 5 Abs. 1 des RB. Weiter kann dem ausstellenden Staat die Garantie abverlangt werden, dass bei Verurteilung zu einer lebenslänglichen Freiheitsstrafe eine Überprüfung der Strafe nach spätestens 20 Jahren möglich sein soll. Die Vollstreckung kann weiter von der Zusage abhängig gemacht werden, dass eine Rücküberstellung zur Verbüßung der Strafe in den ausliefernden Staat erfolgt.[292]

---

287 Zum Eu-Auslieferungsübereinkommen vom 13.12.1957 siehe oben C I 2

288 *Böse* in: Fragmentarisches Strafrecht, S. 233, 241

289 Siehe dazu: *Gleß*, ZStW 116 (2004), 358; *Heintschel-Heinegg*, GA 2003, 44

290 Zu einzelnen Ablehnungsgründen siehe auch: Kreß, ZStW 116 (2004), 465

291 Siehe dazu aktuell: *Ahlbrecht*, StV 2005, 40, 41

292 Der Anspruch auf ein faires Verfahren wurde nicht als Auslieferungshindernis aufgenommen. Siehe dazu: *Böse*, Fragmentarisches Strafrecht, S. 244; ebenso den Bericht des Ausschusses für die Freiheiten und Rechte der Bürger, Justiz und innere Angelegenheiten des Europäischen Parlaments, Dok. 5-0003/2002, S. 45 abrufbar unter: http://www.europarl.eu.int/omk/sipade3?PUBREF=-//EP//TEXT+REPORT+A5-2002-0003+0+DOC+XML+V0//DE&L=DE&LEVEL=0&NAV=S&LSTDOC=Y

Die vom Ausschuss „Freiheiten und Rechte der Bürger, Justiz und innere Angelegenheiten“ des Europäischen Parlaments vorgeschlagene Möglichkeit der Zusicherung, dass die im Vollstreckungsstaat vorgesehene Höchststrafe nicht überschritten wird, wurde nicht in den Rahmenbeschluss aufgenommen.[293] Derartige Mechanismen werden in der Literatur teilweise als Rückschritt in Richtung der früheren Prüfung der beiderseitigen Strafbarkeit gesehen.[294] Ebenso beibehalten wird der europäische ordre-public, der durch die Formulierungen in Art 1 Abs. 3 des Rahmenbeschlusses und Art 6 EUV formuliert wird.[295]

d) Das Ausführungsgesetz in der ersten Fassung

Die erste Umsetzung des Rahmenbeschlusses sollte durch das Europäische Haftbefehlsgesetz (EuHbG)[296] vom 21.04.2005 erfolgen.[297] Es sollte einen neuen achten Teil in das IRG einfügen.[298]
Das Ausführungsgesetz zum Europäischen Haftbefehl war schon bei seiner Entstehung umstritten.[299] Der Bundesrat[300] hatte gegen das Gesetz Einspruch eingelegt, nach Einschaltung des Vermittlungsausschusses wurde das EuHfbG auf Antrag der Regierungsparteien vom Bundestag am 21.07.2004 beschlossen.[301]

Der Katalog der Deliktsgruppen, bei deren Vorliegen der Europäische Haftbefehl ohne Prüfung der beiderseitigen Strafbarkeit vollstreckt werden kann wurde nicht direkt in das IRG übernommen, es findet sich eine Verweisung in § 81 Nr. 4 IRG auf Art. 2 Abs. 2 des RB zum Europäischen Haftbefehl. Zu beachten ist aber, dass auch nach dem IRG in der Fassung des EuHfbG bei Vermutung des Missbrauchs der Auslieferung eine Prüfung der Schlüssigkeit des Tatvorwurfes möglich blieb.[302]
Das Verfahren zur Vollstreckung eines Europäischen Haftbefehls wurde bei der Umsetzung im IRG nicht geändert.[303] Es bleibt bei dem zweistufigen Aus-

---

293 Dok. A5-0003/2002, S. 45; abrufbar siehe vorige Fn.

294 *Böse* in: Fragmentarisches Strafrecht, S. 233, 244

295 *Von Bubnoff*, ZEuS 2002, 185, 231; *Böse* in: Fragmentarisches Strafrecht, S. 233, 241

296 BGBl. I 2004, 1748

297 Überblick zum Gesetzgebungsverfahren bei *Ahlbrecht*, StV 2005, 40, 41f.

298 Zur Änderung der Praxis der Auslieferung in Deutschland nach der Umsetzung des Rahmenbeschlusses zum Europäischen Haftbefehl: *Hackner*, NStZ 2005, 311; ebenso *Ahlbrecht*, StV 2005, 40; siehe auch: *von Bubnoff*, ZEUS 2002, 185, 223

299 So war beispielsweise die Rückbildung des Erfordernisses der beiderseitigen Strafbarkeit Gegenstand der Diskussion, BT-Drucks. 15/1718 S. 16

300 BR-Drucks. 196/04; BR-Drucks. 547/03

301 Siehe *Seitz*, NStZ 2004, 546; Zum Verhalten des Deutschen Bundestages bei der Beschlussfassung: *Schünemann*, StV 2006, 361, 364f.

302 *Ahlbrecht*, StV 2005, 40, 43 mit Hinweis auf *Doleisch von Dolsberg*, Stellungnahme vom 09.02.2004 im erweiterten Berichterstattergespräch des Rechtsausschusses zum Gesetzentwurf der Bundesregierung vom 15.10.2003, S. 2

303 Der RB zum Europäischen Haftbefehl gibt in Art. 6 die Möglichkeit zur Zuständigkeitsbestimmung durch die Mitgliedstaaten.

lieferungsverfahren des IRG. Dieses besteht aus dem Zulässigkeitsverfahren vor dem Oberlandesgericht und dem Bewilligungsverfahren, in dem das Bundesjustizministerium in Abstimmung mit dem Auswärtigen Amt handelt. Im Zulässigkeitsverfahren prüft das OLG das Vorliegen eines Haftgrundes und die rechtliche Zulässigkeit der Auslieferung. Die rechtliche Zulässigkeit der Auslieferung richtet sich gemäß § 83 IRG unter anderem danach, ob bereits eine ausländische Verurteilung der Tat vorliegt, ob der Verfolgte schuldfähig gemäß § 19 StGB war, oder ob gegen ihn ein Abwesenheitsurteil ergangen war.[304] Nach erfolgter Zulässigkeitsentscheidung kann die Bewilligungsbehörde prüfen, ob sie die rechtlich zulässige Auslieferung auch durchführen will. Die Bewilligungsentscheidung war nach dem damals eingefügten § 74 b IRG nicht anfechtbar.

Der deutsche Gesetzgeber war damit von den Absichten und Vorgaben des Rahmenbeschlusses abgewichen.[305]
Nach dem damals neu geschaffenen §80 Abs. 1 IRG konnten Deutsche nur zum Zwecke der Strafverfolgung ausgeliefert werden, wenn ihre Rücküberstellung zur Verbüßung der Strafe in Deutschland gesichert war. Die Rücküberstellung konnte aber daran scheitern, dass eine Strafe wegen einer Straftat verhängt worden war, die in Deutschland nicht strafbar war. Dieses Ergebnis war vom Gesetzgeber aber in Kauf genommen worden.[306]

e) Die Entscheidung des BVerfG zum Europäischen Haftbefehl

Das BVerfG hat in seiner Entscheidung vom 18.07.2005 das EuHbfG für nichtig erklärt.[307]
Das Urteil des BVerfG basiert im Wesentlichen auf folgenden Erwägungen:
Zuerst liegt ein Verstoß gegen das Auslieferungsverbot des Art. 16 Abs. 2 S. 1 GG vor, da der Gesetzgeber die Anforderungen des Gesetzesvorbehaltes aus Art. 16 Abs. 2 S. 2 GG nicht erfüllt hat.[308] Die grundrechtlichen Belange deutscher Staatsangehöriger wurden besonders bei Taten mit maßgeblichem In-

---

[304] Zumindest in der italienischen und der französischen Strafrechtsordnung sind Kontumazialurteile üblich und gebräuchlich.

[305] *Jekewitz*, GA 2005, 625, 637

[306] BT-Drucks. 15/1718 S. 16; siehe auch: *Ahlbrecht*, StV 2005, 40, 46; Siehe dazu auch das Sondervotum der Richterin *Lübbe-Wolff*, BVerfG, 2 BvR 2236/04 vom 18.07.2005, Absatz Nr. 171 ff., die auch von einer Vollstreckbarkeit einer ausländischen Strafe in Deutschland ausgeht, auch wenn die Tat in Deutschland nicht strafbar wäre.

[307] Die Entscheidung im Überblick in der Pressemitteilung Nr. 64/2005 des BVerfG vom 18.07.2005, abrufbar unter www.bundesverfassungsgericht.de; Zum Sachverhalt siehe: *Jekewitz*, GA 2005, 625; Besprechung der Entscheidung bei: *Vogel*, JZ 2005, 801, 804; *Böhm*, NJW 2005, 2588 ff.; *Lagodny*, StV 2005, 515; *Schünemann*, StV 2005, 681; *Jekewitz*, GA 2005, 625; *Bosbach*, NStZ 2006, 104; *Satzger/Pohl*, JICJ 2006, 1ff.
Nach der Nichtigkeitsentscheidung waren noch nicht erledigte Auslieferungsverfahren auf die vor dem Europäischen Haftbefehl geltenden Auslieferungsvorschriften umzustellen, OLG Hamburg, Beschluss vom 15.08.2005, StV 2005, 567

[308] BVerfG, 2 BvR 2236/04 vom 18.07.2005, Absatz Nr. 62; Siehe auch: *Schünemann*, StV 2005, 681

landsbezug[309] nicht ausreichend geschützt. *Lagodny* spricht hier sogar von einer deutlichen Skepsis gegenüber den anderen Rechtsordnungen.[310] Obwohl dies nach dem Rahmenbeschluss möglich gewesen wäre, hatte der deutsche Gesetzgeber die Möglichkeit der Vollstreckungsverweigerung, wenn die Tat im Hoheitsgebiet des ersuchten Staates begangen wurde, nicht umgesetzt.[311] Außerdem kann eine Vollstreckung nicht verweigert werden, wenn in der gleichen Sache bereits ein Verfahren im vollstreckenden Staat läuft, oder dieses eingestellt worden ist oder bereits die Eröffnung abgelehnt worden war. Dieser Mangel wird nach Ansicht des Gerichts nicht durch die Möglichkeit der Rücküberstellung zur Strafvollstreckung in den Heimatstaat ausgeglichen, da sich diese Möglichkeit nur auf die Strafvollstreckung und nicht auf die Strafverfolgung bezieht.
Weiterhin verstößt die Unanfechtbarkeit der Bewilligungsentscheidung nach dem damaligen § 74 b IRG gegen die Rechtsweggarantie des Art. 19 Abs. 4 GG.[312]

Als „Nebenprodukt" der Entscheidung hat das BVerfG im Rahmen der Prüfung der Verhältnismäßigkeit einer Auslieferung die bis dahin unbekannte Unterscheidung in Verfahren mit dominierendem Auslands- oder Inlandsbezug vorgenommen.[313] Es soll ein maßgeblicher Inlandsbezug dann vorliegen, wenn wesentliche Teile des Handlungs- und Erfolgsortes auf deutschem Staatsgebiet liegen.[314] Dann soll nach Ansicht der Senatsmehrheit regelmäßig ein Auslieferungshindernis bestehen, da der Deutsche, der im eigenen Rechtsraum eine Tat begeht, regelmäßig nicht mit seiner Auslieferung an das Ausland rechnen muss.[315] Dieses Auslieferungshindernis ist grundsätzlich zu begrüßen, es stellt sich dem teilweise ausufernden ausländischen Strafanspruch entgegen. Es darf aber nicht übersehen werden, dass es einen erheblichen Aufwand bedeutet, den Inhalt der Gruppen des maßgeblichen Inlandsbezuges zu klären.[316] Notwendig wurde die Schaffung dieses Auslieferungshindernisses vor allem wegen der fehlenden Regelung internationaler Zuständigkeiten und des damit nötigen Schutzes der Bürger vor ausländischem Strafanspruch für eine Tat, für die deutsche Gerichte zuständig wären.

Zu dem Urteil des BVerfG zum Europäischen Haftbefehl ist anzumerken, dass die Nichtigkeit des deutschen Ausführungsgesetzes mit der Nichtbeachtung

309 BVerfG, 2 BvR 2236/04 vom 18.07.2005, Absatz Nr. 84 ff.
310 *Lagodny*, StV 2005, 515, 516
311 BVerfG, 2 BvR 2236/04 vom 18.07.2005, Absatz Nr. 82, 94
312 BVerfG, 2 BvR 2236/04 vom 18.07.2005, Absatz Nr. 101; Siehe auch: *Lagodny*, StV 2005, 515, 517
313 *Schünemann*, StV 2005, 681; *Jekewitz*, GA 2005, 625, 636
314 BVerfG, 2 BvR 2236/04 vom 18.07.2005, Absatz Nr. 85
315 BVerfG, 2 BvR 2236/04 vom 18.07.2005, Absatz Nr. 85; *Jekewitz*, GA 2005, 625, 636
316 So auch: *Schünemann*, StV 2005, 681, 682; *ders.* StV 2006, 361, 365; *Böhm*, NJW 2006, 2592, 2594 spricht in diesem Zusammenhang von einem zukünftigen *„Kampf um den Tatort"*; Kritisch auch: *Rosenthal*, ZRP 2006, 105, 108

des Rechtsschutzes der Betroffenen begründet wurde. Das BVerfG äußert sich in der Entscheidung, obwohl dies nach dem Inhalt der Verhandlungsgliederung[317] zu erwarten gewesen wäre, nicht zu dem teilweise angenommenen Demokratiedefizit im Rahmen der Rechtssetzung in Europa oder speziell zu dem dem Europäischen Haftbefehl zugrunde liegenden Prinzip der gegenseitigen Anerkennung.[318] Im zweiten Leitsatz der Entscheidung führt das Gericht aus:

> *„Die in der „Dritten Säule" der Europäischen Union praktizierte Zusammenarbeit einer begrenzten gegenseitigen Anerkennung ist ein auch unter Subsidiaritätsgesichtspunkten (Art. 23 Abs. 1 GG) schonender Weg, um die nationale Identität und Staatlichkeit in einem einheitlichen europäischen Rechtsraum zu wahren."*

Das Gericht geht also offensichtlich von der grundsätzlichen Geeignetheit des Instruments der gegenseitigen Anerkennung zur Vereinfachung der internationalen Rechtshilfe in Strafsachen aus.[319]

Die Auslieferung von Personen ohne deutsche Staatsangehörigkeit wurde vom BVerfG in der Entscheidung zum Europäischen Haftbefehl nicht in Frage gestellt.

f) Das neue Europäische Haftbefehlsgesetz

Nach der Entscheidung des BVerfG hat das Bundeskabinett am 25.01.2006 einen neuen Entwurf des EU-Haftbefehlsgesetzes verabschiedet, das Gesetz ist am 20.07.2006 in Kraft getreten.[320]

Im Grundsatz soll das bisherige Haftbefehlsgesetz beibehalten werden, die Änderungen beschränken sich auf die Vorgaben des BVerfG zu den §§ 79, 80, 83a IRG.[321]

Die oben bereits dargestellte Bewilligungsentscheidung muss nach der Entscheidung des BVerfG gerichtlich überprüfbar sein.[322] Um dies zu ermöglichen und das Verfahren dennoch zügig zu halten, übermittelt die Bewilligungsbehörde künftig nach § 79 Abs. 2 IRG noch vor der Zulässigkeitsentscheidung,

---

317 Zu den Dokumenten und Protokollen des Verfahrens siehe: *Schorkopf* (Hrsg.), Der Europäische Haftbefehl vor dem Bundesverfassungsgericht, 2006

318 *Schünemann*, StV 2005, 681, 683, *ders.* StV 2006, 361, 365 mit einer umfassenden Darstellung der Verhandlungsgliederung

319 Anders aber das Sondervotum der Richterin *Lübbe Wolff*, BVerfG, 2 BvR 2236/04 vom 18.07.2005, Absatz Nr. 161

320 BGBl I 2006, 1721; Siehe auch: *Böhm*, NJW 2006, 2592; Noch zum Entwurf: *Rosenthal*, ZRP 2006, 105; *Schünemann*, StV 2006, 361, 365

321 BGBl I 2006, 1721; Siehe auch den Gesetzentwurf der Bundesregierung, BT-Drs. 16/544, 7; Ebenso die Pressemitteilung des BMJ vom 25.01.2006

322 Im Rahmen der Bewilligungshindernisse unterscheidet das neue Europäische Haftbefehlsgesetz zwischen Bewilligungshindernissen, die für alle Verfolgten (§ 83 b Abs. 1 IRG) und denen, die zusätzlich für Ausländer mit gewöhnlichem Aufenthalt in der BRD (§ 83 b Abs. 2 IRG) gelten.

ob sie im Falle der gerichtlich festgestellten Zulässigkeit ein Bewilligungshindernis sieht oder nicht.[323] Die Erklärung der Bewilligungsbehörde, dass sie bei der späteren Bewilligungsentscheidung keine Bewilligungshindernisse geltend machen werde, wird dann gerichtlich im Zulassungsverfahren geprüft.[324] Es handelt sich demnach um eine faktische Vorverlegung der Bewilligungsentscheidung in das Zulässigkeitsverfahren. Dies bringt nach Ansicht der Bundesregierung den Vorteil einerseits die geforderte gerichtliche Überprüfbarkeit zu verbessern und andererseits die Auslieferungsverfahren nicht in die Länge zu ziehen.[325]

Weiter wird in der neuen Fassung des Haftbefehlsgesetzes das Verfahren zur Prüfung der Auslieferung bei der Auslieferung Deutscher festgelegt.[326] Die Auslieferung zur Strafverfolgung ist nach § 80 Abs. 2 IRG bei Deutschen (und gleichgestellten Personen) nur zulässig, wenn grundsätzlich die spätere Rücküberstellung zur Strafvollstreckung[327] gesichert ist, die Tat keinen maßgeblichen Inlandsbezug aufweist und sie einen maßgeblichen Bezug zum ersuchenden Staat aufweist.[328] Der Entwurf greift also den im Urteil als Differenzierungsmöglichkeit aufgezeigten maßgeblichen Inlandsbezug auf.[329] Wie in der Entscheidung wird in § 80 Abs. 2 IRG der Inlandbezug angenommen, wenn die Tathandlung vollständig oder in wesentlichen Teilen in Deutschland be-

---

323 BT-Drs. 16/544, 9

324 BT-Drs. 16/544, 9; Auch das neue Haftbefehlsgesetz hält damit an der Aufteilung in Zulässigkeits- und Bewilligungsverfahren fest, dies entspricht nicht der Vorgabe des RB zum Europäischen Haftbefehl (Einl. Nr. 5). Siehe auch: *Rosenthal*, ZRP 2006, 105, 108

325 BT-Drs. 16/544, 10; Gleichwohl gibt es zu dieser Regelung auch eine Ausnahme: Werden nachträglich Umstände bekannt, die Bewilligungshindernisse darstellen können, so kann auch nach der Zulässigkeitsentscheidung gemäß § 79 Abs. 3 IRG die Bewilligung abgelehnt werden. Wird dennoch bewilligt, so unterliegt diese Bewilligungsentscheidung auf Antrag des Verfolgten der Überprüfung durch das OLG.

326 Diese Regelungen gelten nach dem Gesetzesentwurf auch für sich in Deutschland legal aufhaltende ausländische Staatsangehörige, die in Deutschland mit einem deutschen Familienangehörigen oder Lebenspartner in familiärer oder lebenspartnerschaftlicher Lebensgemeinschaft leben, BT-Drs. 16/544, 7

327 § 80 Abs. 2 Nr. 1 iVm Abs. 1 Nr. 1 IRG; Damit soll die Resozialisierung der Täter gesichert werden. Hierbei ergibt sich momentan das Problem, dass die Rücküberstellung nach den Regeln der Vollstreckungshilfe funktioniert. Diese basiert aber noch auf der Prüfung der beiderseitigen Strafbarkeit. Es wäre also möglich, dass eine Person nach ihrer Auslieferung im Ausland verurteilt wird, ob wohl dieses Verhalten in Deutschland nicht strafbar wäre und somit eine Vollstreckung der Strafe in Deutschland nicht möglich wäre. Nach Ansicht der Bundesregierung wäre dies nur durch den Verzicht auf die beiderseitige Strafbarkeit im Rahmen der Vollstreckungshilfe zu lösen. Sie geht aber davon aus, dass sich die Problematik durch einen RB zur Vollstreckungshilfe erledigen wird. Angesichts der langsamen Gesetzgebung in Europa wird es sicher zu einigen Problemfällen kommen. Die Zahl dürfte aber gering sein, da auf die beiderseitige Strafbarkeit nur bei den Katalogtaten verzichtet wird, bei diesen wiederum dürfte in den meisten Fällen in beiden beteiligten Ländern die beiderseitige Strafbarkeit gegeben sein.

328 Siehe auch: *Böhm*, NJW 2006, 2592, 2594

329 BT-Drs. 16/544, 12ff.; Zum Erfordernis des Inlandsbezuges siehe auch oben: G VI 1 d); Kritisch zur direkten Übernahme der Begriffe: *Rosenthal*, ZRP 2006, 105, 107f.; *Schünemann*, StV 2006, 361, 367

gangen wurde und der Erfolg zumindest in wesentlichen Teilen dort eingetreten ist.[330] Ein maßgeblicher Auslandsbezug liegt gemäß § 80 Abs. 1 S. 2 IRG dagegen vor, wenn Handlungs- und Erfolgsort vollständig oder in wesentlichen Teilen im ersuchenden Staat liegen oder bei schweren Taten mit typische grenzüberschreitendem Charakter[331], die teilweise auch auf seinem Hoheitsgebiet begangen wurden.
Bei Mischfällen, in denen weder ein maßgeblicher Inlands- noch Auslandsbezug vorliegt, ist die Auslieferung nach § 80 Abs. 2 IRG nur zulässig, wenn die beiderseitige Strafbarkeit gegeben ist und bei Abwägung der widerstreitenden Interessen[332] das schutzwürdige Vertrauen des Betroffenen in seine Nichtauslieferung nicht überwiegt.
Die ebenfalls aus der Forderung des BVerfG[333] nach effektiverem Rechtsschutz entstandene Änderung des § 83 a IRG erschöpft sich darin, dass die für die Auslieferung nach § 10 IRG erforderlichen Unterlagen nicht mehr vorgelegt werden *sollen*, sondern dass sie nun zwingend vorliegen müssen.

g) Der Rahmenbeschluss über die Vollstreckung von Sicherstellungsentscheidungen von Vermögensgegenständen oder Beweismitteln

Der Rahmenbeschluss[334] geht auf eine Initiative[335] der Länder Frankreich, Schweden und Belgien zurück und wurde vom Rat im Rahmen der Tagung vom 22.07.2003 angenommen.[336]

---

330 Dabei folgt aus der Parallelität der Regelung zu § 9 StGB, dass der Ort der Unterlassung dem der Handlung gleichsteht.

331 Das BVerfG hat hier in der Entscheidung Fälle des internationalen Terrorismus oder der organisierten Kriminalität genannt. Bei diesen kann sich der Täter nicht auf den Schutz der Staatsangehörigkeit vor Auslieferung berufen, BVerfG 2236/04 vom 18.07.2005, Rdnr. 86; *Schünemann*, StV 2006, 361, 366 sieht hier einen logischen Fehler, da die Tat im Ausland aus Sicht des Auslandes wieder einen maßgeblichen Auslandsbezug, dann in Deutschland, hat. Dem ist zuerst entgegen zu halten, dass diese Ansicht eine spiegelbildliche Regelung im betroffenen Ausland voraussetzt. Weiter geht m.E. das BVerfG von Fällen aus, in denen die Tat im Ausland begangen, aber in Deutschland vorbereitet wurde. Dann macht die Regelung aber Sinn, dass sich der Täter nicht in den möglicherweise schützenden „Heimatstrafraum" zurückziehen kann.

332 Nach § 80 Abs. 2 S. 3 IRG sind dabei insbesondere der Tatvorwurf, die praktischen Erfordernisse und Möglichkeiten einer effektiven Strafverfolgung und die grundrechtlich geschützten Interessen des Verfolgten unter Berücksichtigung der mit der Schaffung eines Europäischen Rechtsraumes verbundenen Ziele zu gewichten und zueinander ins Verhältnis zu setzen.

333 BVerfG 2236/04 vom 18.07.2005, Rdnr. 115

334 RB 2003/577/JI des Rates vom 22.07.2003 über die Vollstreckung von Entscheidungen über die Sicherstellung von Vermögensgegenständen oder Beweismitteln in der Europäischen Union, Abl. EG L 196 vom 02.08.2003, S. 45

335 Abl. EG C 75 vom 07.03.2001, S. 3; Ratsentwürfe: COPEN 20, 6980/02 vom 13.03.2002; COPEN 46, 01.10.2002

336 Kurzer Überblick bei *Schünemann*, ZRP 2003, 185, 189; Während den Verhandlungen zu dem Rahmenbeschluss erkannten die zuständigen Stellen, dass sich aus diesem die Notwendigkeit für weitere Rahmenbeschlüsse ergab, KOM(2003) 688 endg. S. 8; Dies

Nach dem Rahmenbeschluss sollen die Mitgliedstaaten Vorschriften erlassen, nach denen eine in einem Staat im Rahmen eines Strafverfahrens erlassene Sicherstellungsentscheidung in einem anderen Mitgliedstaat anerkannt und vollstreckt werden kann. Bei der Sicherstellungsentscheidung im Sinne des Rahmenbeschlusses handelt es sich um eine Maßnahme der vorläufigen Sicherung von Vermögensgegenständen, deren spätere Einziehung angeordnet werden könnte oder die als Beweismittel in einem Strafverfahren dienen könnten.[337]
Das Verfahren[338] nach dem Rahmenbeschluss sieht die Übermittlung der Sicherstellungsentscheidung zusammen mit einer Bescheinigung[339] vor. Bei dieser handelt es sich um ein Formblatt, das in eine Amtssprache des vollstreckenden Staates zu übersetzen ist. Die Behörde des Vollstreckungsstaates erkennt dann die übermittelte Sicherstellungsentscheidung ohne weitere Formalien an und vollstreckt diese wie bei einer Entscheidung des Vollstreckungsstaates oder sie entschließt sich einen der Versagensgründe der Art. 7 und 8 geltend zu machen. Hierbei ist zu beachten, dass die Vollstreckung zwar zuerst *„auf dieselbe Weise wie bei einer von einer Behörde des Vollstreckungsstaates erlassenen Sicherstellungsentscheidung"* geschehen soll, die Behörden des Vollstreckungsstaates aber die von der Behörde des Entscheidungsstaates ausdrücklich angegebenen Verfahren und Formvorschriften einhalten, sofern dies nicht dem Recht des Vollstreckungsstaates widerspricht. Hier eröffnet der RB also die Möglichkeit, dass der entscheidende Staat die für die Verwertbarkeit des Beweismittels wichtigen Form- und Verfahrensvorschriften mitteilt, so dass diese so weit wie möglich bei der Beweisgewinnung beachtet werden können. Diese Möglichkeit – vorausgesetzt die Vorschriften werden bei der Vollstreckung nicht verletzt – kann einige mit der Beweisgewinnung im Ausland und der Verwertung im Inland verbundenen Probleme vermeiden. Da die Übermittlung und Beachtung der Vorschriften des Entscheidungsstaates aber nicht die Voraussetzung für die Anerkennung sind, kann nicht ausgeschlossen werden, dass im Ausland Vermögensgegenstände und Beweismittel mit Methoden sichergestellt werden, die im Inland nicht zulässig wären. Dies stellt m.E. jedoch keine Benachteiligung der Betroffenen dar.

Der Rahmenbeschluss könnte sich aber in der praktischen Umsetzung als problematisch erweisen. So sieht er vor, dass eventuelle zusätzliche Zwangsmaßnahmen, die durch die Sicherstellungsentscheidung notwendig werden, in Übereinstimmung mit den Vorschriften des Vollstreckungsstaates anzuordnen

---

war zum einen der Rahmenbeschluss zur gegenseitigen Anerkennung der Einziehungsentscheidungen (Abl. EG C 184 vom 02.08.2002, S. 8) und zum anderen der Rahmenbeschluss zur Europäischen Beweisanordnung (KOM(2003) 688 endg. S. 8).

337 KOM(2003) 688 endg. S. 7

338 Art. 4 des Rahmenbeschlusses

339 Art. 9 des Rahmenbeschlusses

sind.[340] Die Zusammenarbeit könnte unmöglich werden, wenn die Rechtsordnung des Vollstreckungsstaates keine Maßnahme zur Sicherstellung der im ausländischen Verfahren benötigten Gegenstände kennt.[341]
Ein weiteres Problem ergibt sich aus der Regelung, dass zwar für die Sicherstellungsanordnung der Grundsatz der gegenseitigen Anerkennung gelten soll, aber für das Ersuchen auf Übergabe der Beweismittel die Grundsätze der bisherigen Rechtshilfe gelten sollen.[342] Die Übergabe könnte also an den Versagungsgründen der Rechtshilfe scheitern, obwohl die Sicherstellung ohne Nachprüfung vollstreckt wurde.
Der Rahmenbeschluss sieht gemäß Art. 11 vor, dass die betroffenen Personen sowohl vor einem Gericht des Entscheidungsstaats als auch vor einem Gericht des Vollstreckungsstaates einen Rechtsbehelf ohne aufschiebende Wirkung einlegen können.[343]
Die Vollstreckung der Sicherstellungsanordnung kann unter anderem wegen der fehlenden Bescheinigung nach Art. 9 oder der fehlenden Strafbarkeit der Tat im Vollstreckungsstaat, sofern keine Katalogtat vorliegt, versagt werden.
Neben der gegenseitigen Anerkennung verzichtet auch der oben genannte Rahmenbeschluss auf die Überprüfung der beiderseitigen Strafbarkeit, wenn die Tat mir einer Mindesthöchststrafe von drei Jahren bedroht ist und sie in den im Rahmenbeschluss angegebenen Straftatenkatalog[344] fällt.

h) Der Rahmenbeschluss über die gegenseitige Anerkennung von Geldbußen und Geldstrafen

Der Rahmenbeschluss betreffend die gegenseitige Anerkennung von Geldstrafen und Geldbußen geht zurück auf eine Initiative des Vereinten Königreichs, der Französischen Republik und des Königreichs Schweden.[345] Die politische Einigung bezüglich dieser Initiative fand im Rat am 08.05.2003 statt.[346] Grundlage der Initiative ist die Schlussfolgerung Nr. 37 des Europäischen Rates von Tampere und die Maßnahme Nr. 18 des Maßnahmenprogramms zur Umsetzung des Grundsatzes der gegenseitigen Anerkennung,[347]

---

[340] Art. 5 Abs. 2 des RB

[341] KOM(2003) 688 endg. S. 7; Hier dürfte es sich aber um ein Problem handeln, dass nur der auf die Beschleunigung der Verfahren bedachten Kommission missfällt. Es erscheint nach der aktuellen rechtshilferechtlichen Lage in keinem Fall möglich, dass eine Zwangsmaßnahme nach ausländischem Recht zum Beispiel in Deutschland durchgeführt wird, obwohl diese gegen die verfassungsmäßigen Rechte der Bürger verstoßen würde.

[342] KOM(2003) 688 endg. S. 7

[343] Wie bei der Europäischen Beweisanordnung können auch hier die Sachgründe für den Erlass der Sicherstellungsanordnung nur vor einem Gericht des Entscheidungsstaates angegriffen werden.

[344] Zur Problematik der Straftatenkataloge siehe unten H I 3

[345] Abl. C 278 vom 02.10.2001, S. 4

[346] Die Umsetzungsfrist für den Rahmenbeschluss läuft am 22.03.2007 ab.

[347] Maßnahme Nr. 18: *Ausarbeitung eines Instruments, durch das sichergestellt wird, dass Geldstrafen, die gegen eine natürliche oder juristische Person von einem anderen Mitgliedstaat rechtskräftig verhängt werden, durch den Wohnsitzstaat eingetrieben werden können. In diesem Instrument könnte für Geldstrafen ein automatisches Einziehungsver-*

wobei der Rahmenbeschluss mangels Regelung der Fälle der Zahlungsverweigerung hinter der zitierten Maßnahme Nr. 18 zurückbleibt.

Der Anwendungsbereich des Rahmenbeschlusses erstreckt sich allgemein auf Geldstrafen und Geldbußen, wobei gerade auch die aufgrund von Verstößen gegen die Straßenverkehrsvorschriften ergangenen erfasst werden sollen.[348]
Die Anerkennung und Vollstreckung der ausländischen Geldstrafen und Geldbußen setzt im Rahmen der Umsetzung des Verfahrens zunächst voraus, dass die einzelnen Mitgliedstaaten dem Generalsekretariat des Rates die nach ihrem innerstaatlichen Recht zuständigen Behörden für den Fall der Entscheidung oder der Vollstreckung mitteilen.[349]
Die zu vollstreckende Entscheidung wird mit einer im RB vorgegebenen Bescheinigung den zuständigen Behörden des Mitgliedstaates übermittelt, in dem die betroffene natürliche oder juristische Person über Vermögen verfügt oder Einkommen bezieht, oder bei juristischen Personen der eingetragene Sitz ist. Die zu vollstreckende Entscheidung wird direkt an die zuständige Behörde des Vollstreckungsstaates übermittelt. Offensichtlich zur Vermeidung einer Doppelvollstreckung regelt Art. 4 Abs. 4, dass die Entscheidung jeweils nur einem Vollstreckungsstaat übermittelt werden kann. Die Anerkennung und die Vollstreckung erfolgen direkt ohne jede Formalität, es sei denn, die vollstreckende Behörde macht einen der in Art. 7 des Rahmenbeschlusses aufgeführten Versagungsgründe geltend.[350]
Die uneingeschränkte Anerkennung der ausländischen Entscheidung wird in dem Rahmenbeschluss an einer weiteren Stelle durchbrochen. Der Vollstreckungsstaat kann die Höhe der zu vollstreckenden Geldstrafe auf das im Vollstreckungsstaat mögliche Höchstmaß verringern, wenn die Handlung nachweislich nicht im Entscheidungsstaat erfolgte und die Handlung unter die Gerichtsbarkeit des Vollstreckungsstaates fällt. Der Rahmenbeschluss soll hier offenbar den Fall verhindern, dass die betroffene Person durch die ausländische Entscheidung schlechter gestellt ist, als wenn die gleiche Handlung von der Rechtsordnung des Vollstreckungsstaates geahndet worden wäre. Zumindest bei gleichzeitiger Zuständigkeit des Vollstreckungsstaates soll also der

---

fahren oder gegebenenfalls eine vereinfachte Gültigkeitsprüfung vorgesehen werden. Es sollte so weit wie möglich eine Verfahrensregelung für den Fall der Zahlungsverweigerung enthalten. Bei den Beratungen werden die Unterschiede zwischen den Mitgliedstaaten der Europäischen Union hinsichtlich der Frage der Haftung von juristischen Personen berücksichtigt. Abl. C 12 vom 15.01.2001, S. 10

348 Nr. 4 der Erwägungsgründe des Rahmenbeschlusses; Die Verstöße gegen die den Straßenverkehr regelnden Vorschriften fallen in den Straftatenkatalog, der die Prüfung der beiderseitigen Strafbarkeit für die enthaltenen Delikte entfallen lässt.

349 Art. 2 Abs. 1 des Rahmenbeschlusses

350 Die Versagungsgründe können vorliegen bei einem Verstoß gegen den ne bis in idem-Grundsatz, bei Vollstreckungsverjährung im Vollstreckungsstaat bei gleichzeitiger Zuständigkeit des Vollstreckungsstaates oder wenn die Entscheidung auf einer Tat basiert, die im Gebiet des Vollstreckungsstaates begangen wurde. Wichtigster Versagungsgrund dürfte jedoch die Grenze von € 70 sein, unterhalb derer die Vollstreckung abgelehnt werden kann.

Import der Entscheidung aufgrund der punitiveren Strafordnung vermieden werden.[351]
Im Gegensatz zu den Regelungen im RB zur Europäischen Beweisanordnung[352] ist bei der Vollstreckung von Geldstrafen und –bußen nur das Recht des Vollstreckungsstaates maßgeblich. Der Grundsatz wird aber in Art. 9 Abs. 3 sogleich durchbrochen, indem dort die Möglichkeit der Vollstreckung von Geldstrafen und –bußen gegen juristische Personen eröffnet wird, auch wenn dies die Rechtsordnung des Vollstreckungsstaates eigentlich nicht vorsieht. Diese Regelung wird in der Umsetzung für einige Probleme sorgen. Zum einen handelt es sich in vielen Ländern um eine bewusste politische Entscheidung dies nicht zuzulassen, die hiermit „durch die Hintertüre" umgangen wird. Zum anderen werden die Mitgliedstaaten, die bislang keine Geldstrafen gegen juristische Personen kennen, dennoch ein Verfahren zur Vollstreckung einführen müssen.
Der Erlös aus der Vollstreckung soll gemäß Art. 13, soweit nichts anderes vereinbart ist, dem Vollstreckungsstaat zufließen. Hintergrund ist offensichtlich der Gedanke, dass der Staat, der die Kosten der Vollstreckung trägt auch den Erlös der Vollstreckung erhalten soll. Dies kann auch aus der Regelung in Art. 17 gesehen werden, nach der die Mitgliedstaaten darauf verzichten, voneinander die Erstattung der aus der Anwendung des Rahmenbeschlusses entstehenden Kosten zu verlangen.

Wie die anderen Rechtsakte zur gegenseitigen Anerkennung auf dem Gebiet des Strafrechts verzichtet auch dieser Rahmenbeschluss auf die Prüfung der beiderseitigen Strafbarkeit, wenn die zu vollstreckende Strafe auf einem in den Straftatenkatalog fallenden Delikt basiert.[353]

VII) Aktuelle legislative Vorhaben mit gegenseitiger Anerkennung im Strafrecht

Auf dem Gebiet der gegenseitigen Anerkennung strafrechtlicher Entscheidungen liegen folgende weitere Maßnahmen dem Rat zur Annahme vor, oder werden von der Kommission vorbereitet:

351 Siehe zu diesem oft gegen die gegenseitige Anerkennung im Bereich des Strafrechts vorgebrachten Vorwurf unten, H I 5 a
352 Siehe oben H VII 6
353 Art. 5 des Rahmenbeschlusses; Zu den Problemen bezüglich der Deliktskataloge siehe unten, H I 3

a) Die Europäische Vollstreckungsanordnung und die Überstellung verurteilter Personen innerhalb der EU

Zur Europäischen Vollstreckungsanordnung liegt ein Vorschlag eines Rahmenbeschlusses von Österreich, Finnland und Schweden vom Januar 2005 vor.[354]

Durch die Europäische Vollstreckungsanordnung soll die Vollstreckung einer im Ausland ergangenen Strafe erleichtert werden. Nach der Initiative sollte grundsätzlich die Verpflichtung des Vollstreckungsstaates festgelegt werden, gegen eigene Staatsangehörige und Personen mit rechtmäßigem ständigen Aufenthalt im Vollstreckungsstaat, die in einem anderen Mitgliedstaat rechtmäßig verurteilt wurden, unabhängig von deren Zustimmung zu vollstrecken, sofern nicht bestimmte Ablehnungsgründe vorliegen.[355] Dieses Motiv spiegelt die Probleme der bisherigen Regelung[356] wieder. In dieser setzte die Vollstreckung im Ausland die Zustimmung des Verurteilten voraus, die Änderung, nach der diese Voraussetzung abgeschafft wurde, ist nicht umfassend ratifiziert.

Mit der Europäischen Vollstreckungsanordnung kann die Vollstreckung in einem anderen Mitgliedstaat erreicht werden, wenn die betroffene Person die Staatsangehörigkeit des anderen Mitgliedstaats besitzt, in ihm ihren rechtmäßigen Aufenthalt hat oder zu ihm sonstige enge Verbindungen unterhält.[357] Um den Erlass der Vollstreckungsanordnung kann sich auch der Vollstreckungsstaat oder die betroffene Person selbst bemühen. Vor dem Erlass ist der verurteilten Person im Ausstellungsstaat nach Möglichkeit Gelegenheit zur Stellungnahme zu geben, ihre Zustimmung ist aber mit Ausnahme des in der vorigen Fn. dargestellten Falles nicht erforderlich.

Die Überstellung der verurteilten Personen in ihren Heimat- bzw. Aufenthaltsstaat soll deren soziale Wiedereingliederung fördern.

Nach dem Vorschlag handelt es sich bei einer Europäischen Vollstreckungsanordnung um eine von der zuständigen Behörde des Ausstellungsstaates erlassene Entscheidung, die die Vollstreckung einer rechtskräftigen Sanktion bezweckt, die von einem Gericht dieses Staates über eine natürliche Person verhängt wurde (Art. 1 Buchst. a). Der Anwendungsbereich der Vollstreckungsanordnung erstreckt sich auf freiheitsentziehende Maßnahmen oder Maßnahmen der Sicherung, die von einem Gericht aufgrund eines Strafverfah-

---

[354] Abl. EG C 150 vom 21.06.2005 S. 1; Siehe auch das erläuternde Ratsdokument 5597/05 vom 22.04.2005

[355] Abl. EG C 150 vom 21.06.2005 S. 1; Erwägungsgrund Nr. 5

[356] Die bisherige Regelung im Übereinkommen des Europarates über die Überstellung verurteilter Personen vom 21.03.1983 hat sich als nicht effektiv erwiesen bzw. wurde in seiner letzten Änderung nicht von allen Mitgliedstaaten ratifiziert.

[357] Siehe dazu Art. 4 des RB-Entwurfes zur Europäischen Vollstreckungsanordnung. Bestehen zum zukünftigen Vollstreckungsstaat lediglich enge Verbindungen, so kann die Europäische Vollstreckungsanordnung nur mit Zustimmung des Betroffenen übermittelt werden.

rens wegen einer Straftat für eine bestimmte oder unbestimmte Zeit verhängt wurden.
Wie in den anderen Regelungen zur gegenseitigen Anerkennung sieht auch die Europäische Vollstreckungsanordnung die Benennung der jeweils zuständigen nationalen Behörden vor.
Die Überstellung einer verurteilten Person an das Ausland zur Strafvollstreckung überschneidet sich teilweise mit den Regelungen des Rahmenbeschlusses zum Europäischen Haftbefehl[358]. Die Europäische Vollstreckungsanordnung wird deshalb auch auf diese Fälle angewendet.[359]
Wie die anderen Rechtsakte zur gegenseitigen Anerkennung auf dem Gebiet des Strafrechts sieht auch die Europäische Vollstreckungsanordnung den Wegfall der Prüfung der beiderseitigen Strafbarkeit vor, wenn die Tat mit einer Mindesthöchststrafe von drei Jahren bedroht ist und unter den im RB angegebenen Straftatenkatalog fällt. Die Vollstreckungsanordnung wird grundsätzlich ohne weitere Formalitäten vollstreckt (Art. 8 Abs. 1), die Entscheidung über die Vollstreckung muss jedoch innerhalb von drei Wochen nach Erhalt der Vollstreckungsanordnung gefällt werden. Die Dauer der Freiheitsstrafe kann aber, wenn sie mit den Rechtsgrundsätzen des Vollsteckungsstaates nicht vereinbar ist, an das nach nationalem Recht vorgesehene Höchstmaß der Straf angeglichen werden (Art. 8 Abs. 2).[360]
Die Behörden des Vollstreckungsstaates können die Vollstreckung wegen der in Art. 9 dargestellten Gründe verweigern.[361]

---

358 Nach einigen nationalen Vorschriften zum Europäischen Haftbefehl kann die Übergabe versagt werden, wenn die Strafe im Vollstreckungsstaat vollstreckt wird und keine Rücküberstellung möglich ist. Die Anwendung des Europäischen Haftbefehls kann durch den Rahmenbeschluss zur Vollstreckungsanordnung erleichtert werden, KOM(2005)195 endg. S. 6

359 Wurde die Vollstreckung des Haftbefehls gem. Art. 5 Nr. 3 des RB zum Europäischen Haftbefehl von der späteren Rücküberstellung abhängig gemacht, so gelten die Vorschriften über die Europäische Vollstreckungsanordnung mit Ausnahme der Regelung zu den Versagungsgründen (Art. 9) und der Regelung zur Spezialität in Art. 14.
Wurde die Vollstreckung des Haftbefehls zur Strafvollstreckung gemäß Art. 4 Nr. 6 des RB zum Europäischen Haftbefehl verweigert, weil die betroffene Person Staatsangehöriger des Vollstreckungsstaates ist, bzw. sich dort dauerhaft aufhält und der Vollstreckungsmitgliedstaat die Vollstreckung der Strafe zusichert, so gelten nur die Art. 1, 8, 12, 13, 15, 17 – 22 des RB-Vorschlages zur Europäischen Vollstreckungsanordnung. Der Verweis in Art. 3 Abs. 3 Buchst. b des RB-Vorschlages zur Europäischen Vollstreckungsanordnung auf Art. 5 Nr. 6 des RB Europäischer Haftbefehl ist offensichtlich ein Druckfehler, richtig muss es Art. 4 Nr. 6 heißen.

360 Ist die Sanktion nach ihrer Art nicht mit dem Recht des Vollstreckungsstaates vereinbar, so kann sie durch eine Gerichts- oder Verwaltungsentscheidung des Vollstreckungsstaates an dessen Rechtsordnung angepasst werden. Die Sanktion darf durch den Vollstreckungsstaat aber nicht verschärft werden.

361 Dabei handelt es sich unter anderem um eine Ausprägung des ne bis in idem-Grundsatzes. Außerdem kann die Vollstreckung verweigert werden, wenn sie nach dem Recht des Vollstreckungsstaates verjährt wäre und der Vollstreckungsstaat nach seinem nationalen Recht für die gegenständliche Handlung zuständig war. Weiter kann die Vollstreckung abgelehnt werden, wenn die betroffene Person im Vollstreckungsstaat aufgrund ihres Alters nicht strafmündig gewesen wäre.

Die Vollstreckung der ausländischen Strafe richtet sich nach dem Recht des Vollstreckungsstaates (Art. 13), eine bedingte Entlassung darf erst erfolgen, wenn die Person im Ausstellungs- und Vollstreckungsstaat insgesamt die Hälfte der Strafe verbüßt hat.[362] Hinzuweisen ist noch auf die Regelung der Spezialität in Art. 14. Nach dieser darf eine aufgrund einer Vollstreckungsanordnung überstellte Person im Vollstreckungsstaat wegen einer vor der Überstellung begangenen anderen Handlung nicht verfolgt werden.[363]
Die Kosten für die Anwendung der Europäischen Vollstreckungsanordnung trägt bis auf die Kosten, die ausschließlich im Ausstellungsstaat entstehen, der Vollstreckungsstaat, Art. 19 des RB.

Es wird sich zeigen, ob sich für die vorgeschlagene Vollstreckungsanordnung eine politische Mehrheit finden wird. Problematisch erscheint insbesondere, dass der Vollstreckungsstaat sich gegen die Vollstreckungsanordnung zumindest in den meisten Fällen nicht wehren kann, sie also vollstrecken muss. Kombiniert mit dem Wegfall der Prüfung der beiderseitigen Strafbarkeit kommt es hier zu einem unfreiwilligen Import ausländischer Entscheidungen, die so im Vollstreckungsstaat nicht getroffen worden wären.[364] Daran ändert auch die Möglichkeit der Anpassung der Strafart oder des Strafmaßes nichts. Ein Deutscher könnte in Zukunft in Deutschland im Gefängnis sitzen wegen einer Handlung die bei Begehung in Deutschland nicht strafbar gewesen wäre. Sicher kann man entgegenhalten, dass die Vollstreckung in der Heimat in den meisten Fällen für die betroffenen Personen besser ist, die Vollstreckung gegen die eigene Rechtsordnung verstoßender Urteile muss dennoch abgelehnt werden. Die Entscheidung gegen die Strafbarkeit bestimmter Handlungen darf nicht nur bezüglich der Strafverfolgung gelten, sie muss auch die Strafvollstreckung beeinflussen.

b) Die gegenseitige Anerkennung von Einziehungsentscheidungen

Der Rahmenbeschluss zur Vollstreckung von Einziehungsentscheidungen in der Europäischen Union geht auf eine Initiative Dänemarks aus dem Jahr 2001 zurück.[365] Die noch nicht vom Rat angenommene[366] Initiative setzt die Maßnahme Nr. 19, erster Gedankenstrich, des Maßnahmenprogramms zur

---

[362] Bei der Entscheidung über die bedingte Entlassung sind aber die vom Ausstellungsstaat übermittelten Regelungen zu beachten, nach denen die betroffene Person nach einer bestimmten Zeit Anspruch auf bedingte Entlassung hat. Die verurteilte Person soll also durch die Vollstreckung im Ausland keinen Nachteil erleiden.
Allerdings können Amnestie oder Begnadigung vom Ausstellungs- und Vollstreckungsstaat gewährt werden.

[363] Diese Regel gilt nicht ausnahmslos, die Ausnahmen sind abschließend vorgegeben. Insbesondere kann die überstellte Person der Strafverfolgung zustimmen. Zur Spezialität siehe auch das erläuternde Ratsdokument 5597/05 vom 22.04.2005 S. 11

[364] So auch: *Schünemann*, StV 2006, 361, 367

[365] Abl. C 184 vom 02.08.2002, S. 8

[366] KOM(2004)334 endg. S. 27

Umsetzung des Grundsatzes der gegenseitigen Anerkennung gerichtlicher Entscheidungen in Strafsachen um.[367]

Ziel des Rahmenbeschlusses ist, dass alle Mitgliedstaaten über wirksame Bestimmungen für das Verfahren zur Einziehung nach einer Straftat verfügen.[368]

Das Verfahren zur Anerkennung und Vollstreckung sieht nach der Initiative die Mitteilung der für die Entscheidung und die Vollstreckung in den einzelnen Mitgliedstaaten zuständigen Justizbehörden an das Generalsekretariat des Rates vor.[369] Die Einziehungsentscheidung[370] kann mit der in dem Rahmenbeschluss festgelegten Bescheinigung dem Mitgliedstaat übermittelt werden, in dem sich Vermögensgegenstände der betroffenen natürlichen oder juristischen Person befinden. Die Übermittlung erfolgt direkt an die zuständige Vollstreckungsbehörde. Diese vollstreckt die Entscheidung ohne weitere Formalitäten, es sei denn der Vollstreckungsstaat macht einen der in Art. 7 genannten Versagungsgründe[371] geltend. Auch bei dem Entwurf für den Rahmenbeschluss zur Vollstreckungsanordnung wird das Vorliegen der beiderseitigen Strafbarkeit nicht geprüft, wenn die Straftat mit einer Mindesthöchststrafe von 3 Jahren bedroht ist und sie in den Straftatenkatalog des Rechtsaktes fällt.[372]

Der Rahmenbeschluss sieht weiter die Schaffung eines Rechtsbehelfes in den Mitgliedstaaten vor, mit dem die betroffenen Parteien und gutgläubige Dritte gegen die Vollstreckungsmaßnahme einen Rechtsbehelf mit aufschiebender Wirkung einlegen können.[373] Sollen im Vollstreckungsstaat die Entscheidungen verschiedener Länder gegen dieselbe Person vollstreckt werden und hat diese nicht genügend Mittel um alle Vollstreckungen zu befriedigen, so obliegt es dem Vollstreckungsstaat unter Würdigung aller Umstände zu entscheiden, welche Einziehungsentscheidungen zu vollstrecken sind.

---

[367] Abl. C 12 vom 15.01.2001

[368] Erwägungsgrund Nr. 8 und Art. 1 Abs. 1 des Rahmenbeschlussentwurfes, Abl. EG 184 vom 02.08.2002, S. 8

[369] Art. 3 Abs. 3 des Rahmenbeschlussentwurfes

[370] Dabei handelt es sich bei der „Einziehung“ um eine Sanktion oder Maßnahme, die von einem Gericht im Anschluss an ein Verfahren bezüglich einer oder mehrerer Straftaten angeordnet wurde, und die zur endgültigen Entziehung von Vermögensgegenständen führt. Eine „Entscheidung“ ist eine rechtskräftige Sanktion oder Maßnahme, die von einer zuständigen Justizbehördewegen einer Straftat verhängt wurde und mit der eine Einziehung angeordnet wird.

[371] Die Versagungsgründe liegen unter anderem in der Missachtung des ne bis in idem - Grundsatzes. Außerdem kann die Vollstreckung versagt werden, wenn ihr nach dem Recht des Vollstreckungsstaates Rechte Dritter entgegenstehen. Außerdem kann die Vollstreckung abgelehnt werden, wenn die Tat nach dem Recht des Vollstreckungsstaates ganz oder zum Teil in seinem Hoheitsgebiet oder außerhalb des Hoheitsgebietes des Entscheidungsstaates und im Geltungsbereich des Rechts des Vollstreckungsstaates begangen wurde.

[372] Zu den Problemen mit den Straftatenkatalogen siehe unten H I 3. Im vorliegenden Fall fällt besonders der Ausdruck „Kraftfahrzeugkriminalität“ auf. In den bereits politisch geeinigten Rahmenbeschlüssen mit Straftatenkatalog findet sich dieser Begriff nicht mehr, es wird dort auf Verstöße gegen Straßenverkehrsvorschriften Bezug genommen.

[373] Art. 8 des Rahmenbeschlussentwurfes; Die Einziehungsentscheidung kann aber nur in dem Entscheidungsstaat gerichtlich überprüft werden.

Für die Vollstreckung ist das Recht des Vollstreckungsstaates maßgeblich. Ebenso wie bei der Vollstreckung von Geldstrafen und Geldbußen können auch Einziehungsentscheidungen gegen juristische Personen vollstreckt werden, wenn dies die Rechtsordnung des Vollstreckungsstaates nicht vorsieht.
Im Gegensatz zur Regelung bei der Vollstreckung von Geldstrafen und – bußen werden die eingezogenen Vermögenswerte oder der Erlös aus deren Verkauf nach Abzug der für die Vollstreckung entstandenen Kosten an den Entscheidungsstaat zurückgegeben oder abgeführt.[374]

c) Die Anerkennung von Entscheidungen über die Aberkennung von Rechten

Bezüglich der Anerkennung von Entscheidungen über die Aberkennung von Rechten liegt eine dänische Initiative für einen Rahmenbeschluss aus dem Jahr 2002 vor.[375] Der Anwendungsbereich erstreckt sich auf die

> *„Aberkennung von Rechten, die gegenüber natürlichen Personen mit einem Strafurteil oder als Teil eines Strafurteils verfügt wird und die den Zugang des Verurteilten zur Berufsausübung einschränkt; ausgenommen ist die Aberkennung der Fahrerlaubnis".*

Der Entwurf des Rahmenbeschlusses sieht nicht die automatische Anerkennung der Entscheidungen über die Aberkennung von Rechten, sondern nur einen Informationsaustausch zwischen den Mitgliedstaaten, vor.[376]
Die Anerkennung von Rechtsverlusten stellt aufgrund der unterschiedlichen Art der Rechtsverluste und dem für die praktische grenzüberschreitende Anwendung nötigen hohen Informationsfluss einen besonders schwierig umzusetzenden Bereich der gegenseitigen Anerkennung dar.[377] Nach Ansicht der Kommission soll hierbei nach der Art der strafbaren Handlung unterschieden werden.

Bislang sind zwei Vorhaben auf diesem Gebiet geplant. Zum einen ist dies die Anerkennung und Vollstreckung von Berufsverboten aufgrund von Sexualstraftaten gegen Kinder.[378] Der zweite Bereich ist die gegenseitige Anerkennung von Fahrverboten.[379] Hierfür ist ein Vorschlag für das Jahr 2006 vorgesehen.[380]

---

[374] Art. 14 des Rahmenbeschlussentwurfes, dies gilt vorbehaltlich einer anderen Regelung zwischen den Mitgliedstaaten. Jenseits dieser Regelung verzichten die Mitgliedsstaaten gemäß Art. 17 darauf, die Erstattung der aus der Anwendung des Rahmenbeschlusses entstandenen Kosten zu fordern.

[375] Abl. C 223 vom 19.09.2002, S. 17

[376] Abl. C 223 vom 19.09.2002, S. 18

[377] KOM(2005)195 endg. S. 6

[378] Initiative aus Belgien, Ratsdokument 14207/04

[379] Bisher war der Entzug der Fahrerlaubnis nur vom Übereinkommen der Europäischen Union über den Entzug der Fahrerlaubnis vom 17.06.1998 (erläuternder Bericht unter Abl. EG C 211 vom 23.07.1999, S. 1) erfasst. Dieses Übereinkommen wurde aber nur

d) Die Anwendung des Grundsatzes ne bis in idem

Vor der politischen Einigung auf den RB zur Anwendung des Grundsatzes ne bis in idem[381] gab es in Europa keine umfassende Anerkennung dieses Prinzips im Rahmen europäischer Rechtsakte.[382] Gleichwohl gewann die Anerkennung des Verbots doppelter Strafverfolgung immer mehr Gewicht in Europa.[383]

Über den griechischen Vorschlag zur Umsetzung des ne bis in idem Grundsatzes konnte jedoch im Rat keine Einigung[384] erzielt werden, außerdem wurde die Arbeit aufgrund des engen Zusammenhanges mit dem Problem der Kompetenzkonflikte ausgesetzt.[385]

Mittlerweile liegt das *„Grünbuch über Kompetenzkonflikte und den Grundsatz ne bis in idem in Strafverfahren"* vor.[386] Darin geht die Kommission von einer Wiederaufnahme der Verhandlungen über den ne bis in idem-Grundsatz aus, sobald ein Verfahren zur Lösung der Zuständigkeitskonflikte eingeführt wurde. In diesem Zusammenhang spricht die Kommission einige der grundsätzlichen Probleme[387] der Einführung einer ne bis in idem Regelung an: Zuerst sind die teilweise stark unterschiedlichen Begrifflichkeiten und Definitionen zu klären.[388] Außerdem könnte der Grundsatz nach Ansicht der Kommission in Zukunft ohne die bisherige Einschränkung gelten, nach der dieser nur im Fall der Verurteilung gilt, wenn die Strafe bereits vollstreckt worden ist, gerade vollstreckt wird oder nicht mehr vollstreckt werden kann. Zuletzt wird zu klären sein, ob die bisherigen Ausnahmen vom ne bis in idem bezüglich des Interesses der

---

von Spanien ratifiziert und sieht keine echte gegenseitige Anerkennung der Entscheidungen zur Entziehung der Fahrerlaubnis vor. Siehe dazu auch: KOM(2004)334 endg. S. 51

380 KOM(2005)195 endg. S. 6

381 Initiative der Hellenischen Republik im Hinblick auf die Annahme eines Rahmenbeschlusses des Rates über die Anwendung des ne bis in idem-Prinzips, Abl. EG C 100 vom 26.04.2003, S. 24 - 27

382 *Ambos* in: MüKo, vor §§ 3-7 StGB, Rdnr. 73

383 So finden sich Normierungen des ne bis in idem-Grundsatzes z.B. in Art. 9 des *Europäischen Auslieferungsübereinkommens vom 13.12.1957* (siehe oben C I 2 a) und in dem *Übereinkommen des Europarates zur internationalen Gültigkeit von Strafurteilen vom 28.05.1970* (siehe oben C I 2 c) und dem *Übereinkommen des Europarates zur Übertragung von Strafverfahren vom 15.05.1972* (siehe oben C I 2 d). Weiter finden sich Normierungen im *EG-Übereinkommen über das Verbot der doppelten Strafverfolgung vom 25.05.1987* (BGBl. 1998 II S. 2226 ff. siehe dazu auch Satzger, die Europäisierung des Strafrechts, S. 694 und in Art. 54 SDÜ. Die aktuellste Beachtung des Verbots doppelter Bestrafung findet sich in § 83 Nr. 1 EuHbG – Entwurf.

Zur Thematik siehe auch: *Mansdörfer*, Das Prinzip des ne bis in idem im europäischen Strafrecht, 2004; *Thomas*, Das Recht auf Einmaligkeit der Strafverfolgung, 2002; *Vogel*, Internationales und europäisches ne bis in idem, FS Schroeder, S. 877 ff

384 KOM(2005) 696 endg. S. 9

385 KOM(2005) 195 endg. S. 5

386 KOM(2005) 696 endg.

387 KOM(2005) 696 endg. S. 9

388 Besonders der Inhalt des Begriffs „idem" und die Strafklageverbrauch auslösenden Entscheidungen sind in den Mitgliedstaaten unterschiedlich.

Mitgliedstaaten an der Strafverfolgung auf ihrem Hoheitsgebiet noch nötig sind, wenn eine Lösung der Strafgewaltkonflikte gefunden wurde.

e) Anerkennung von Entscheidungen über die Strafaussetzung, die bedingte Entlassung oder alternative Sanktionen

Die gegenseitige Anerkennung von Entscheidungen über die Strafaussetzung, die bedingte Entlassung oder alternative Sanktionen ist im Maßnahmenprogramm zur Umsetzung des Grundsatzes der gegenseitigen Anerkennung[389] vorgesehen.
Bislang ist kein Vorschlag für einen diesbezüglichen Rechtsakt vorgelegt worden.
Es muss beachtet werden, dass die Anerkennung alternativer Sanktionen besonders problematisch ist. So bestehen in den einzelnen Mitgliedstaaten teilweise erhebliche Unterschiede in Funktion und Rechtsnatur der Sanktionen.[390] Alternative Sanktionen stellen in einigen Mitgliedstaaten Haupt- oder Ersatzstrafen dar, in anderen Staaten gelten sie als Maßnahmen, die mit einer Strafaussetzung verbunden sind. Man muss davon ausgehen, dass aufgrund der erheblichen nationalen Unterschiede eine automatische gegenseitige Anerkennung schwer möglich ist. Vorstellbar wäre jedoch eine Regelung, die bestimmte Arten alternativer Sanktionen, z.B. gemeinnützige Arbeit, die in den Mitgliedstaaten vergleichbar sind, der gegenseitigen Anerkennung unterwirft.

f) Die Europäische Beweisanordnung

Die Kommission hat am 14.11.2003 den Vorschlag für den Rahmenbeschluss über die Europäische Beweisanordnung zur Erlangung von Sachen, Schriftstücken und Daten zur Verwendung im Strafverfahren[391] vorgelegt.[392]
Nach Ansicht der Kommission handelt es sich bei der Europäischen Beweisanordnung um den ersten entscheidenden Schritt zur Anwendung des Prinzips der gegenseitigen Anerkennung in der Phase der Beweismittelgewinnung.[393]
Dieser wurde am 14.11.2003 von der Kommission an den Rat übermittelt, die Stellungnahmen des Bundesrates und des Bundestages erfolgten am 13.02.2004[394] und am 29.09.2004[395]. Die letzte Erörterung im Rat der Europäischen Union erfolgte in der Sitzung am 02.06.2005.[396]

---

389 KOM(2004) 334 endg. S. 47
390 KOM(2004) 334 endg. S. 48
391 KOM(2003) 688 endg.; Rechtsgrundlage ist Art. 31 des EU-Vertrages in der Fassung des Vertrages von Nizza.
392 Zur Europäischen Beweisanordnung siehe auch: *Gleß*, ERA-Forum, Sonderausgabe zu Europäischen Beweisen, 2005, S. 41ff.; *Ahlbrecht*, NStZ 2006, 70
393 KOM(2005)195, S. 3
394 BR-Drucks. 926/03 S. 1
395 BT-Drucks. 15/3831
396 Siehe die Pressemitteilung, abrufbar unter: http://europa.eu.int/rapid/pressReleases Action.do?reference=PRES/05/114&format=HTML&aged=1&language=DE&guiLanguage=en

g) Einführung

Der Rahmenbeschluss soll zu der Vereinfachung des Rechtshilferechts in Europa führen und zur Änderung der einschlägigen rechtshilferechtlichen Regelungen beitragen.[397] Der Anwendungsbereich erstreckt sich auf Sachen, Schriftstücke oder Daten, die im Rahmen eines Strafverfahrens erlangt wurden.[398] Nicht erfasst sind jedoch Beweismittel, die sich erst aus weiteren Untersuchungen und Analysen ergeben.[399] Die Europäische Beweisanordnung soll es ermöglichen, Beweismittel auf einheitliche und schnelle Weise zu erlangen und dem ersuchenden Staat zu übergeben.[400]
Die Strafverfahren, in denen die Europäische Beweisanordnung angewendet werden soll, sind Verfahren wegen jeder Art von Straftat und Taten, die nach dem innerstaatlichen Recht des Anordnungsstaates als Zuwiderhandlungen gegen Rechtsvorschriften geahndet werden, sofern gegen die Entscheidung ein auch in Strafsachen zuständiges Gericht angerufen werden kann.[401]
Die für die grenzüberschreitende Beweisgewinnung relevanten Vorschriften[402] werden durch die auf dem Prinzip der gegenseitigen Anerkennung basierende Europäische Beweisanordnung ersetzt. Dem Grundsatz nach sollen dann ausländische Entscheidungen ohne Exequaturverfahren vollstreckt werden, wobei die Vollstreckung durch ein Formblatt erleichtert wird. Das Setzen einer Frist zur Vollstreckung soll den Zeitaufwand verringern.[403]

Hier muss besonders auf den Charakter der Europäischen Beweisanordnung hingewiesen werden. Die Anwendung des Prinzips der gegenseitigen Anerkennung bezieht sich hier nur auf die Anordnung der Beweisgewinnung. Nicht geregelt wird die Verwendung der gewonnenen Beweismittel in verschiedenen mitgliedstaatlichen Strafverfahren.
In der tatsächlichen Durchführung stellt sich die Europäische Beweisanordnung als Dokument dar, das von der Anordnungsbehörde in die Amtssprache

---

[397] Die Regelung ist nach Ansicht der Kommission (KOM(2003) 688 endg. S. 11) der erste Schritt zu einer einzigen Regelung auf der Grundlage der gegenseitigen Anerkennung, die in Zukunft alle bestehenden Rechtshilferegelungen ersetzen soll.
Kurzer Überblick bei *Satzger*, Internationales und Europäisches Strafrecht, § 9 Rdnr. 39; *Hecker*, Europäisches Strafrecht, § 12 Rdnr. 9; *Ahlbrecht*, NStZ 2006, 70

[398] KOM(2003) 688 endg. S. 2; Vernehmungen von Beteiligten des Strafverfahrens sind von dem Rahmenbeschluss ausgenommen. Siehe auch: *Braum*, GA 2005, 681, 696

[399] KOM(2003) 688 endg. S. 9

[400] KOM(2003) 688 endg. S. 8

[401] KOM(2003) 688 endg. S. 9

[402] So unter anderem das Übereinkommen des Europarates über die Rechtshilfe in Strafsachen von 1959 (ETS Nr. 30), die Zusatzprotokolle zu vorgenanntem Abkommen von 1978 und 2001 (ETS Nr. 99 und 182). Ebenso das Übereinkommen von Schengen von 1990 (Abl. EG L 239 vom 22.09.2000, S. 19) und das EU-Rechtshilfeübereinkommen von 2000 (Abl. EG C 197 vom 12.07.2000 S. 1).

[403] KOM(2003) 688 endg. S. 5

des Vollstreckungsstaates übersetzt wird.[404] Weitere Übersetzungen sind nicht erforderlich.[405] Diese Ausgestaltung ist bemerkenswert, da sie vom ursprünglichen Gedanken einer europaweiten Geltung erhobener Beweismittel[406] abrückt. Aufgrund der in vielen Fällen gegebenen Sachlage, dass zwar ein im Ausland erhobenes Beweismittel in einem anderen, aber meist eben nur in einem anderen, Mitgliedstaat verwendet werden soll, ist die europaweite Geltung einzelner Beweismittel oft nicht nötig.[407]
Außerdem gibt die Europäische Beweisanordnung den vollstreckenden Staaten die Wahl des Mittels zur Erhebung der Beweise. Sie schreibt das Instrument zur Beweiserhebung nicht vor. Dem Anordnungsstaat wird nur die Festlegung des zu erreichenden Ziels gestattet, die Beschaffung des Beweismittels obliegt dem Vollstreckungsstaat nach seinem Prozessrecht.[408]
Dieses Vorgehen vermeidet zwar das Problem, dass der Vollstreckungsstaat ein Beweismittel mit einem seiner Prozessordnung fremden oder unverhältnismäßigen Mittel erheben muss. Die Problematik, dass die Erhebung des Beweismittels im Ausland möglicherweise gegen Prozessrechte des Betroffenen im Anordnungsstaat verstößt wird durch die freie Wahl der Mittel im Vollstreckungsstaat eher noch verstärkt.[409]

Als Ausblick sei hier bereits auf die Planungen der Kommission für eine Ergänzung der Europäischen Beweisanordnung hingewiesen. Für 2008 plant die Kommission einen Vorschlag für einen Rahmenbeschluss zur Ergänzung der Europäischen Beweisanordnung.[410] Darin soll der Grundsatz der gegenseitigen Anerkennung auf alle Beweisarten ausgeweitet werden, sowie die Zusammenfassung aller einschlägigen Rechtsinstrumente in einer konsolidierten Regelung erfolgen. Dies soll die Beweiserhebung EU-weit vereinfachen und die entsprechenden Rechtshilfemaßnahmen ersetzen.[411]

---

404 Hierin liegt ein grundsätzlicher Unterschied zum Rahmenbeschluss über Sicherstellungsentscheidungen, der noch von der gegenseitigen Anerkennung einzelstaatlicher Anordnungen ausgeht, die um eine einheitliche Bescheinigung ergänzt werden.

405 KOM(2003) 688 endg. S. 10

406 Der Europäische Rat von Tampere ging noch davon aus, dass von den Behörden eines Mitgliedstaates rechtmäßig erhobene Beweise vor den Gerichten anderer Mitgliedstaaten zugelassen sein sollten, wobei den dort geltenden Normen Rechnung zu tragen sei. Auch in dem Grünbuch der Kommission über die Europäische Staatsanwaltschaft (KOM(2001)715 endg.) wurde noch von einer gegenseitigen Zulassung von Beweisen in sämtlichen Ländern der EU ausgegangen.

407 Siehe dazu unten, H II 3

408 KOM(2003) 688 endg. S. 10

409 Siehe dazu unten, H II 3

410 Arbeitsdokument der Kommissionsdienststellen als Anhang zur Mitteilung der Kommission zur gegenseitigen Anerkennung gerichtlicher Entscheidungen in Strafsachen und zur Stärkung des Vertrauens der Mitgliedstaaten untereinander; SEK(2005)641 S. 2

411 So auch: KOM(2005)195 endg. S.3

h) Die Regelungen im Überblick

Art. 3 gibt eine Aufstellung der Beweismittel wieder, die aufgrund einer Europäischen Beweisanordnung gewonnen werden dürfen. Es sind dies alle Sachen, Schriftstücke und Daten, die in den in Art. 4 angegebenen Strafverfahren verwendet werden dürfen.[412] Nicht aufgrund einer Europäischen Beweisanordnung dürfen folgende Beweismittel gewonnen werden: Vernehmungen von Verdächtigen, Zeugen, Sachverständigen oder Dritten, die Entnahme von Körperproben als Beweismittel, die Erhebung von Beweismitteln in Echtzeit, also Überwachungen der Telekommunikation oder verdeckte Überwachungen. Der vorgeschlagene Rahmenbeschluss regelt in Art. 5 den Inhalt und die Form der Beweisanordnung. Sie muss auf einem vorgegebenen Formblatt ausgestellt sein und von der anordnenden Behörde/Gericht unterzeichnet werden. Außerdem muss die Anordnung in eine Amtssprache des Vollstreckungsstaates übersetzt werden.

Die Voraussetzungen (Art. 6) für den Erlass einer Europäischen Beweisanordnung sind: die angeforderten Beweismittel sind für den Zweck des Verfahrens notwendig und diesem angemessen. Weiter muss die Erlangung des Beweismittels im Anordnungsstaat unter ähnlichen Umständen zu erlangen sein.[413] Die gewonnenen Beweismittel müssen für das betreffende Verfahren zugelassen werden können.[414]

Den einzelnen Mitgliedstaaten wird außerdem vorgeschrieben (Art. 8), eine zentrale Strafregisterbehörde einzurichten, die in der Lage ist, eine Abschrift sämtlicher amtlicher Vermerke einer strafrechtlichen Verurteilung zu erstellen.[415] Die Regelung ist auch deshalb bemerkenswert, da in der aktuellen Diskussion über ein Europäisches Strafregister auf politischer Ebene eine dezentrale Lösung mit nationalen Registern bevorzugt wird.[416]

Das dem Rechtsakt zugrunde liegende Prinzip der gegenseitigen Anerkennung kommt in Art. 11[417] zum Ausdruck, der bestimmt, dass die zuständigen Behörden des Vollstreckungsstaates die Europäische Beweisanordnung ohne

[412] Dabei handelt es sich um Strafverfahren sowie Verwaltungsverfahren bei Zuwiderhandlungen, bei denen die Möglichkeit der Einlegung eines Rechtsmittels bei einem für Strafsachen zuständigen Gericht besteht. Die Europäische Beweisanordnung kann außerdem in Verfahren verwendet werden, die sich im Anordnungsstaat gegen eine juristische Person richten.

[413] Damit soll die oben bereits angesprochene Problematik verhindert werden, dass mit einer Europäischen Beweisanordnung die Rechte des Betroffenen im Anordnungsstaat umgangen werden könnten. Ob das Erfordernis der „ähnlichen Umstände" dazu aber in der Lage ist, bleibt abzuwarten.

[414] Nach der Begründung der Kommission (KOM(2003) 688 endg. S. 21) soll damit verhindert werden, dass Beweiserhebungs- und –verwertungsverbote des Anordnungsstaates mit der Europäischen Beweisanordnung umgangen werden können. Dieses Erfordernis wird sich in der Praxis oft als nicht effektiv erweisen, da in vielen Fällen sich die fehlende Verwertbarkeit eben erst aus der tatsächlichen Durchführung der Beweiserhebung ergibt. Diese steht aber bei Erlass der Europäischen Beweisanordnung gerade nicht fest.

[415] Eine derartige Behörde entspricht dem Deutschen Bundeszentralregister.

[416] Siehe dazu auch: G VIII 2

[417] Siehe auch Erwägungsgründe Nr. 1 ff. des Rahmenbeschlusses.

weitere Formalitäten anerkennen und die notwendigen Maßnahmen zu deren Vollstreckung unverzüglich ergreifen.

Die Rechte der Personen, die von einer Europäischen Beweisanordnung betroffen sind, werden vor allem in Art. 12 besonders geschützt, der zum einen die Verhältnismäßigkeit der Maßnahme verlangt, den nemo tenetur-Grundsatz beinhaltet und spezielle Anforderungen bei Durchsuchungen und Beschlagnahmen aufstellt.

Der Rahmenbeschluss führt die möglichen Gründe für die Versagung der Vollstreckung einer Europäischen Beweisanordnung in Art. 15 und 16 auf. Die Versagung kann durch einen Richter oder Staatsanwalt im Vollstreckungsstaat erklärt werden, wenn diese gegen das Verbot der Doppelbestrafung verstoßen würde.[418]

Weiter soll nach aktueller politischer Diskussion der Grundsatz einer Territorialitätsklausel aufgenommen werden.[419] Nach dieser soll ein Mitgliedstaat die Vollstreckung einer Beweisanordnung ablehnen können, wenn die Taten ganz oder zum Teil in seinem Hoheitsgebiet begangen worden sind.[420]

Aus Art. 16 ergibt sich eine starke Einschränkung des Erfordernisses der beiderseitigen Strafbarkeit. Wie in anderen aktuellen Rechtsakten[421] wird eine große Zahl von Delikten von der Prüfung der beiderseitigen Strafbarkeit ausgenommen. Außerdem wird nach Art. 24 eine Übergangsfrist von fünf Jahren gesetzt, nach deren Ablauf die Mitgliedstaaten sich generell[422] nicht mehr auf die fehlende beiderseitige Strafbarkeit berufen können.

---

418 Der Rahmenbeschluss nimmt hier ausdrücklich Bezug auf den noch in der Entwicklung befindlichen Rahmenbeschluss zur Anwendung des Grundsatzes des ne bis in idem, der auf eine Initiative Griechenlands zurückgeht, Abl. EG C 100 vom 26.04.2003, S. 24.

419 Siehe dazu die Pressemitteilung der Ratstagung vom 24.02.2005, abrufbar unter http://europa.eu.int/rapid/pressReleasesAction.do?reference=PRES/05/28&format=HTML &aged=1&language=DE&guiLanguage=en

420 Diese Territorialitätsklausel ist aktuell noch um die Möglichkeit erweitert, die Vollstreckung abzulehnen, wenn die Straftat außerhalb des Hoheitsgebietes des Anordnungsstaates begangen wurde und die Rechtsvorschriften des Vollstreckungsstaates eine strafrechtliche Verfolgung von außerhalb des Hoheitsgebietes begangenen Straftaten gleicher Art nicht zulassen. Diese erweiterte Territorialitätsklausel könnte jedoch nach Ansicht einiger Delegationen die Rechtshilfe stark behindern. Siehe dazu die Pressemitteilung zur Ratstagung am 02./03.06.2005, abrufbar unter: http://europa.eu.int/rapid/ pressReleasesActi- on.do?reference=PRES/05/114&format=HTML&aged=1&language=DE&guiLanguage=en

421 Siehe nur den Rahmenbeschluss zum Europäischen Haftbefehl, Abl. EG L 190 vom 18.07.2002. Der verwendete Straftatenkatalog gleicht dem des Rahmenbeschlusses über die gegenseitige Anerkennung von Geldstrafen und Geldbußen (Abl. EG L 76 vom 22.03.2005), der wiederum dem des Rahmenbeschlusses über den Europäischen Haftbefehl nachgebildet ist, KOM(2003) 688 endg. S. 27.

422 Mit Ausnahme der Regelung des Art. 16 Abs. 1, der die Prüfung der beiderseitigen Strafbarkeit ermöglicht, wenn zur Vollstreckung der Anordnung die Durchsuchung von Privaträumen nötig ist.

Der vorgeschlagene Rahmenbeschluss sieht in Art. 19 Rechtsmittel für die betroffenen Personen vor, die aber nur eingelegt werden können, wenn die Vollstreckung der Beweisanordnung ihnen gegenüber Zwangsmittel erfordert.[423]

i) Die gegenseitige Anerkennung von Überwachungsmaßnahmen ohne Freiheitsentzug im Ermittlungsverfahren

Für diesen Bereich liegt noch kein Entwurf eines Rahmenbeschlusses vor, er befindet sich bislang nur in der politischen Planung.[424]

Hintergrund des Rechtsaktes ist die Erkenntnis, dass die europaweite Überfüllung der Gefängnisse unter anderem auf die zu häufige Anordnung der Untersuchungshaft zurückzuführen ist.[425] Dabei bleiben oft die in den einzelnen Mitgliedstaaten vorgesehenen Alternativen zur Untersuchungshaft außer Betracht, wenn der Betroffene seinen Wohnsitz in einem anderen Mitgliedstaat hat.[426] Es soll also als milderes Mittel für die betroffene Person die Möglichkeit vorgesehen werden, anstelle der Untersuchungshaft im Urteilsstaat in dem Staat seines gewöhnlichen Aufenthaltes eine Überwachungsmaßnahme ohne Freiheitsentzug durchzuführen. Hier kommen unter anderem Auflagen zur regelmäßigen Meldung bei lokalen Behörden in Betracht. Neben der Anerkennung der im Ausland durchzuführenden Überwachungsmaßnahmen soll der Rechtsakt auch die Möglichkeit bieten, einen Beschuldigten zwangsweise in den Urteilsstaat zurück zu überstellen, wenn er den Überwachungsmaßnehmen nicht nachkommt.[427]

Der geplante Rechtsakt erscheint sinnvoll, da dem Beschuldigten schon während des Verfahrens die Möglichkeit gegeben wird, in dem Staat seines gewöhnlichen Aufenthaltes zu verbleiben. Dies deckt sich mit der politischen Zielsetzung, den verurteilten Personen die Strafvollstreckung in ihrem Heimatstaat bzw. Staat ihres gewöhnlichen Aufenthaltes zu ermöglichen, um die Resozialisierung zu fördern.

---

423 Es sind also keine Rechtsmittel in den Fällen vorgesehen, in denen sich die Beweismittel bereits in Händen einer Behörde befinden und nur noch an die ausländischen Behörden übermittelt werden müssen. Das Rechtsmittel kann grundsätzlich im Anordnungs- und Vollstreckungsstaat eingelegt werden, der Erlass der Anordnung kann aber nur im anordnenden Staat angegriffen werden.

424 Grünbuch über die gegenseitige Anerkennung von Überwachungsmaßnahmen ohne Freiheitsentzug im Ermittlungsverfahren, KOM(2004) 562 endg. S. 3
Das genannte Grünbuch stellt aktuell (Januar 2006) den letzten Stand des Verfahrens zu einem Gesetzesvorschlag dar. Ursprünglich war für das 2. Halbjahr 2005 ein Kommissionsvorschlag geplant siehe dazu: SEK(2005)641 S. 2

425 KOM(2004) 562 endg. S. 3

426 KOM(2005) 195 endg. S. 4

427 KOM(2004) 562 endg. S. 4

j) Die Berücksichtigung der in anderen Mitgliedstaaten der EU ergangenen Verurteilungen in einem neuen Strafverfahren

Ziel dieses Rahmenbeschlusses ist es, Urteilen von mitgliedstaatlichen Gerichten Wirkung in der gesamten Union zu verschaffen. Es sollen die jeweiligen nationalen Urteile in ihrer Wirkung den in anderen Mitgliedstaaten ergangenen Urteilen gleichgesetzt werden.
Der Vorschlag für einen Rahmenbeschluss zur Berücksichtigung von in anderen Mitgliedstaaten ergangenen Verurteilungen[428] ist eine Maßnahme im Sinne der Nr. 2 des Maßnahmenprogramms zur Einführung der gegenseitigen Anerkennung in Zivil- und Strafsachen.[429]
Nach Ansicht der Kommission steht es im Widerspruch zum Prinzip der gegenseitigen Anerkennung, wenn eine in einem Mitgliedstaat ergangene Entscheidung nicht die gleiche Wirkung in allen anderen Mitgliedstaaten hat.[430]
Der Rahmenbeschluss soll einen „Gleichstellungsgrundsatz" formulieren, nach dem die Entscheidung eines anderen Mitgliedstaates einer inländischen Entscheidung gleichgestellt wird.
Es werden aber ausdrücklich keine Lösungsansätze für die Problembereiche ne bis in idem, Strafvollstreckung im Ausland und der Harmonisierung der Wirkungen des Urteils in den Mitgliedstaaten angeboten.

Der Vorschlag der Kommission zum oben genannten Rahmenbeschluss stellt einen neuen Ansatz zur Berücksichtigung ausländischer Urteile dar. Bislang befürwortete die Kommission die Schaffung eines europaweiten zentralen Strafregisters.[431] Im Rahmen des Weißbuchs betreffend den Informationsaustausch über strafrechtliche Verurteilungen[432] wurden die Möglichkeiten dargestellt: Erleichterung des bilateralen Informationsaustausches, Vernetzung der nationalen Dateien oder die Einrichtung einer echten europäischen Zentraldatei. Der zentralisierte Lösungsansatz wird als unverhältnismäßig abgelehnt. Es müssten die Daten sowohl auf nationaler als auch auf europäischer Ebene gespeichert werden, außerdem müsste ein eigenes System für die Pflege und den Abruf der Daten eingerichtet werden.[433] Die Kommission schlägt daher in ihrem Weißbuch einen Mittelweg zwischen einer europäischen Zentraldatei

---

428 KOM(2005)91 endg.; Siehe auch: BRats-Drs. 225/05; Die Rechtsgrundlage des Rahmenbeschlusses ist Art. 31 und 34 Abs. 2 Buchst. b EU in der Fassung des Vertrages von Nizza. Zum Rahmenbeschluss siehe auch das vorangegangene Weissbuch der Kommission KOM(2005)10 endg.

429 Abl. EG C 12 vom 15.01.2001, S. 10; Die Maßnahme Nr. 2 sieht die Annahme von Rechtsakten vor, die es ermöglichen, dass ein Gericht eines Mitgliedstaates eine im Ausland ergangene Verurteilung heranziehen kann, um die strafrechtliche Vergangenheit eines Täters bewerten zu können.

430 So auch KOM(2005)195 endg. S. 5

431 Mitteilung der Kommission zur gegenseitigen Anerkennung von Endentscheidungen in Strafsachen, KOM(2000)495 endg. S. 7f.

432 KOM(2005)10 endg. S. 6f.

433 KOM(2005)10 endg. S. 7

und der Vernetzung der nationalen Register vor.[434] In diesem Rahmen sollte eine zentrale Indexdatei eingerichtet werden, in der nur die Daten zur Identifizierung der Person aufgenommen werden sollten. Diese zentrale Indexdatei wurde aber zumindest vom Bundesrat wegen datenschutzrechtlicher Bedenken abgelehnt.[435]

Der Entwurf des Rahmenbeschlusses sieht in Art. 3 Nr. 1 vor, dass jeder Mitgliedstaat die in einem anderen Mitgliedstaat ergangene Verurteilung nach Maßgabe seines innerstaatlichen Rechtes bei einem neuen wegen einer anderen Tat eingeleiteten Strafverfahren hinsichtlich ihrer Rechtswirkung den im Inland ergangenen Verurteilungen gleichstellt. Dies kann unter anderem die Berücksichtigung einer früheren Verurteilung bei der Strafzumessung im Rahmen eines erneuten Strafverfahrens sein. Unter Verurteilung ist dabei gemäß Art. 2 Buchst. a) jede rechtskräftige Entscheidung eines Strafgerichts oder einer Verwaltungsbehörde zu sehen, gegen deren Entscheidung ein auch in Strafsachen zuständiges Gericht angerufen werden kann. Die Definition der Verurteilung entspricht damit dem der Rechtshilfe und lässt die Einbeziehung von strafrechtlichen Entscheidungen von Verwaltungsbehörden zu.[436]
Weiter nennt der Entwurf des Rahmenbeschlusses in den Art. 4 und 5 zwingende bzw. fakultative Gründe für die Nichtberücksichtigung einer in einem anderen Staat ergangenen Verurteilung.[437]

---

434 KOM(2005)10 endg. S. 7; In der ersten Phase soll ein System eingerichtet werden, mit dessen Hilfe die Mitgliedstaaten gefunden werden können, in denen eine Person bereits bestraft wurde, in der zweiten Phase soll ein „europäisches Standardformat" für den Datenaustausch ausgearbeitet werden.

435 BR-Drs. 151/05; Nach Auffassung des Bundesrates sollte der Vernetzung der mitgliedstaatlichen Strafregister der Vorrang gegeben werden.

436 KOM(2005)91 endg. S. 4; Damit können auch Verstöße gegen die Straßenverkehrsordnung erfasst werden, bei denen die Kenntnis von den Vorstrafen nach Ansicht der Kommission von besonderem Interesse ist.

437 Die zwingenden Gründe sind: Verbot der doppelten Strafverfolgung („ne-bis-in-idem"), Verjährung der Strafverfolgung oder der verhängten Strafe und Amnestie / Begnadigung, wenn der betreffende Mitgliedstaat ebenfalls für die Verfolgung hätte zuständig sein können. Außerdem werden Sachverhalte erfasst, bei denen nach innerstaatlichem Recht die Verurteilung aus dem Register getilgt geworden wäre.
Die fakultativen Gründe bestehen zum einen aus einer Ausprägung des Grundsatzes der beiderseitigen Strafbarkeit. Ein Mitgliedstaat kann von der Berücksichtigung der ausländischen Verurteilung absehen, wenn diese einen im Inland nicht vorhandenen Straftatbestand betrifft. Davon ausgenommen sind aber Straftaten nach dem in Art. 5 aufgeführten Deliktskatalog, der sich inhaltlich an den Rahmenbeschluss „Gegenseitige Anerkennung von Geldbußen und Geldstrafen" hält. Die Liste ist umfangreicher als die im RB „Europäischer Haftbefehl" und wurde von der Kommission als zweckmäßiger erachtet. Außerdem besteht eine fakultative Ablehnungsmöglichkeit, wenn die Berücksichtigung der ausländischen Verurteilung den Täter schlechter stellen würde, als wenn die vorherige Verurteilung im Inland geschehen wäre.

VIII) Aktuelle Vorhaben zur Unterstützung der Anwendung des Prinzips der gegenseitigen Anerkennung

Neben den unmittelbar auf dem Prinzip der gegenseitigen Anerkennung basierenden Rechtsakten werden zurzeit Regelungen vorbereitet, deren Notwendigkeit sich besonders durch die Einführung der gegenseitigen Anerkennung ergibt.

a) Regelung zur Verhinderung von Jurisdiktionskonflikten

Einige der gegen die gegenseitige Anerkennung strafrechtlicher Entscheidungen vorgebrachten Kritikpunkte werden durch die in Europa fehlende Regelung bei Jurisdiktionskonflikten hervorgerufen oder verstärkt.
So wird die Möglichkeit des forum-shoppings durch Täter oder Strafverfolger immer wieder als einer der zu verhindernden Nachteile eines Systems der gegenseitigen Anerkennung im Strafrecht angesehen.[438] Auch die Kommission sieht in mangels einer Zuständigkeitsregelung in verschiedenen Ländern parallel geführten Strafverfahren eine Bedrohung für die Rechte der Betroffenen und der Effizienz der Strafverfolgung. Sie fordert deshalb die Einführung eines Instruments zur Festlegung des zuständigen Gerichts.[439] Es stellt sich also die Frage, ob nicht Vorschriften vorgesehen werden sollten, die die Anwendbarkeit nationaler Verfahrensordnungen unter weitgehender Verhinderung doppelter Zuständigkeiten regeln. Das Problem der mehrfachen Zuständigkeiten entsteht daraus, dass verschiedene Mitgliedstaaten der EU den §§ 3 ff. StGB entsprechende Vorschriften haben.[440] Insbesondere das Territorialitätsprinzip sowie das Personalitätsprinzip findet sich in einigen europäischen Strafrechtsordnungen.[441] Dieser auch „internationales Strafrecht"[442] genannte Bereich regelt nur die Anwendbarkeit des deutschen Strafrechts auf Taten, die Beziehungen zum Ausland aufweisen.[443] Dabei beziehen sich die §§3 ff. StGB nicht ähnlich dem IPR auf überschneidende Geltungsansprüche der verschiedenen Strafrechtsordnungen, es wird nur die Geltung der deutschen Rechtsordnung auf Taten im Ausland ausgedehnt.[444]
Nicht nur die oben bereits angesprochenen Probleme lassen sich in erheblichem Maß durch die Einführung einer europäischen Regelung zur Verhinde-

---

[438] Zu diesem Vorwurf siehe unten: H III 2

[439] KOM (2005)195, S. 8

[440] *Kühne*, Strafprozeßrecht, Rdnr. 46; *Schünemann*, StV 2005, 681, 682

[441] Siehe unter anderen: *Ambos* in: MüKo StGB, vor §§ 3-7 StGB, Rdnr. 25ff.; *Baier*, GA 2001, 427, 432; *Deiters*, ZRP 2003, 359, 361

[442] *Tröndle/Fischer*, vor §3 StGB Rdnr. 1; *Lackner* in: Lackner, vor §3 StGB, Rdnr. 1; *Eser* in: Schönke/Schröder, vor § 3 StGB, Rdnr. 1; *Lemke* in: AK-StGB, vor §3 StGB Rdnr. 1

[443] *Lackner* in: Lackner, vor §3 StGB, Rdnr. 1

[444] *Eser* in: Schönke/Schröder, vor §3 StGB, Rdnr. 1; vertiefend: *Schmitz*, Das aktive Personalitätsprinzip im internationalen Strafrecht, S. 68 ff., 78; die die Normen als „kombinierte Sachrechtsanwendungsnormen mit kollisionsrechtlichem Einschlag" bezeichnet. *Lackner* in: Lackner, vor §§ 3-7 StGB, Rdnr. 1; *Hecker*, StV 2001, 306

rung von Strafgewaltkonflikten verhindern.[445] Eine derartige Regelung entspräche auch völkerrechtlichen Grundsätzen[446] und könnte das Risiko mehrfacher Strafverfolgung verhindern.[447] Von der Notwendigkeit einer Regelung zur Vermeidung von Jurisdiktionskonflikten geht auch die Kommission aus.[448] In dem Grünbuch zu den Kompetenzkonflikten macht sie erste Vorschläge zu Anwendungsbereichen und Ausgestaltung einer derartigen Regelung.

b) Notwendigkeit zur Verhinderung von Strafgewaltkonflikten

Wenngleich die Vermeidung der Kompetenzkonflikte nun auch auf politischer Ebene verfolgt wird, sollte dennoch kurz überprüft werden, ob überhaupt ein Bedarf für derartige Regelungen besteht.

aa) Die Folgen des Prinzips der gegenseitigen Anerkennung

Der Bedarf einer Regelung für die Kompetenzkonflikte könnte sich aus der Befürchtung der Kritiker ergeben, dass es aufgrund der gegenseitigen Anerkennung strafrechtlicher Entscheidungen zur Geltung der europaweit punitivsten Strafordnung komme.[449] Diese Problematik könnte jedoch vermieden werden, wenn durch einen gesonderten Rechtsakt[450] eine Regelung der Zuständigkeiten der mitgliedstaatlichen Strafrechtsordnungen getroffen werden könnte.[451] Sinnvoll erscheint die Einführung einer Regelung zur Verhinderung von Jurisdiktionskonflikten auch unter dem Gesichtspunkt, dass eine mit Ausnahme des noch nicht universell anwendbaren Art. 54 SDÜ eine europaweite Anerkennung des ne bis in idem-Grundsatzes noch nicht erfolgt ist.[452]

---

445 *Deiters*, ZRP 2003, 359ff.; *Gleß*, ZStW 116 (2004), 353, 360; *Fuchs*, ZStW 116 (2004), 368, 369; *Nestler*, ZStW 116 (2004), 332, 350; *Buruma*, ZStW 116 (2004), 424, 430; *Fuchs*, ZStW 116 (2004), 368, 369; ausführlich: *Hein*, Zuständigkeitskonflikte im internationalen Strafrecht; Ein europäisches Lösungsmodell, 2002; *Vander Beken/Vermeulen/Lagodny*, NStZ 2002, 624; Grünbuch zum strafrechtlichen Schutz der finanziellen Interessen der Europäischen Gemeinschaften und zur Schaffung einer Europäischen Staatsanwaltschaft, KOM (2001) 715 endg., S. 60 ff.

446 Dies ergibt sich aus dem Nichteinmischungsgrundsatz, der in der „Lotus-Entscheidung" des StIGH (StIGH, 07.09.1927, StIGHE 5, 71) anerkannt wurde. Demnach verbietet das Völkerrecht die Ausdehnung des Anwendungsbereichs des nationalen Strafrechts nicht per se, der nationalen Strafgewalt sind aber völkerrechtliche Grenzen gesetzt. Grundsätzlich hierzu: *Ambos* in: MüKo, vor §§ 3-7 StGB, Rdnr. 17 f.

447 *Hecker*, StV 2001, 306

448 Grünbuch über Kompetenzkonflikte und den Grundsatz ne bis in idem im Strafverfahren, KOM(2005) 696 endg.

449 Dazu siehe unten: H I 5 a

450 Die Regelung in einem gesonderten Rechtsakt ist m.E. vorteilhaft, da sie unabhängig von den einzelnen, die gegenseitige Anerkennung strafrechtlicher Entscheidungen vorsehender Rechtsakte, gelten würde. Die Regelung ist auch inhaltlich von den Rechtsakten zur gegenseitigen Anerkennung getrennt zu sehen, auch wenn der Bedarf danach erst durch die gegenseitige Anerkennung entstanden ist.

451 *Deiters*, ZRP 2003, 359 ff.; *Vogel*, ZStW 116 (2004), 400, 411 f.

452 *Ambos* in: MüKo, vor §§ 3-7 StGB, Rdnr. 73; Zu dem Vorschlag, die Strafgewaltkonflikte mittels einer europäischen ne bis in idem-Regelung zu lösen siehe unten: G VIII 1 d bb (2)

Die Notwendigkeit einer Regelung ergibt sich auch aus der Betrachtung der bisherigen Rechtshilferegelungen in Verbindung mit dem Prinzip der gegenseitigen Anerkennung. Den teilweise ausufernden Strafansprüchen der Mitgliedstaaten war in der früheren Rechtshilfe die aufwändige Prüfung des Rechtshilfeersuchens und die damit verbundene Prüfung der beiderseitigen Strafbarkeit quasi als Regulativ vorgeschaltet. Genau dies fällt aber aufgrund des Prinzips der gegenseitigen Anerkennung nun weg. Somit kommen die nationalen Strafansprüche auf Taten mit Auslandsbezug voll zum tragen. Es ist demnach sinnvoll und notwendig, die Problematik der Jurisdiktionskonflikte nun durch eine Regelung der Erstreckung der Strafgewalten zu regeln, um wieder eine Begrenzung der Erstreckung der nationalen Strafgewalten einzuführen.

Im Ergebnis muss von einem Bedarf einer Regelung von Kompetenzkonflikten aufgrund der Einführung des Prinzips der gegenseitigen Anerkennung ausgegangen werden.[453]

bb) Notwendigkeit aufgrund weiterer rechtlicher Vorgaben

Neben den oben dargestellten speziell mit der gegenseitigen Anerkennung strafrechtlicher Entscheidungen verbundenen Gründen für eine Regelung zur Vermeidung oder Lösung von Strafgewaltkonflikten gibt es weitere Gründe für eine derartige Regelung, die hier kurz dargestellt werden sollen.

Zumindest bei positiven Strafgewaltkonflikten kann sich ein rechtliches Gebot zur Vermeidung dieser Konflikte ergeben.[454] Nach *Lagodnys* Ansicht stehen die völkerrechtlichen Prinzipien zur Anknüpfung der Strafgewalt gleichberechtigt nebeneinander und bedingen demnach kein rechtliches Gebot für eine derartige Regelung. Nach deutschem Verfassungsrecht ergibt sich seiner Ansicht nach jedoch eine rechtliche Notwendigkeit zur Schaffung einer Regelung bei Strafgewaltkonflikten. Mangels Anwendbarkeit auf ausländische Entscheidungen kann sich dies nicht aus Art. 103 Abs. 3 GG ergeben.[455] *Lagodny* entwickelt aber eine rechtliche Notwendigkeit zur Lösung von Strafgewaltkonflikten aus einer Übertragung der Grundsätze des allgemeinen Persönlichkeitsrechts aus Art. 2 Abs. 1 i.V.m. 1 Abs. 1 GG auf Fälle mit mehreren mitgliedstaatlichen Zuständigkeiten. Seiner Ansicht nach stellt das Strafverfahren in Deutschland einen ständigen Grundrechtseingriff zumindest in das allgemeine Persönlichkeitsrecht dar. Die Eingriffe beginnen mit dem Inkulpationsakt und dauern bis zur Beendigung des Verfahrens durch rechtskräftigen Schuldspruch oder Freispruch.[456] Dementsprechend stellt sich die Frage nach der

---

453 So auch: *Nalewajko* in: Europäisierung des Strafrechts in Polen und Deutschland – rechtsstaatliche Grundlagen, S. 297, 304

454 *Lagodny*, Strafgewaltkonflikte, S. 33

455 Zur Anwendbarkeit des Art. 103 Abs. 3 GG auf ausländische Entscheidungen siehe BVerfGE 75, 1, 23f.

456 ausführlich dazu: *Lagodny*, Strafgewaltkonflikte, S. 33; *ders.*, Strafrecht vor den Schranken der Grundrechte, S. 96-111

Notwendigkeit zur Lösung der Strafgewaltkonflikte nicht vor dem Hintergrund des Verbotes der Doppelbestrafung nach Art. 103 Abs. 3 GG, sondern unter dem Aspekt des allgemeinen Persönlichkeitsrechts.
Dieser Ansatz lässt sich dann auf transnationale Fälle übertragen, in denen folgende Konstellationen vorliegen: in einem anderen Mitgliedstaat besteht wegen derselben Tat bereits ein rechtskräftiger Schuld- oder Freispruch (Fall A), es besteht nur ein erstinstanzliches Urteil nach einer Hauptverhandlung (Fall B), oder ein abgeschlossenes Ermittlungsverfahren (Fall C). *Lagodny* prüft dann die Frage, ob in diesen Fallgruppen ein Verfahren wegen derselben Tat in Deutschland unter verfassungsrechtlichen Aspekten gerechtfertigt sein kann.[457] Hierzu wird ähnlich einer Verhältnismäßigkeitsprüfung gefragt, ob das Strafverfahren in Deutschland unter den Aspekten des Persönlichkeitsrechts geeignet und erforderlich ist. Die Beantwortung dieser Frage hängt wiederum davon ab, ob man dem Verfahren den Zweck der materiellen Wahrheitsfindung oder den Zweck der Wiederherstellung des Rechtsfriedens unterlegt. Nach *Lagodnys* Ansicht kann man die Wahrheitsfindung in allen europäischen Mitgliedstaaten als gleichwertig bezeichnen. Nur bei einem grundsätzlichen Misstrauen gegenüber der ausländischen Rechtsordnung und ihrem Strafprozess könnte man den erneuten deutschen Prozess mit dem Zweck der Wahrheitsfindung rechtfertigen. Auch unter dem Aspekt der Wiederherstellung des Rechtsfriedens muss das ausländische Strafverfahren geeignet sein, diesen auch in Deutschland ohne neues Verfahren herzustellen. Dies muss schon durch einen Blick auf Art. 54 SDÜ und die neue Fassung des Art. 16 Abs. 2 Satz 2 GG angenommen werden.[458]
Demnach ergibt sich, dass nach einem wie im Fall A rechtskräftig abgeschlossenen ausländischen Verfahren ein erneutes Verfahren in Deutschland wegen derselben Tat als grundrechtswidrig wegen Verstoßes gegen das allgemeine Persönlichkeitsrecht erscheinen müsste. In den Fällen B und C, also bei noch nicht rechtskräftiger Beendigung des Verfahrens, kann man zumindest von einer Grundrechtsgefährdung sprechen. Auch wenn dies noch nicht den Schluss auf die Verfassungswidrigkeit der parallelen Ermittlungen in verschiedenen europäischen Staaten bedeutet, so zeigt dies den Bedarf nach Koordinierung mehr als deutlich auf.
Im Fall von negativen Strafgewaltkonflikten wird sich die damit einhergehende Nichtverfolgung der Tat meist eher im Interesse des Täters bewegen. Sollte der Täter dennoch ein Interesse an der Durchführung eines Strafverfahrens in einem Staat haben, so reicht es aus, wenn er sich in diesen begibt und dieser Staat das Offizialprinzip anwendet.[459] Dennoch sind auch bei negativen Strafgewaltkonflikten Regelungen sinnvoll, die eine Entscheidung für eine der möglichen nationalen Strafrechtsordnungen auch gegen den Willen der betroffenen Mitgliedstaten vorsehen. Gerade diese Fälle negativer Strafgewaltkonflikte

[457] *Lagodny*, Strafgewaltkonflikte, S. 37
[458] *Lagodny*, Strafgewaltkonflikte, S. 38, 39
[459] *Lagodny*, Strafgewaltkonflikte, S. 40

zeigen m.E. die Notwendigkeit von für die Mitgliedstaaten verbindlichen Entscheidungen.

Lagodny weist auf die Neuheit dieser Ansicht und deren geringe wissenschaftliche Diskussion hin. M.E. stellt sie aber einen nachvollziehbaren Standpunkt bezüglich der Schaffung einer Regelung zur Verhinderung der Strafgewaltkonflikte dar. Zum einen, weil sie unter dem Aspekt der Wahrheitsfindung und der Wiederherstellung des Rechtsfriedens eine Notwendigkeit zur Regelung erkennt, da diese beiden Aspekte auch bei einem ausländischen Verfahren ausreichend berücksichtigt werden. Zum anderen, weil die Annahme der Gleichwertigkeit der ausländischen und der deutschen Verfahren wiederum dem aktuell oft geäußerten gegenseitigen Vertrauen in die jeweils andere Rechtsordnung aufgrund der schon fortgeschrittenen Annäherung der Justizsysteme entspricht.

Abschließend muss also nicht nur unter den Aspekten der Vereinfachung und der Beschleunigung der Verfolgung von Delikten mit Berührung mehrerer europäischer Staaten, sondern auch unter verfassungsrechtlichen Aspekten von einer Notwendigkeit zur Einführung von Regeln zur Vermeidung von Jurisdiktionskonflikten ausgegangen werden.[460]

c) Bisherige Situation bei Jurisdiktionskonflikten und Vorschlag der Reihenfolge der Anknüpfungspunkte

Jurisdiktionskonflikte entstehen, wenn für eine Tat mehrere Staaten einen für ihr Strafanwendungsrecht ausreichenden Anknüpfungspunkt geltend machen.[461] In diesem Fall liegt ein positiver Jurisdiktions- oder Strafgewaltkonflikt[462] vor. Ein negativer Strafgewaltkonflikt liegt vor, wenn keine Rechtsordnung einschlägig erscheint, bzw. kein Staat von seiner Strafgewalt Gebrauch machen will.[463] Ohne bestehendes völkerrechtliches Abkommen kann ein positiver Strafgewaltkonflikt nur über eine Hierarchie der verschiedenen Anknüpfungspunkte für die eine oder andere nationale Strafgewalt gelöst werden. Die Hierarchie an sich bzw. die Reihenfolge der Anknüpfungspunkte ist in der Lite-

---

460 Siehe auch: *Vogel*, Internationales und europäisches ne bis in idem, FS Schroeder, S. 890 ff., der den Bedarf für eine Lösung der Kompetenzkonflikte aus den Problemen mit der Anwendung eines internationalen oder europäischen ne bis in idem entwickelt.

461 Zu dem Problem des Strafgewaltkonfliktes: *Gribbohm* in: LK, vor §3 StGB, Rdnr. 156; *Hoyer* in: SK, vor §§3-7 StGB, Rdnr. 5; *Eser* in: Schönke/Schröder, vor §§3-7 StGB, Rdnr. 60; *Lagodny*, ZStW 101 (1989), 987, 1003; *Ambos* in: MüKo StGB, vor §§ 3-7 StGB, Rdnr. 62; Kurzer Überblick über den Streit zum räumlichen Geltungsbereich der Strafgesetze im Verhältnis zur DDR bei: *Schroeder*, GA 1968, 353; *ders.* NJW 1969, 81

462 *Ambos* in: MüKo, vor §§ 3-7 StGB, Rdnr. 62

463 Dies war z.B. im Fall Öcalan gegeben. Siehe zur Fallkonstellation: *Wassermann*, NJW 1999, 760 f.

ratur aber umstritten.[464] So wird insbesondere vorgebracht, eine völkergewohnheitsrechtlich anerkannte Reihenfolge sei nur bei allgemeiner Anerkennung des Vorrangs eines der Prinzipien, z.B. des Territorialprinzips, nachvollziehbar. Dies sei jedoch nicht der Fall.[465]
Das Völkerrecht enthält keine verbindliche Rangfolge der einzelnen Anknüpfungspunkte. Es wird jedoch versucht, unter den Aspekten der völkerrechtlichen Anerkennung und den den Anknüpfungspunkten zugrunde liegenden Gedanken eine Rangfolge zu erstellen.[466] Bezüglich der gedanklichen Komponente der Anknüpfungspunkte erscheint eine Differenzierung danach sinnvoll, ob der Staat mit der Anwendung seiner Strafordnung eigene, fremde oder *„originär völkerrechtliche Interessen"* verfolgt.[467] Unter *eigenen* Interessen sind hier die Selbstschutzinteressen des Staates zu verstehen.[468]
Bezogen auf die einzelnen Grundsätze ist von einem Vorrang des Territorialitätsgrundsatzes[469] auszugehen.[470] Dies ergibt sich aus der ungeschriebenen Verhaltensempfehlung, die einzelnen Staaten sollten ihre extraterritoriale Strafgewalt maßvoll ausüben. Außerdem folgt der Territorialitätsgrundsatz dem Gedanken, dass jeder, der sich im Inland aufhält auch der dort gültigen Rechtsordnung unterworfen ist.[471] Weiter ist dieser Anknüpfungspunkt völkerrechtlich weit anerkannt und richtet sich nach den staatlichen Souveränitätsbereichen, ist also weniger konfliktträchtig.[472]
Dahinter tritt das in seiner Struktur vergleichbare Realprinzip, das den Schutz des staatlichen Hoheitsgebiets und der effektiven Ausübung hoheitlicher Befugnisse bezweckt.[473] Nach diesem gilt das heimische Strafrecht auch bei Auslandstaten, die inländische Rechtsgüter gefährden oder verletzen.[474]
Danach steht in der Reihenfolge das aktive oder passive Personalitätsprinzip, das mittelbar dem Selbstschutz des Staates und auch fremden Interessen

---

[464] Überblick bei *Ambos* in: MüKo, vor §§3-7 StGB, Rdnr. 63, Fn. 439, 440; *Lagodny*, ZStW 101 (1989), 987, 1005; *Vander Beken/Vermeulen/Lagodny*, NStZ 2002, 624, 625; *Maierhöfer*, Aut dedere – aut judicare, 37ff.

[465] *Vander Beken/Vermeulen/Lagodny*, NStZ 2002, 624, 625; Siehe auch: *Lagodny*, Strafgewaltkonflikte, S. 44

[466] *Ambos* in: MüKo, vor §§ 3-7 StGB, Rdnr. 65

[467] *Ambos* in: MüKo, vor §§ 3-7 StGB, Rdnr. 65

[468] *Gribbohm* in: LK, vor § 3 StGB, Rdnr. 125

[469] *Oehler*, Internationales Strafrecht, Rdnr. 125, 152; *Lackner* in: Lackner, vor §§3-7 StGB, Rdnr. 2; T/F vor § 3 StGB, Rdnr. 3; *Eser* in: Sch/Sch, vor §§ 3-7, Rdnr. 4; *Lemke* in: AK-StGB, vor §3 StGB Rdnr. 6; Das Territorialprinzip ist dem Flaggenprinzip sehr nah, siehe dazu: *Gribbohm* in: LK, vor § 3 StGB, Rdnr. 126; ebenso: *Jescheck/Weigend*, § 18 II 1

[470] Siehe dazu: *Ambos* in: MüKo, vor §§ 3-7 StGB, Rdnr. 64 Der Territorialgrundsatz stellt auch das Hauptprinzip der §§ 3 ff. StGB, des deutschen internationalen Strafrechts dar, *Eser* in: Sch/Sch, vor §§ 3-7, Rdnr. 3; ebenso: *Jescheck/Weigend*, § 18 II 1

[471] *Gribbohm* in: LK, vor § 3 StGB, Rdnr. 126; *Jescheck/Weigend*, § 18 II 1

[472] *Oehler*, Internationales Strafrecht, Rdnr. 132, 422; *Ambos* in: MüKo, vor §§ 3-7 StGB, Rdnr. 64; *Gribbohm* in: LK, vor § 3 StGB, Rdnr. 126

[473] *Oehler*, Internationales Strafrecht, Rdnr. 126; *Eser* in: Sch/Sch, vor §§ 3-7, Rdnr. 7; *Gribbohm* in: LK, vor § 3 StGB, Rdnr. 128 mit Hinweis auf BGHSt 34, 334, 339

[474] *Oehler*, Internationales Strafrecht, Rdnr. 126; *Gribbohm* in: LK, vor § 3 StGB, Rdnr. 128

dient.[475] Bei den Ausprägungen des Personalitätsprinzips ist zu beachten, dass bei dem passiven und dem eingeschränkten aktiven Personalitätsprinzip[476] das Erfordernis einer am Tatort identischen Norm besteht.[477] Die Tat muss also auch am Tatort im Ausland von Strafe bedroht sein, ein Erfordernis, das der Voraussetzung der beiderseitigen Strafbarkeit im bisherigen Rechtshilferecht entspricht.

Der Grundsatz stellvertretender Strafrechtspflege dient nur fremden Interessen des Staates und ist deshalb nach dem Personalitätsprinzip einzuordnen. Grundlage für diesen Anknüpfungspunkt ist das Konzept der Solidarität der Staaten, ein Staat hilft aus, wenn ein anderer am Einschreiten gehindert oder nicht interessiert ist.[478] Wie bei dem Personalitätsprinzip setzt dieser Grundsatz das Vorhandensein einer identischen Norm am Tatort voraus.[479]

Bei dem Weltrechtsgrundsatz[480] handelt es sich um die Ausprägung des Gedankens der Verfolgung von der Staatengemeinschaft eigenen Rechten. Diese ergeben sich aus einer Solidarisierung mit den Opfern von Verbrechen, die aufgrund fehlenden Verfolgungswillens des Täterstaates straflos bleiben würden.[481]

Im deutschen StGB werden in den §§ 3-7 alle oben genannten Prinzipen verwirklicht.[482] Dabei ist das Territorialprinzip vorherrschend (§ 3 StGB).[483]

---

475 *Eser* in: Sch/Sch, vor §§ 3-7, Rdnr. 6; *Lemke* in: AK-StGB, vor §3 StGB Rdnr. 8; T/F vor § 3 StGB, Rdnr. 3; *Lackner* in: Lackner, vor §§3-7 StGB, Rdnr. 2: Das aktive Personalitätsprinzip stützt sich auf die Treuepflicht des Täters gegenüber seiner Heimat und ihren Gesetzen. Das aktive Personalitätsprinzip geht dem passiven vor. Bei letzterem geht der Staat gegen ausländische Täter vor, die seine Bürger geschädigt haben. Damit verfolgt er also nur sehr geringe eigene Interessen iSd staatlichen Selbstschutzes.

476 Im Rahmen des Personalitätsgrundsatzes kann zwischen passivem, eingeschränkt aktivem und uneingeschränkt aktivem Personalitätsgrundsatz unterschieden werden. Der passive Personalitätsgrundsatz schützt die Bürger des Staates auch bei Taten gegen sie im Ausland. Der aktive Personalitätsgrundsatz erstreckt die heimische Strafdrohung auch auf Taten der „eigenen" Bürger im Ausland. Für das uneingeschränkte aktive Personalitätsprinzip ergibt sich die Strafbarkeit des Bürgers unabhängig von der Tatsache, ob die Tat im Inland oder im Ausland begangen wurde. Das eingeschränkte aktive Personalitätsprinzip bezieht sich nur auf Auslandstaten der Bürger der verfolgenden Strafrechtsordnung.

477 *Gribbohm* in: LK, vor § 3 StGB, Rdnr. 126

478 *Oehler*, Internationales Strafrecht, Rdnr. 143 ff.; *Lackner* in: Lackner, vor §§3-7 StGB, Rdnr. 2; *Lemke* in: AK-StGB, vor §3 StGB Rdnr. 1; T/F vor § 3 StGB, Rdnr. 3; *Gribbohm* in: LK, vor § 3 StGB, Rdnr. 136; *Jescheck/Weigend*, § 18 II 6

479 *Gribbohm* in: LK, vor § 3 StGB, Rdnr. 136

480 *Oehler*, Internationales Strafrecht, Rdnr. 147; *Jescheck/Weigend*, § 18 II 5

481 Problematisch an diesem Prinzip ist, dass es bei fehlender völkerrechtlicher Strafverfolgung wieder zu einer Entstehung von Jurisdiktionskonflikten führt. Siehe auch: *Lackner* in: Lackner, vor §§3-7 StGB, Rdnr. 2; *Eser* in: Sch/Sch, vor §§ 3-7, Rdnr. 8; *Lemke* in: AK-StGB, vor §3 StGB Rdnr. 10; Nach BGHSt 34, 336, 338 soll der Weltrechtsgrundsatz vor allem die Anwendung der Rechtsordnung ermöglichen, in deren Geltungsbereich der Täter ergriffen wird.

482 *Lemke* in: AK-StGB, vor §3 StGB Rdnr. 12

483 *Jescheck/Weigend*, § 18 II 1; *Gribbohm* in: LK, vor § 3 StGB, Rdnr. 149

Das Kompetenzverteilungsprinzip stellt eigentlich keinen Anknüpfungspunkt für die Anwendung einer nationalen Strafordnung dar. Nach diesem soll bei konkurrierenden Strafgewalten aus Gründen der Zweckmäßigkeit, der Gerechtigkeit und der Vermeidung von Doppelbestrafungen die Kompetenz für die Aburteilung einer Tat geregelt werden.[484]

Auf europäischer Ebene zeichnen sich erste Ansätze für eine Normierung von Regelungen zur Lösung von Strafgewaltkonflikten ab. In Art. 9 Abs. 2 des RB zur Terrorismusbekämpfung[485] wird für die Fälle von Strafgewaltkonflikten eine Reihenfolge der Anknüpfungspunkte festgelegt.[486] Auch hier ist die oben bereits vorgestellte Reihenfolge von Territorialprinzip, aktivem Personalitätsprinzip, passivem Personalitätsprinzip zu erkennen.
Weiter findet sich in einer Reihe von europäischen Übereinkommen eine Normierung des Kompetenzverteilungsprinzips.[487]

d) Politischer Hintergrund zur Einführung eines Zuständigkeitssystems

Die politische Motivation zur Einführung eines Zuständigkeitssystems kann dem Wiener Aktionsplan[488] entnommen werden, der einen Zeitraum von fünf

---

484 T/F vor § 3 StGB, Rdnr. 3; *Lemke* in: AK-StGB, vor §3 StGB Rdnr. 12; *Gribbohm* in: LK, vor § 3 StGB, Rdnr. 137 f.; *Oehler*, Internationales Strafrecht, Rdnr. 134 ff.; *Jescheck/Weigend*, § 18 II 7

485 Rahmenbeschluss des Rates vom 13.06.2002 zur Terrorismusbekämpfung, Abl. EG L 164 vom 22.06.2002, S. 3

486 Art. 9 Abs. 2 RB „Terrorismus": *„Steht mehreren Mitgliedstaaten die Gerichtsbarkeit zu und ist jeder von ihnen berechtigt, eine Straftat aufgrund derselben Tatsachen wirksam zu verfolgen, so arbeiten die betreffenden Mitgliedstaaten zusammen, um darüber zu entscheiden, welcher von ihnen die Straftäter verfolgt, um die Strafverfolgung nach Möglichkeit in einem einzigen Mitgliedstaat zu konzentrieren. Zu diesem Zweck können sich die Mitgliedstaaten jeder Stelle oder jedes Mechanismus bedienen, die in der Europäischen Union zu dem Zweck eingerichtet wurden, die Zusammenarbeit zwischen ihren Justizbehörden und die Koordinierung ihres Vorgehens zu erleichtern. Nacheinander wird nachstehenden Anknüpfungspunkten Rechnung getragen:*
- es muss sich um den Mitgliedstaat handeln, in dessen Hoheitsgebiet die Straftat begangen wurde;
- es muss sich um den Mitgliedstaat handeln, dessen Staatsangehöriger der Täter ist oder in dem er gebietsansässig ist;
- es muss sich um den Mitgliedstaat handeln, aus dem die Opfer stammen;
- es muss sich um den Mitgliedstaat handeln, in dem der Täter ergriffen wurde."

487 Beispielhaft sei hier auf das *Übereinkommen über die Bestrafung von Straßenverkehrsdelikten vom 30.11.1964* (ETS Nr. 52), das *Übereinkommen über die Übertragung von Strafverfahren vom 15.05.1972* (ETS Nr. 73), das *Übereinkommen über die Überwachung bedingt verurteilter oder bedingt entlassener Personen vom 31.11.1964* (ETS 51), das *Übereinkommen über die internationale Gültigkeit von Strafurteilen vom 28.05.1970* (ETS 70) und das *Übereinkommen über die Ahndung von Zuwiderhandlungen im Straßenverkehr vom 30.11.1964* (ETS 52) hingewiesen, die das Kompetenzverteilungsprinzip anwenden.

488 Aktionsplan des Rates und der Kommission zur bestmöglichen Umsetzung der Bestimmungen des Amsterdamer Vertrages über den Aufbau eines Raums der Freiheit, der Si-

Jahren nach Inkrafttreten des Amsterdamer Vertrages[489] bestimmt, um Regelungen zur Verhütung von Kompetenzkonflikten zwischen den Mitgliedstaaten einzuführen.[490]

Ebenso wird in Maßnahme Nr. 11 des *Maßnahmenprogramms des Rates und der Kommission zur Umsetzung des Grundsatzes der gegenseitigen Anerkennung gerichtlicher Entscheidungen in Strafsachen*[491] die „Ausarbeitung eines Instruments, das die Möglichkeit der Übertragung von Strafverfahren auf andere Mitgliedstaaten vorsieht" als Ziel bestimmt. In dem Maßnahmenprogramm wird ausdrücklich von der Verbesserung der Koordinierung zwischen den Mitgliedstaaten, also nicht von der Einführung eines ausschließlichen Zuständigkeitssystems ausgegangen. Diese Koordinierung sollte unter Berücksichtigung des Zuständigkeitsbereiches von EUROJUST erfolgen. Diese für die Koordinierung der nationalen Staatsanwaltschaften zuständige Behörde sollte also für die Koordinierung der Zuständigkeiten der nationalen Gerichtsbarkeiten Vorbild sein.[492]

Im Rahmen der *Mitteilung der Kommission an den Rat und das Europäische Parlament über die gegenseitige Anerkennung von Endentscheidungen in Strafsachen* wird die Notwendigkeit der Vermeidung von Kompetenzkonflikten zwischen den Mitgliedstaaten angesprochen.[493] Die Kommission weist in diesem Zusammenhang insbesondere auf Probleme der Zuständigkeitsregelungen in bestehenden europäischen Rechtsakten hin. In einigen dieser Rechtsakte findet sich ein System der universellen Gerichtsbarkeit. Bei einer universellen Gerichtsbarkeit können unabhängig vom Zeitpunkt der Rechtshängigkeit oder sonstiger Anknüpfungspunkte Zuständigkeiten in mehreren Mitgliedstaaten bestehen.[494]

---

cherheit und des Rechts „Wiener Aktionsplan" vom 03.12.1998, Abl. C 19 vom 23.01.1999, S. 1

489 30.04.2004, Inkrafttreten des Amsterdamer Vertrages am 01.05.1999.

490 Gemeinschaftsrechtliche Grundlage der Einführung eines Zuständigkeitssystems wäre Art. 31 Buchst. d EUV: „Das gemeinsame Vorgehen im Bereich der justiziellen Zusammenarbeit in Strafsachen schließt ein: d) die Vermeidung von Kompetenzkonflikten zwischen Mitgliedstaaten."

491 Abl. C 12 vom 15.01.2001, S. 10

492 Gegenseitige Anerkennung von Entscheidungen in Strafsachen zwischen den EU-Mitgliedstaaten und Gerichtsbarkeit; Diskussionspapier der Kommission, GD JI, mit Fragen an die Sachverständigen vom 14.12.2001

493 KOM(2000)495 endg. S. 19 ff

494 Universelle Zuständigkeiten bestehen unter anderem in der *Gemeinsamen Maßnahme 97/154/JI vom 24.02.1997 betreffend die Bekämpfung des Menschenhandels und der sexuellen Ausbeutung von Kindern*, Abl. L 63 vom 04.03.1997
Art. 6 des *Übereinkommens über den Schutz der finanziellen Interessen der Europäischen Gemeinschaften* vom 26.07.1995, Abl. C 316 vom 27.11.1995
Art. 4 der *Gemeinsamen Maßnahme 98/733/JI über die Beteiligung in einer kriminellen Vereinigung* vom 21.12.1998, Abl. L 351 vom 29.12.1998

Die Kommission bringt in ihrer Mitteilung[495] vor, dass sich durch die eindeutige Zuständigkeitsregelung auch das im Rahmen des Prinzips der gegenseitigen Anerkennung so wichtige Vertrauen in die fremde Entscheidung leichter erreichen lasse. So stelle sich für die Staaten eben nicht mehr die Frage der Kritik an einer ausländischen Entscheidung, wenn klar ist, dass das nationale Strafrecht auf den zu entscheidenden Sachverhalt nicht anwendbar ist. Andererseits besteht die Kritik[496] vornehmlich in den Zweifeln am Verfahren und am Inhalt der anzuerkennenden Entscheidung. Diese Zweifel werden durch die Tatsache, dass auf den konkreten Sachverhalt das Recht des anerkennenden Staates nicht anwendbar ist, nicht ausgeräumt. So wurde ja auch im bisherigen System der Rechtshilfe mit dem Erfordernis der beiderseitigen Strafbarkeit nicht vorgegangen. Die Prüfung der beiderseitigen Strafbarkeit erfolgte, indem der ausländische Sachverhalt ohne Prüfung der nationalen Zuständigkeit des Strafrechts auf seine Strafbarkeit untersucht wurde. Die Regelung einer ausschließlichen internationalen Zuständigkeit kann die Kritik an der Abschaffung der beiderseitigen Strafbarkeit nicht entkräften. Sie kann aber den Kritikpunkt der Anwendbarkeit der jeweils strengsten Strafdrohung in Europa[497] entkräften. Aufgrund einer eindeutigen Zuständigkeitsverteilung wäre eben gerade nicht der holländische Abtreibungsarzt von der irischen Strafverfolgung bedroht, da das irische Strafrecht auf Sachverhalte in Holland nicht anwendbar wäre, bzw. die irischen Strafverfolgungsbehörden nicht zuständig wären.

Die Einführung eines ausschließlichen Zuständigkeitssystems dient auch maßgeblich der Verhinderung des so genannten forum-shopping. Eine Instanz, die bei Konflikten über die Anwendung einer Strafgewalt entscheiden kann, gibt es noch nicht.[498]

e) Vorschläge zur Vermeidung von Kompetenzkonflikten zwischen den Mitgliedstaaten

Nach dem oben dargestellten Bedarf für eine europaweite Regelung zur Verhinderung von Jurisdiktionskonflikten sollen nun verschiedene Möglichkeiten dargestellt und beurteilt werden. Es geht hierbei um die Frage, wie die Zuständigkeiten unter den in Betracht kommenden Entscheidungsstaaten zu verteilen sind.[499]

---

[495] KOM(2000) 495 endg. S. 21

[496] Beispielhaft: *Schünemann*, ZRP 2003, 185ff.

[497] Siehe nur: *Schünemann*, ZRP 2003, 185, 188

[498] Lagodny, Strafgewaltkonflikte S. 9; *Linke*, FS Grützner, S. 85; *Schomburg*, ZRP 1999, S. 237f.

[499] Vergleiche *Lagodny*, Strafgewaltkonflikte S. 12 f., der die Anwendbarkeit einer nationalen Rechtsordnung mit dem Begriff „Strafgewalt" bezeichnet, während der Begriff „Zuständigkeit" einen rein nationalen Sachverhalt bezeichnet.

aa) Anwendungsbereich der Regelungen

Neben der Frage, nach welchen Prinzipien sich eine Verteilung der nationalen Strafgewalten in Europa richten sollte, ist ebenso zu erörtern, auf welche Bereiche sich eine derartige Regeln beziehen sollte. Grundsätzlich wird im Rahmen der Lösung von Jurisdiktionskonflikten nur die Frage geklärt, welche nationale Strafordnung für die Anklageerhebung und die Durchführung des Hauptverfahrens zuständig ist.

Aufgrund der politischen Bestrebungen auch die Verkehrsfähigkeit von gewonnenen Beweismitteln bzw. der Anordnung[500] zur Gewinnung zu erreichen besteht, m.E. ebenfalls Bedarf, eine Reglung der internationalen Zuständigkeit für die Beweisgewinnung zu treffen.

(1) Gerichtsstand

Die Regelung zur Lösung von Jurisdiktionskonflikten muss sich zuerst auf die Klärung des richtigen Gerichtsstandes für die Durchführung des Hauptverfahrens konzentrieren. Es sollte sich also aus den Regelungen ergeben, welche europäische Strafordnung für die Anklageerhebung und die Eröffnung des Verfahrens zuständig ist.

(2) Zuständigkeit für Ermittlungsmaßnahmen

Aufgrund der oben bereits angesprochenen politischen Zielsetzung der Schaffung europaweit verkehrsfähiger Beweise sollte eine Regelung vorgesehen werden, die eindeutige nationale Zuständigkeiten sowohl für die Anordnung der Beweiserhebung als auch für deren Vollstreckung vorsieht.

Der Bedarf für eine derartige Regelung ergibt sich bei konsequenter und unbeschränkter Umsetzung des Prinzips der gegenseitigen Anerkennung, da dann theoretisch in jedem Land Anordnungen von Ermittlungsmaßnahmen erfolgen könnten, die in jedem anderen Land ohne weitere Prüfung zu vollstrecken wären.

bb) Möglichkeiten der Ausgestaltung

Es erscheinen folgende Ausgestaltungen denkbar:

(1) Koordinierungsvereinbarungen

Die Frage der Zuständigkeit nur einer nationalen Rechtsordnung bei Sachverhalten, die nach der bisherigen Rechtslage die Rechtsordnungen mehrerer Länder berühren können, kann durch ein koordinierendes Verwaltungssystem erreicht werden.[501] Dazu sollen nach dem Vorschlag der Kommission Kriterien und Prioritäten ausgearbeitet werden, anhand deren ein Zuständigkeitskonflikt zugunsten der einen oder der anderen nationalen Rechtsordnung entschieden werden kann. Für die Entscheidungen soll eine bereits bestehende oder zu

---

[500] Siehe unten: G VII 6

[501] KOM(2000) 495 endg. S. 20

gründende Behörde zuständig sein. In Betracht käme hier zum Beispiel die für die Koordination der nationalen Staatsanwaltschaften zuständige Behörde Eurojust.[502]

Dieses System würde bei genauer Betrachtung nicht die Ursache des Problems der mehrfachen Zuständigkeiten beheben, es würde nur die Folgen praxisgerecht beeinflussen.[503] Weiter muss gesehen werden, dass Eurojust zwar der Zielsetzung[504] nach „die zuständigen Behörden der betroffenen Mitgliedstaaten ersuchen" soll, sich mit der Durchführung der Strafverfolgung durch nur einen der betroffenen Staaten einverstanden zu erklären.[505] Kriterien oder gar eine Verfahrensweise für die Lösung von Kompetenzkonflikten bietet Eurojust aber nicht. Dementsprechend müsste auch bei einer Übertragung der Koordination auf Eurojust ein eigenes Verwaltungsverfahren eingeführt werden. Außerdem mangelt es bei Eurojust an der Möglichkeit, im Rahmen einer verbindlichen Entscheidung die Gerichtsbarkeit für einen mehrere Mitgliedstaaten betreffenden Sachverhalt auf einen Staat zu übertragen. Dies sollte aber das Ziel einer europaweiten Koordinierung der Rechtsordnungen sein. Hierfür müssen schnelle und nachvollziehbare Entscheidungen getroffen werden. Ansonsten droht das auf Vereinfachung der Rechtshilfe abzielende Prinzip der gegenseitigen Anerkennung wieder zu einem undurchschaubaren und komplizierten System von Verwaltungsentscheidungen zu werden. Ein weiteres mit einem System der Koordinierung mehrfacher Zuständigkeiten verbundenes Problem ist die mit einer Entscheidung möglicherweise Verbundene Kritik aus den Mitgliedstaaten.[506] Ebenso ist bei einer Koordinierung der Zuständigkeiten durch eine Behörde oder ein Gericht[507] an die Rechtsnatur der Entscheidung der Behörde zu denken. Möglicherweise wird eine Art Rechtsmittel gegen eine Entscheidung vorzusehen sein, die über die Möglichkeit der Anrufung der gemeinsamen Kontrollinstanz bei Eurojust[508] hinausgeht. Dies würde aber die eigentlich gewünschte Beschleunigung der Rechtshilfe durch die gegenseitige Anerkennung wieder eher verhindern als fördern.

---

502 KOM(2000)495 endg. S. 20

503 So auch die Kommission in ihrem *Diskussionspapier mit Fragen an die Sachverständigen zur gegenseitigen Anerkennung von Entscheidungen in Strafsachen zwischen den EU-Mitgliedstaaten und Gerichtsbarkeit* S. 6 (Europäische Kommission, GD Justiz und Inneres, Direktion B Referat B/§, 14.12.2001)

504 Art. 3 Abs. 1 des Beschlusses des Rates vom 28.02.2002 über die Errichtung von Eurojust zur Verstärkung der Bekämpfung der schweren Kriminalität (2002/187/JI), Abl. L 63 vom 06.03.2002, S. 1; berichtigt durch Abl. L 196/63 vom 25.07.2002

505 Art. 6 Buchst. a) ii) des Eurojust-Beschlusses

506 KOM(2000)495 endg. S. 20

507 KOM(2000)495 endg. S. 20, schlägt den Europäischen Gerichtshof vor. Ebenso: *Lagodny*, Strafgewaltkonflikte S. 127

508 Art. 23 Abs. 7 des Beschlusses vom 28.02.2002 über die Errichtung von Eurojust zur Verstärkung der Bekämpfung der schweren Kriminalität (2002/187/JI) Abl. L 63 vom 06.03.2002; berichtigt durch Abl. L 196/63 vom 25.07.2002

Der entscheidende Unterschied zwischen einer Lösung über eine Koordinierungsvereinbarung und der Einführung von Regeln über sich gegenseitig ausschließende Strafgewalten liegt darin, dass die aufgrund der Koordinierungsvereinbarung berufene Stelle in jedem Fall erneut entscheiden muss, während bei einer Einführung von die Strafgewalt bestimmenden Regeln eine behördliche oder gerichtliche Entscheidung nur im Konfliktfall nötig wäre.

(2) Lösung über den Rahmenbeschluss ne bis in idem

Die durch die Zuständigkeit mehrerer Staaten verursachten Kompetenzkonflikte könnten auch durch die Regelung eines international anwendbaren ne bis in idem–Grundsatzes verhindert werden.[509] Nach Ansicht der Kommission[510] könnte auch eine Erweiterung des Grundsatzes auf eine lis pendens Regelung stattfinden, bei der dann schon ein eröffnetes Verfahren die Eröffnung weiterer Verfahren verhindern könnte.[511]

Nach dem politisch geeinigten, aber noch nicht verabschiedeten Rahmenbeschlussentwurf zur Anwendung des ne bis in idem Grundsatzes in Europa werden unter bestimmten Voraussetzungen auch bereits eröffnete Verfahren die erneute Eröffnung eines Verfahrens in einem anderen Staat verhindern.[512]

Dieser mangels bisheriger bestehender Regelungen für die horizontale Anwendung des ne bis in idem-Grundsatzes sinnvolle Ansatz ist nicht geeignet, Zuständigkeitskonflikte verschiedener nationaler Gerichtsbarkeiten zu verhindern.
Ein System ausschließlicher Zuständigkeiten klärt den Kompetenzkonflikt schon vor der Einleitung eines Verfahrens. Bei der Lösung über den ne bis in

---

509 Überblick bei: *Ambos* in: MüKo, vor §§3-7 StGB, Rdnr. 73ff; Vertiefend: *Mansdörfer*, Das Prinzip des ne bis in idem im europäischen Strafrecht; *Vander Beken/Vermeulen/Lagodny*, NStZ 2002, 624 Rdnr. 8; *Satzger*, Die Europäisierung des Strafrechts, S. 696

510 Gegenseitige Anerkennung von Entscheidungen in Strafsachen zwischen den EU-Mitgliedstaaten und Gerichtsbarkeit; Diskussionspapier mit Fragen an die Sachverständigen vom 14.12.2001, S. 6, abrufbar unter: http://europa.eu.int/comm/justice_home/unit/penal/discussion_paper_de.pdf

511 Siehe vorige Fn; Einen aktuellen Vorschlag zur Lösung der lis pendens-Problematik macht *Swarc* in: Europäisierung des Strafrechts in Polen und Deutschland, S. 349, 360ff. Der von einer Gruppe von Strafrechtswissenschaftlern erarbeitete Vorschlag soll einerseits die Gefahr mehrfacher Verfolgung verhindern, indem bei bereits eröffneten Verfahren kein anderer Staat ein Strafverfahren eröffnen darf. Ein weiteres Verfahren ist nur möglich, wenn die Zuständigkeit des weiteren Staates durch einen wichtigen Grund gegeben ist. Hier kommt die Frage nach dem besten Ort für die Strafverfolgung ins Spiel: Wie bei den Kriterien des Qualitätsprinzips soll (in dieser Reihenfolge) der Tatort, die Staatsangehörigkeit des Verdächtigen, der Wohnsitz des Verdächtigen oder der Ort des Vermögens des Verdächtigen für den Ort der Strafverfolgung ausschlaggebend sein.

512 Art. 2 und 3 der Initiative der Hellenischen Republik im Hinblick auf die Annahme eines Rahmenbeschlusses des Rates über die Anwendung des „ne-bis-in-idem"-Prinzips, Abl. EG C 100 vom 26.04.2003, S. 24 - 27
Ausführlich zum Inhalt des RB siehe G VII 4

idem-Grundsatz kommt es aber darauf an, welcher Staat zuerst das Verfahren eröffnet hat. Dementsprechend führt die Einführung eines reinen ne bis in idem-Grundsatzes zur Verhinderung der Jurisdiktionskonflikte zu einem faktischen Prioritätsprinzip.[513] Dieses Verfahren verhindert dann die Eröffnung in einem anderen Mitgliedstaat.[514] Das mit dem ne bis in idem-Grundsatz verfolgte Ziel der Anerkennung einer ausländischen Erstentscheidung kann aber eben nicht erfolgen, solange diese nicht vorliegt. Vor diesem Zeitpunkt können verschiedene Strafverfahren in mehreren Ländern parallel verlaufen.[515] Hierbei ist nicht nur die Problematik zufällig zuerst eingeleiteter Verfahren zu beachten. Es ist vielmehr zu befürchten, dass auf europäischer Ebene Absprachen über die Auswahl des Verfahrensstaates getroffen werden könnten.[516] Dies würde genau das forum-shopping begünstigen, das durch diese Regelung verhindert werden soll.

Weiteres Argument gegen die Lösung der Kompetenzkonflikte nur über eine ne bis in idem-Regelung sind die mit diesem Grundsatz verbundenen Anwendungsschwierigkeiten.[517]

Auch muss vor dem Aspekt staatlicher Strafverfolgungsinteressen diese Lösung als unzureichend angesehen werden. Das Interesse der Staaten bezieht sich nicht nur auf die Strafverfolgung an sich, sondern auch auf deren Durchführung mit einem vernünftigen Aufwand. Dementsprechend ist die europaweite Koordinierung der Strafverfolgung für die Mitgliedstaaten von großem Interesse, da sie zur Einsparung von Mitteln beitragen kann. Da wie oben gesehen eine Lösung über den ne bis in idem-Grundsatz die Durchführung doppelter Strafverfahren nicht wirksam verhindert, ist sie auch aus diesem Grund als Lösung zur Verhinderung von Jurisdiktionskonflikten abzulehnen.[518]

Im Ergebnis kann die Einführung einer internationalen Regelung des ne bis in idem-Grundsatzes zwar als sinnvoll bezeichnet werden, sie ist aber zur Vermeidung von Zuständigkeitskonflikten bei mehrfachen internationalen Zuständigkeiten nicht geeignet.[519]

(3) Regeln der Strafgewalt / Zuständigkeitssystem

Die Konflikte, die bei Zuständigkeiten verschiedener Mitgliedstaaten für eine Straftat auftreten, können auch durch die Regelung ausschließlicher internationaler Zuständigkeiten vermieden werden. Der bisherige Ansatz gemein-

---

[513] Vergleiche Lagodny, Strafgewaltkonflikte, S. 50 ff.; *ders.* StV 2005, 515, 519; *Schünemann*, ZStW 116(2004) 383; *Vander Beken/Vermeulen/Lagodny*, NStZ 2002, 624

[514] Vergleiche das Diskussionspapier der Kommission vom 14.12.2001, S. 7: Dort bringt die Kommission die Befürchtung zum Ausdruck, dass das unerwünschte forum-shopping bei einer Regelung über den ne bis in idem-Grundsatz ohne Einführung eines Systems ausschließlicher Gerichtsbarkeiten sogar gefördert werden könnte.

[515] *Vander Beken/Vermeulen/Lagodny*, NStZ 2002, 624

[516] *Vander Beken/Vermeulen/Lagodny*, NStZ 2002, 624

[517] Beispielhaft nur die Schwierigkeit der genauen Definition des „idem". Siehe auch: Urteil des EGMR vom 30.07.1998, Oliveira gegen Schweiz

[518] *Vander Beken/Vermeulen/Lagodny*, NStZ 2002, 624, 625

[519] *Lagodny*, Strafgewaltkonflikte, S. 135 f.

schaftsrechtlicher Rechtsakte war vor allem zu verhindern, dass kein Mitgliedstaat für ein bestimmtes Delikt zuständig ist. Hieraus ergibt sich aber das Problem, dass in einigen Fällen mehrere Staaten zur Verfolgung der Delikte zuständig sein können.

Diese mehrfachen Zuständigkeiten können durch ein System der internationalen ausschließlichen Zuständigkeiten verhindert werden. Dabei wird unter Beachtung des Lex-fori-Grundsatzes mit der Entscheidung für die Zuständigkeit einer nationalen Rechtsordnung auch die Entscheidung über das anzuwendende materielle Recht gefällt. Von den verschiedenen Prinzipien der Entscheidung über die einschlägige Gerichtsbarkeit erscheint eine Lösung basierend auf dem Territorialprinzip als sinnvoll.[520] Dies kommt dem Gedanken der nationalen Strafgewalt als Ausdruck nationaler Souveränität am nächsten. Gerade die aktuelle Problematik grenzüberschreitender Delikte erfordert aber eine weitere Präzisierung der Anwendung des Territorialitätsprinzips. Dazu müsste im Rahmen der gesetzlichen Regelung entschieden werden, ob das Territorialitätsprinzip an den Ort der Tatbegehung, also der Handlung oder der Unterlassung, oder an den Ort des Taterfolgs anknüpft.[521] Für einige Deliktstypen müsste jedoch auch ein derartiges System Ausnahmen vorsehen.[522]

Eine Regelung der Zuständigkeiten ist aber auch nicht frei von Nachteilen. So drohen zum einen in unklaren Fällen Konflikte über die Anwendbarkeit des einen oder anderen nationalen Strafrechts. In diesen Fällen, in denen sich ein zuständiger Staat nicht mit der Abgabe des Verfahrens an einen anderen, ebenfalls zuständigen, Staat einverstanden erklären würde sollte ein System der Entscheidung über die Zuständigkeiten eingeführt werden. Dies könnte wie oben bereits ausgeführt bei Eurojust oder dem EuGH verankert werden. In Betracht kommt auch die Schaffung eines eigenen in der Sache entscheidenden Europäischen Strafgerichtshofs nach dem Modell des Internationalen Strafgerichtshofs (Rom-Statut 1998).[523] Im Ergebnis wäre ein derartiges System also die Kombination aus gesetzlichen Regelungen und einer behördlichen Entscheidung im Fall von Konflikten über die Gesetzeslage.

---

520 Diskussionspapier der Kommission vom 14.12.2001 S. 13

521 Eine im Vergleich zu den neuartigen Cyber-Delikten eher klassische Deliktskonstellation stellt der Schuss über die Grenze dar, bei dem die Handlung im einen Land, der Erfolg im Nachbarland eintritt. Siehe auch: Diskussionspapier der Kommission vom 14.12.2001, S. 15

522 KOM(2000) 495 endg. S. 22 mit Hinweis auf Verbrechen gegen nationale Interessen oder gegen Vertreter des Staates im Ausland. Um Fälle mehrfacher Strafgewalt zu verhindern, sollte in diesen Fällen dann ein Verlust der Strafgewalt des an sich zuständigen Staates eintreten.

523 *Lagodny*, Strafgewaltkonflikte S. 121 Mit Hinweis auf die möglicherweise unlösbaren Probleme der Abgrenzung der nationalen Strafgewalten von denen des Internationalen Strafgerichtshofes und des vorgeschlagenen Europäischen Strafgerichtshofes.

Ebenfalls nicht unterschätzt werden darf der erhebliche politische und gesetzgeberische Aufwand, der zur Einführung eines Systems ausschließlicher internationaler Zuständigkeiten erforderlich wäre.[524] Nach Ansicht der Kommission müsste in jedem Vollstreckbarkeitsverfahren geprüft werden, ob tatsächlich die Zuständigkeit des entscheidenden Staates für die anzuerkennende Entscheidung bestanden hat.[525] Diese Frage muss aber den eigentlichen Rechtsakten zur gegenseitigen Anerkennung von Entscheidungen in Strafsachen vorbehalten bleiben und wäre bei konsequenter Umsetzung des Prinzips der gegenseitigen Anerkennung eigentlich nicht nötig.

(4) Anwendung der Grundsätze des interlokalen Strafrechts

Das interlokale Strafrecht regelt die Anwendung verschiedener Strafrechtsordnungen innerhalb eines Staates.[526] Vergleicht man die Struktur der immer weiter integrierten EU mit der eines föderativen Staates wie der BRD, stellt sich die Frage, ob die Probleme der Strafgewaltkonflikte nicht mittels der Grundsätze des interlokalen Strafrechts gelöst werden können.[527]

Das interlokale Strafrecht stellt anders als die Vorschriften des internationalen Strafrechts ein nationales Kollisionsrecht dar.[528] Es ist hauptsächlich in echten Bundesstaaten wie den USA anzutreffen, in der BRD spielt es nur noch in Randbereichen eine Rolle.[529] Weiterer Unterschied zum deutschen internationalen Strafrecht ist, dass sich das interlokale Strafrecht nach ungeschriebenen Regeln aus dem Gewohnheitsrecht richtet.[530]
Anknüpfungspunkt im interlokalen Strafrecht ist vorrangig das Recht des Tatortes, die lex loci.[531]

---

[524] KOM2000(495) endg. S. 22; Andererseits darf nicht vernachlässigt werden, dass dieser Aufwand nur einmal auftreten würde und für die Zukunft eine Vielzahl von Rechtsstreitigkeiten verhindern könnte.

[525] KOM2000(495) endg. S. 22

[526] *Ambos* in: MüKo, vor §§ 3-7 StGB, Rdnr. 93; *Lemke* in: AK StGB, vor § 3 StGB, Rdnr. 42; Tröndle/*Fischer* vor § 3 StGB, Rdnr. 24

[527] Siehe *Kreß*, ZStW 116 (2004), 445, 466 mit der Schilderung eines Vorschlages von *Buruma, Deiters* und *Eser*, die nationalen Strafansprüche nach den Grundsätzen des interlokalen Strafrechts über das Tatortprinzip zu lösen.

[528] *Jescheck/Weigend* § 20 I 1; *Lemke* in: AK StGB, vor § 3 StGB, Rdnr. 42; *Gribbohm* in: LK, vor § 3 StGB, Rdnr. 376; *Eser* in: Sch/Sch, vor §§ 3-7 StGB, Rdnr. 47; *Ambos* in: MüKo StGB, vor §§ 3-7 StGB, Rdnr. 97

[529] Spezielle, vom StGB nicht abschließend geregelte Bereiche sind das Landespresse- und Rundfunkstrafrecht; vgl. *Jedamzik*, Das rundfunkrechtliche Sonderdelikt als Anwendungsfall interlokalrechtlicher Grundsätze, S. 5 ff.; *Eser* in: Sch/Sch, vor §§3-7 StGB, Rdnr. 47

[530] *Ambos* in: MüKo, vor §§ 3-7 StGB, Rdnr. 97; *Lemke* in: AK StGB, vor § 3 StGB, Rdnr. 46; *Eser* in: Sch/Sch, vor §§ 3-7 StGB, Rdnr. 51; *Gribbohm* in: LK, vor § 3 StGB, Rdnr. 380; BGHSt 7, 55;

[531] RGSt 74, 219; 75, 104; BGHSt 4, 399; 7, 55; 11, 365, 366; 27, 5; *Eser* in: Sch/Sch, vor §§ 3-7 StGB, Rdnr. 47; Tröndle/*Fischer* vor § 3 StGB, Rdnr. 25; *Lemke* in: AK StGB, vor § 3 StGB, Rdnr. 42; Begründet werden kann der Vorrang des Tatortprinzips mit der engeren Verbindung von Tathandlung und Tatort.

Für die hier gestellte Frage ist aber vor allem die Regelung im interlokalen Strafrecht bei Konkurrenz verschiedener Teilstrafrechte interessant.[532] Nach herrschender Ansicht soll bei mehreren möglichen innerstaatlichen Rechtsordnungen nach konkreter Betrachtung das strengste Rechts anzuwenden sein.[533] Dies begründet *Gribbohm* damit, dass es keinen sachlichen Grund dafür gebe, die Geltung des strengeren Gesetzes, das überhaupt eine oder eine schwerere Strafbarkeit vorsieht, nur deshalb einzuschränken, weil ein Teil dieser Tat auch einem milderen Strafgesetz unterfällt.[534] Seiner Ansicht nach entspricht dies dem Rechtsgedanken des § 52 Abs. 2 S. 1 StGB, wonach bei ungleichartiger Tateinheit das Gesetz anzuwenden ist, das die schwerere Strafe vorsieht. Diese Ansicht ist jedoch nicht unumstritten. Insbesondere wird angeführt, die Entscheidung über das anzuwendende Recht sollte nicht nach der Schwere der Strafdrohung, sondern nach dem Schwerpunkt der Handlungen getroffen werden. Außerdem spreche der Rechtsgedanke des § 52 Abs. 2 S. 1 StGB nur dann für die Anwendung des strengeren Gesetzes, wenn man von der Vergleichbarkeit der zugrunde liegenden Situationen ausgeht.[535] Bei § 52 Abs. 2 S. 1 StGB wird das Strafrecht eines Tatortes mehrfach verletzt, während im interlokalen Strafrecht die Strafgesetze verschiedener Orte verletzt werden. Außerdem könne der Rechtsgedanke des § 2 Abs. 3 StGB ebenso für die Anwendung des milderen Gesetzes sprechen.[536]

Würde man diese Prinzipien auf die Europäische Union übertragen, so wäre nach der vorherrschenden Ansicht bei Strafgewaltkonflikten primär das Tatortrecht anzuwenden, bei mehreren möglichen Tatortrechten das Recht mit der schwersten Strafdrohung.

Betrachtet man die in der Kommentierung aufgestellten Merkmale der Anwendung des interlokalen Strafrechts, so erinnern diese teilweise an die Begründungen zum Prinzip der gegenseitigen Anerkennung in Strafsachen. *Eser* führt aus, dass das interlokale Strafrecht *„grundsätzlich eine von gegenseitigem Vertrauen beherrschte Anerkennung der verschiedenen Teilrechtsgebiete für den gesamten Bereich voraussetzt".*[537] Bei *Gribbohm* setzt das interlokale Strafrecht *„damit eine grundsätzliche Anerkennung der verschiedenen Teilrechtsgebiete für den gesamten Bereich voraus in der Weise, dass eine Vereinheitlichung des Rechts wenigstens prinzipiell möglich wäre. Das ist nur dort*

---

532 Dies kann sich bei Fällen ergeben, in denen sich die Tathandlung über mehrere Tatorte erstreckt, insbesondere wenn Handlungsort und Erfolgsort auseinander fallen

533 RGSt 75, 385, 386; aA: RGSt 75, 104, 106 f. (Dort für die Geltung des Rechts des Handlungs- oder Unterlassungsortes); *Lemke* in: AK StGB, vor § 3 StGB, Rdnr. 46; *Ambos* in: MüKo, vor §§ 3-7 StGB, Rdnr. 98; Tröndle/*Fischer* vor § 3 StGB, Rdnr. 26; *Gribbohm* in: LK, vor § 3 StGB, Rdnr. 382; *Eser* in: Sch/Sch, vor §§ 3-7 StGB, Rdnr. 53;

534 *Gribbohm* in: LK, vor § 3 StGB, Rdnr. 383

535 *Ambos* in: MüKo, vor §§ 3-7 StGB, Rdnr. 99

536 *Ambos* in: MüKo, vor §§ 3-7 StGB, Rdnr. 99

537 *Eser* in: Sch/Sch, vor §§3-7 StGB, Rdnr. 47; vergleiche auch: *Gribbohm* in: LK, vor § 3 StGB, Rdnr. 377

der Fall, wo die Teilrechtsgebiete unter einer gemeinsamen Staats- und Strafgewalt stehen.“[538] Dies legt wieder eine Übertragung der Grundsätze des interlokalen Strafrechts zur Lösung der Strafgewaltkonflikte in Europa nahe.

Eine Übertragung der Grundsätze des interlokalen Strafrechts auf die Situation in Europa kommt aber dennoch nicht in Frage. Zuerst, weil es sich bei dem interlokalen Strafrecht um verschiedene Teilstrafrechte handelt, die sich unter einem „gesamtstrafrechtlichen Dach“ befinden, das von einem einheitlichen, von einem Grundkonsens getragenen Strafrecht gestützt wird.[539] Trotz aller Harmonisierungstendenzen fehlt es in Europa schon an einem gemeinsamen verfassungsmäßigen Überbau.[540] Selbst wenn der Vertrag über eine Verfassung für Europa in Kraft treten sollte, so sind die einzelnen nationalen Rechtsordnungen zu verschieden, als dass von einem „gesamtstrafrechtlichen Dach“ gesprochen werden könnte. Der Vergleich der verfassungsrechtlichen Situation soll zeigen, dass es zum Vorliegen eines gemeinsamen strafrechtlichen Daches noch ein weiter Weg ist. Dazu müsste nicht nur eine bis auf wenige Ausnahmen vollständige Harmonisierung erfolgt sein, es müsste ein gesamteuropäisches Strafrecht vorliegen. Dann könnten bei strafrechtlichen Differenzen in Randbereichen die Grundsätze des interlokalen Strafrechts Anwendung finden.

(5) Das Qualitätsprinzip

Einen im Verhältnis zu den bisherigen Anknüpfungspunkten des internationalen Strafrechts alternativen Ansatz versucht die Lösung zur Vermeidung von Jurisdiktionskonflikten nach dem Qualitätsprinzip.[541] Der Ansatz des Qualitätsprinzips basiert auf der Annahme, dass nicht wie bei den bisherigen Anknüpfungspunkten die Entscheidung für die eine oder andere Strafgewalt aufgrund einzelner Aspekte der Tat stattfinden sollte.[542] Vielmehr sollte im Einzelfall nach einem festgelegten Kriterienkatalog entschieden werden, in welchem Mitgliedstaat die Strafverfolgung besser stattfinden kann. Es handelt sich also nicht um eine abstrakt-generelle, sondern um eine individuell-konkrete Reihenfolge der Strafgewaltprinzipien.[543]
Die Formulierung der Kriterien muss dabei sowohl grundrechtlich geschützte Individualbelange als auch transnationale Strafverfolgungsinteressen berücksichtigen, dabei wird in der Literatur der Begriff der „praktischen Konkordanz“

---

538 *Gribbohm* in: LK, vor § 3 StGB, Rdnr. 377
539 *Eser* in: Sch/Sch, vor §§ 3-7 StGB, Rdnr. 56; *Gribbohm* in: LK, vor § 3 StGB, Rdnr. 377
540 *Eser* in: Sch/Sch, vor §§ 3-7 StGB, Rdnr. 56 spricht hier von einem *„von einem gemeinsamen Grundkonsens getragenen Staatsgebilde“*, das dem interlokalen Strafrecht zugrunde liegt.
541 *Vander Beken/Vermeulen/Lagodny*, NStZ 2002, 624, 625
542 Nach dem bisherigen Ansatz geht es um die völkerrechtliche Legitimierung der Erstreckung der Strafgewalt auf eine Auslandstat aufgrund des Vorliegens eines Anknüpfungspunktes.
543 *Lagodny*, Strafgewaltkonflikte, 2001, S. 104

verwendet.[544] Die einzelnen Kriterien sind nicht gänzlich neu, sondern wurden so schon in verschiedenen Konventionen und Europaratsabkommen verwendet. Ein ähnlicher Ansatz findet sich auch in Art. 26 Abs. 2 CJ-FF[545] und in dem inhaltlich verwanden Grünbuch „Europäische Staatsanwaltschaft"[546]. Somit ergeben sich folgende Kriterien: Tatort, prozessökonomische Gründe, Resozialisierungsmöglichkeiten, Nationalität des Verdächtigen oder des Opfers, der Ort des „charakteristischen Unrechts" und der Ort der größten Auswirkungen der Straftat. Diese Aufzählung ist nicht abschließend.

Das Qualitätsprinzip stellt offenbar die aktuell auf politischer Ebene favorisierte Lösung dar. So schlägt die Kommission in ihrem aktuellen Grünbuch zu den Kompetenzkonflikten[547] ein Verfahren zur Bestimmung des am besten geeigneten Gerichts vor.[548] Die Entscheidung für oder gegen eine bestimmte Strafgewalt soll dabei nach einer Reihe von Kriterien[549] getroffen werden, möglich wären nach Ansicht der Kommission: das Territorialitätsprinzip, Kriterien der Interessen des Beschuldigten und des strafverfolgenden Staates, die Effizienz und die Dauer des Verfahrens. Ob für diese Kriterien eine feste Reihenfolge der Anwendung und Gewichtung oder eine flexible Handhabung vorgesehen werden sollte, ist noch nicht entschieden.[550] Neben dem m.E. unter das Qualitätsprinzip fallenden Ansatz zur Lösung der Strafgewaltkonflikte möchte die Kommission die Entscheidung für eine Strafgewalt unter ein allgemeines Leitprinzip stellen. Dieses Leitprinzip, inhaltlich dem Recht auf ein faires Verfahren angelehnt, soll die zuständigen Behörden verpflichten, die Rechte des Betroffenen zu achten.[551]

---

544 *Vander Beken/Vermeulen/Lagodny*, NStZ 2002, 624, 625; *Schomburg/Lagodny/Gleß/Hackner*, IRG, Einl. Rdnr. 106

545 Art. 26 Abs. 2 CJ-FF: *„Jede Sache wird in dem Mitgliedstaat entschieden, dessen Gerichtsbarkeit im Interesse einer effizienten Rechtspflege am besten geeignet erscheint; Zuständigkeitsstreitigkeiten werden nach den folgenden Regelungen (Art. 28) gelöst. Die Hauptkriterien für die Auswahl sind:*
a) der Staat, in dem sich der überwiegende Teil der Beweismittel befindet;
b) der Staat, in dem der Angeklagte (oder die Hauptangeklagten) seinen Wohnsitz hat oder dessen Staatsangehörigkeit er besitzt;
c) der Staat, in dem die wirtschaftlichen Folgen der Straftat am schwerwiegendsten sind."

546 KOM (2001) 715 endg. S. 61: *„[...] Die Kriterien sind vom Gemeinschaftsgesetzgeber festzulegen und könnten insbesondere am Begehungsort, der Staatsangehörigkeit des Beschuldigten, seinem Wohnort (bei einer natürlichen Person), an seinem Geschäftssitz (bei einer juristischen Person), dem Staat, in dem sich die Beweismittel befinden, oder dem Haftort des Beschuldigten anknüpfen.[...]"*

547 Grünbuch über Kompetenzkonflikte und den Grundsatz ne bis in idem in Strafverfahren, KOM(2005) 696 endg.

548 KOM(2005) 696 endg. S. 4

549 KOM(2005) 696 endg. S. 8

550 KOM(2005) 696 endg. S. 9

551 KOM(2005) 696 endg. S. 9

Die Tendenz zum Qualitätsprinzip konnte schon in dem Rahmenbeschlussentwurf zur Anwendung des ne bis in idem-Prinzips erkannt werden.[552] Dort wird eine Regelung vorgeschlagen für Fälle, in denen die Strafverfolgung eingeleitet wird, während in einem anderen Mitgliedstaat diese bereits läuft. *„Vorrangig zuständig"* soll nach dem Vorschlag der Mitgliedstaat sein, der *„besser in der Lage ist eine geordnete Rechtspflege zu gewährleisten"*.[553] Als Kriterien werden dabei zuerst der Begehungsort der Tat, die Staatsangehörigkeit des Täters, die Staatsangehörigkeit des Opfers oder der Ergreifungsstaat des Täters angegeben.

Nach dem Qualitätsprinzip sollen aus den oben genannten Gesichtspunkten Entscheidungskriterien formuliert werden, die in der Form von Abwägungsrelationen gefasst werden.[554] So soll zum Beispiel ein Staat umso eher als Strafgewaltstaat in Betracht kommen, je mehr dieser Staat der Tatortstaat ist, je mehr Beweismittel in diesem Staat verfügbar sind, je mehr der Staat der gewöhnliche Aufenthalt des Verdächtigen ist, je mehr der Verdächtige die Sprache dieses Staates versteht, je mehr der Verdächtige in diesem Staat gleichzeitig wegen anderer Taten verfolgt wird, je mehr der Schwerpunkt des „charakteristischen Unrechts" in diesem Staat liegt, je mehr sich die Tat in einem Staat auswirkt, je mehr sonstige Gesichtspunkte für eine bessere Qualität der Entscheidung für diesen Staat sprechen.[555]
Die Entscheidung über die „beste" nationale Strafgewalt ergeht dabei jeweils bezogen auf den konkreten Einzelfall als Ermessensentscheidung. Dementsprechend müssen die für die einzelnen Kriterien relevanten Tatsachen ermittelt und gewichtet werden. Die Aufgrund dieser Abwägung gefundenen Ergebnisse müssen ebenfalls rechtlich überprüfbar sein.[556]

Eine Lösung von Jurisdiktionskonflikten über die Ermessensentscheidung anhand oben genanter Kriterien hat zum einen den Vorteil, dass dabei sowohl

---

552 Initiative der Hellenischen Republik im Hinblick auf die Annahme eines Rahmenbeschlusses des Rates über die Anwendung des „ne-bis-in-idem"-Prinzips, 28.03.2003, Ratsdokument Nr. 7246/03, S. 7 Der Vorschlag wird auf politischer Ebene bis zur Einigung über die Regelung zur Vermeidung von Strafgewaltkonflikten nicht weiter betrieben (KOM(2005) 696 endg. S. 9). Er wurde außerdem in weiten Teilen durch den Vorschlag der Kommission für einen *„Rahmenbeschluss des Rates zur Berücksichtigung der in anderen Mitgliedstaaten der Europäischen Union ergangenen Verurteilungen in einem neuen Strafverfahren"* (KOM(2005)91 endg.) aufgenommen.

553 Diese allgemeine Fassung wurde in dem zu dem Vorschlag ergangenen Bericht des EP vom 14.07.2003 (Dokument des EP: 2003/0811(CNS)) nicht befürwortet, das EP sprach sich für eine eindeutige Reihenfolge der genannten Kriterien aus, die in der angegebenen Reihenfolge gewichtet werden sollten.

554 *Vander Beken/Vermeulen/Lagodny*, NStZ 2002, 624, 625 mit Hinweis auf die bei *Alexy*, Die Theorie der Grundrechte, 1986, S. 71 ff. entwickelte Abwägungstheorie, die auch auf einfachrechtliche Abwägungen übertragen werden kann.

555 *Vander Beken/Vermeulen/Lagodny*, NStZ 2002, 624, 625

556 Zu den Vorschlägen bezüglich des Verfahrens zur Entscheidung bei Jurisdiktionskonflikten siehe unten: G VIII 1 d cc

den Rechten des Verdächtigen als auch den Strafverfolgungsinteressen der Mitgliedstaaten ausreichend und ausgewogen Rechnung getragen wird. Zudem würde insbesondere die Entscheidung nach dem Aspekt der Verfügbarkeit von Beweismitteln einige Probleme des Beweismitteltransfers vermeiden, die sich im Rahmen der Einführung der gegenseitigen Anerkennung strafrechtlicher Entscheidungen ergeben.[557]

Nachteil des Qualitätsprinzips ist aber, dass sich an der umfassenden Ausübung nationaler Strafgewalt auf Auslandstaten nichts ändern wird. Eher ist zu erwarten, dass die einzelnen Mitgliedstaaten ihre Strafgewalt noch weiter ausdehnen. Dies könnte mit dem Argument geschehen, dass nur bei möglichst vielen in Betracht kommenden Strafrechtsordnungen eine Gewichtung nach den oben genannten Kriterien stattfinden kann. Andererseits kann das Qualitätsprinzip auch derart verstanden werden, dass dieses die bisherigen Anknüpfungspunkte des internationalen Strafrechts vollständig ablöst, das vorige Argument wäre dann hinfällig.
Ein weiterer entscheidender Nachteil des Qualitätsprinzips liegt m.E. aber in dem erheblichen Aufwand, der zu einer Entscheidung über die beste Strafgewalt führt. Die aktuellen politischen Bestrebungen in Europa sind insbesondere auf die Vereinfachung und die Beschleunigung der Verfahren bei Delikten mit Berührung mehrerer nationaler Strafgewalten ausgerichtet. Die Verhinderung von in verschiedenen Mitgliedstaaten parallel durchgeführter Verfahren trägt dazu zwar auch bei, die Komplexität der zu der Entscheidung für eine Strafgewalt nötigen Ermessensentscheidung lässt diesen Effekt fast wieder wegfallen. Sicherlich vernachlässigt diese Ansicht die Interessen des Verdächtigen, diese werden aber auch von den Befürwortern des Qualitätsprinzips nicht vorrangig behandelt.[558]

Abschließend kann die Lösung von Strafgewaltkonflikten mittels des Qualitätsprinzips also als sinnvolle Alternative zu den bisherigen Anknüpfungspunkten gesehen werden, die offenbar auch den aktuellen europapolitischen Vorstellungen[559] entspricht. Der aufgrund der vielen zu berücksichtigenden Tatsachen hohe Aufwand des zur Entscheidung führenden Verfahrens könnte eine umfassende Einführung des Qualitätsprinzips aber verhindern.

---

557 Siehe unten: H II 3

558 So finden sich in der obigen Aufzählung die Aspekte Resozialisierung und Nationalität des Verdächtigen erst nach dem Aspekt des Tatorts und prozessökonomischen Gründen.

559 KOM(2005) 696 endg.; Siehe auch die Mitteilung der Kommission (KOM(2005)195, S. 8), dort führt sie wörtlich aus: *„Es ist somit zunehmend geboten, ein Verfahren vorzusehen, mit dem sich der für die Strafverfolgung am besten geeignete Ort bestimmen lässt."*

(6) Grundzüge eines Verfahrens zur Vermeidung der Jurisdiktionskonflikte

Damit die Entscheidung über die anzuwendende nationale Strafgewalt für die beteiligten Staaten verbindlich ist, sollte ein in Europa einheitliches Verfahren eingeführt werden.
Da auf politischer Ebene weder eine Einigung für ein derartiges System als solches noch Ansätze für die Grundrichtung eines derartigen Verfahrens erkennbar sind, sollen hier nur mögliche oder sich in der Literatur entwickelnde Ansätze eines Verfahrens dargestellt werden.[560]
Für die Entscheidung über die nationale Zuständigkeit kommen zuerst nationale Stellen in Betracht. Im einfachsten Fall würde ein nationales Gericht entscheiden, ob die eigene oder eine andere Strafrechtsordnung für den vorliegenden Sachverhalt zuständig ist. Obwohl auch eine derartige Entscheidung theoretisch vom Prinzip der gegenseitigen Anerkennung erfasst werden könnte und damit europaweit Geltung erlangen könnte, erscheint eine derartige Lösung nicht sinnvoll. Zwar ist grundsätzlich eine Regelung möglich, die eine „ursprüngliche" Kompetenz zur Entscheidung der Frage der nationalen Zuständigkeit auf das Gericht des Tatortes vorsieht. Diese Lösung erfordert wieder ein gesteigertes Vertrauen der anderen Mitgliedstaaten, damit sie diese Entscheidung akzeptieren. Außerdem kommt der Gemeinschaftsgedanke, sich gegenseitig bei der Strafverfolgung zu unterstützen und zusammen zu wirken bei einer einseitigen nationalen Entscheidung zu kurz. Weiter ist die Praktikabilität dieser Lösung m.E. davon abhängig, nach welchen der oben dargestellten Kriterien entschieden wird. Folgt man der strengen Anwendung des Territorialitätsprinzips, so sind die dafür nötigen Tatsachen verhältnismäßig leicht zu erforschen und festzustellen. Diese Aufgabe könnte ein nationales Gericht erfüllen. Folgt man aber dem Ansatz des Qualitätsprinzips mit seinen vielfältigen Kriterien und den in verschiedenen Ländern festzustellenden Tatsachen, so erscheint ein nationales Gericht hierfür nicht geeignet. Insbesondere die Koordinierung der Ermittlungen im Ausland, um z.B. das Land mit der besten Beweislage zu finden, ist für ein nationales Gericht kaum möglich. Die Lösung über die Entscheidung eines nationalen Gerichts stößt aber besonders bei negativen Strafgewaltkonflikten an ihre Grenzen. In Fällen, in denen keiner der in Betracht kommenden Staaten seine Strafgewalt ausüben will, wird eine übergeordnete Instanz benötigt, die nicht nur die nationale Entscheidung überprüft, sondern im Zweifel die Strafgewalt einem der möglichen Mitgliedstaaten zuweist. Ansonsten droht die Gefahr, dass sich die betreffenden Staaten für lange Zeit nicht auf eine Strafordnung einigen können. Diese Erschwerung und Verlangsamung bei Strafverfahren mit internationalem Bezug muss aber verhindert werden.

Dagegen wäre eine weitere Möglichkeit, die Entscheidungskompetenz auf eine europäische Einrichtung zu übertragen. Denkbar wäre hier eine Zuständig-

---

[560] Siehe auch *Lagodny*, Strafgewaltkonflikte, 2001, S. 129

keit bei der Europäischen Staatsanwaltschaft[561] (EuStA) oder bei Eurojust[562].[563] Dabei wäre insbesondere vorteilhaft, dass die Entscheidungen dieser Einrichtung auf größere Akzeptanz stoßen würden als die einseitigen Entscheidungen nationaler Gerichte.[564] Die Übertragung der Entscheidungen auf eine europäische Instanz könnte ebenfalls das forum-shopping verhindern, da nationale Strafverfolgungsbehörden keinen Einfluss auf den Ort der Verfahrenseröffnung haben. Bei einer europäischen Behörde könnte auch eine deutlich schnellere Zusammenführung verschiedener nationaler Verfahren stattfinden.[565]

Von den beiden angesprochenen Möglichkeiten EuStA oder Eurojust erscheint die Arbeit mit der bereits bestehenden Organisation Eurojust als sinnvoller. Zwar bietet die Entscheidung durch die EuStA den Vorteil verbindlicher Entscheidungen. Klar nachteilhaft ist aber die Tatsache, dass die Einrichtung einer EuStA noch nicht weit fortgeschritten ist. Das die EuStA vorschlagende Corpus Juris ist außerdem grundsätzlich nur auf den Schutz der finanziellen Interessen der EU ausgerichtet. Die Entscheidung über die nationale Strafgewalt auf Eurojust zu übertragen entspricht zuerst schon den politischen Vorgaben des Gipfels von Tampere.[566] Aufgrund der Zusammensetzung von Eurojust mit Mitgliedern der nationalen Strafverfolgungsbehörden ist von einer höheren Akzeptanz der getroffenen Entscheidungen auszugehen. Außerdem besteht eine der Aufgaben von Eurojust gerade in der Koordinierung nationaler Verfahren,[567] eine Übertragung der Entscheidung zur Verhinderung von Strafgewaltkonflikten bietet sich also an.

---

561 Grünbuch zum strafrechtlichen Schutz der finanziellen Interessen der Europäischen Gemeinschaften und zur Schaffung einer Europäischen Staatsanwaltschaft, KOM(2001) 715 endg. S. 60 ff.

562 Beschluss des Rates vom 28.02.2002 über die Errichtung von Eurojust zur Verstärkung der Bekämpfung der schweren Kriminalität, Abl. EG L 63 vom 06.03.2002, S. 1

563 *Vander Beken/Vermeulen/Lagodny*, NStZ 2002, 624, 627; Zur Übertragung auf die EuStA siehe das Grünbuch zum Schutz der finanziellen Interessen der Europäischen Gemeinschaften und zur Schaffung einer Europäischen Staatsanwaltschaft KOM (2001) 715 endg. S. 61 ff.

564 *Vander Beken/Vermeulen/Lagodny*, NStZ 2002, 624, 627

565 Die Entscheidungsbehörde sollte bei ihrer Arbeit auf ein europäisches Strafverfahrensregister zurückgreifen können. Dieses befindet sich zumindest momentan nicht auf der politischen Tagesordnung, siehe auch: G VIII 2

566 Schlussfolgerungen des Gipfels von Tampere, 1999, Nr. 46: Eurojust sollte zur Koordination nationaler Verfahren im Rahmen einer Clearing-Stelle eingesetzt werden.

567 Art. 6 a) i) und ii) des Eurojust Beschlusses (Abl. EG L 63 vom 06.03.2002, S. 1): *„Wenn Eurojust durch seine betroffenen nationalen Mitglieder handelt, so kann es die zuständigen Behörden der betroffenen Mitgliedstaaten ersuchen, in Erwägung zu ziehen, zu bestimmten Tatbeständen Ermittlungen zu führen oder die Strafverfolgung aufzunehmen; sich damit einverstanden zu erklären, dass eine andere zuständige Behörde gegebenenfalls besser in der Lage ist, zu bestimmten Tatbeständen Ermittlungen zu führen oder die Strafverfolgung aufzunehmen;"* Entsprechende Ersuchen kann Eurojust gemäß Art. 7 a) i) und ii) auch erlassen, wenn es als Kollegium handelt.

Andererseits muss auf einige ungünstige Aspekte hingewiesen werden, die die Übertragung der Entscheidung über die Strafgewalt auf Eurojust mit sich bringen würde. Zuerst ist darauf hinzuweisen, dass nach der bisherigen Regelung Eurojust nur für schwere transnationale Delikte zuständig ist.[568] Damit aber bei sämtlichen Delikten ein einheitliches Verfahren bei Jurisdiktionskonflikten möglich ist, sollte der Anwendungsbereich von Eurojust für diese Fälle erweitert werden. Weiter ist Eurojust gemäß Art. 6 und 7 des Eurojust-Beschlusses lediglich in der Lage, die verschiedenen Mitgliedstaaten zur Koordinierung der Verfahren und zur Durchführung der betreffenden Ermittlungen zu ersuchen. Eurojust ist also bisher nicht in der Lage, durch für die Mitgliedstaaten verbindliche Rechtsakte zu handeln. Dementsprechend ist nach dem bisherigen Zuschnitt auch keine Kontrollinstanz für die Entscheidungen von Eurojust vorgesehen. Die in Art. 23 des Eurojust-Beschlusses vorgesehene gemeinsame Kontrollinstanz überwacht ausdrücklich nur die in den Art. 14 bis 22 bezeichneten Tätigkeiten, also nicht die hier maßgeblichen Tätigkeiten der Art. 6 und 7.
Im Ergebnis lässt sich also festhalten, dass die Übertragung der Entscheidungen bei Strafgewaltkonflikten auf Eurojust von der bisherigen Tätigkeit der Behörde Sinn macht. Es wären aber grundsätzliche Änderungen an dem Zuständigkeitsbereich und der Verbindlichkeit der Handlungsformen notwendig. In Anbetracht dieser nötigen Änderungen erscheint der damit verbundene Aufwand nicht viel geringer, als die Entscheidung auf eine neu zu gründende Behörde zu übertragen.

Eine weitere Möglichkeit besteht in der Übertragung der Kompetenz zur Lösung der Konflikte auf ein neu zu schaffendes europäisches Gericht. Für eine derartige Lösung spricht sich unter anderem der Bundesrat aus.[569] Grundsätzlich ähnlich muss hierzu der Vorschlag zur Einführung einer „European Preliminary Chamber" gesehen werden.[570] Klarer Vorteil einer derartigen Lösung ist die Verbindlichkeit bereits der ersten Entscheidung zur einschlägigen Rechtsordnung.

Die nächste sich im Rahmen der Grundzüge eines Verfahrens zur Vermeidung der Strafgewaltkonflikte stellende Frage ist die nach der Überprüfung der von

568 Art. 3 des Beschlusses des Rates vom 28.02.2002 über die Errichtung von Eurojust zur Verstärkung der Bekämpfung der schweren Kriminalität, Abl. Eg L 63 vom 06.03.2002

569 Beschluss des Bundesrates vom 31.05.2002, BR-Drucks. 51/02; Nr. 10 und 11. Das dort vorgeschlagene europäische Gericht soll in Konfliktfällen sowohl die Entscheidung zwischen nationaler und europäischer Strafverfolgungsbehörde als auch die Entscheidung über die einschlägige nationale Rechtsordnung treffen. Der Bundesrat verwendet in seinem Beschluss lediglich den Begriff „europäisches Gericht". Hier ist m.E. von einem neu zu schaffenden europäischen Gericht auszugehen, nicht von der Übertragung der Kompetenzen auf ein bestehendes mitgliedstaatliches europäisches Gericht.

570 *Vogel*, ZStW 116 (2004), 400, 404 mit Hinweis auf den Vorschlag von *van den Wyngaert*, ERA-Forum 3-2001, 2, 53 zur „European Preliminary Chamber", die in europäischen Gerichtsstandsfragen entscheiden soll.

den oben genannten Stellen getroffenen Entscheidungen. Hierzu bietet besonders das Grünbuch zur Europäischen Staatsanwaltschaft verschiedene Vorschläge.[571] Das Grünbuch geht von einer Entscheidungskompetenz der Europäischen Staatsanwaltschaft bei Strafgewaltkonflikten aus. Bei der hier darzustellenden Möglichkeit der Kontrolle dieser Entscheidung sind die unten aufgeführten Vorschläge für Kontrollmechanismen aber grundsätzlich auch bei anderen entscheidenden Stellen denkbar.

Die erste Möglichkeit besteht in der Lösung, dem Europäischen Staatsanwalt als entscheidende Instanz die alleinige Verantwortung für die Wahl des Gerichtsstandes zu überlassen. Diese Variante wird zwar mit dem bekannten Argument des Vertrauens in die nationalen Justizsysteme begründet, sie erscheint jedoch nicht sachdienlich. Es ist nicht davon auszugehen, dass sich hierfür eine politische Mehrheit finden wird. Die meisten Länder werden – sollten sie einer Übertragung dieser Kompetenz auf eine europäische Einrichtung zustimmen – auf der Überprüfbarkeit dieser Entscheidungen bestehen.[572] Außerdem erscheint eine Lösung über eine nicht überprüfbare, sofort verbindliche Entscheidung unter Aspekten des Individualrechtsschutzes und der Rechtsweggarantie problematisch.[573]
Der zweite Vorschlag des Grünbuchs geht von einer gerichtlichen Kontrolle der Entscheidung durch ein nationales Gericht aus. Die Auswahl des für die Kontrolle zuständigen nationalen Gerichts scheint sich nach der Ansicht der Kommission nach der Zuständigkeit für die Entscheidung über die Eröffnung des Hauptverfahrens zu richten.[574] Die Kommission möchte aber die Kontrollbefugnis der nationalen Gerichte offensichtlich ungern auch auf offensichtliche Fehler und Missbrauchsfälle ausdehnen.[575] Aus dem unten wiedergegebenen

---

571 KOM(2001) 715 endg. S. 61 f.; Zwar sind die Vorschläge des Grünbuchs hauptsächlich auf Fälle der Europäischen Staatsanwaltschaft und deren europäische Strafverfolgung ausgerichtet. Sie können aber auch für allgemeine Fallkonstellationen bei Jurisdiktionskonflikten herangezogen werden. Dabei ist es grundsätzlich auch unerheblich, welche der oben genannten Stellen die zu überprüfende Entscheidung erlassen hat.

572 Die Kommission weist in ihrem Vorschlag zwar darauf hin, dass der Europäische Staatsanwalt in einem noch nicht harmonisierten Strafrechtsraum keine missbräuchliche Wahl des Gerichtsstandes treffen darf, KOM(2001) 715 endg. S. 61, 62. Am Ende des zugehörigen Absatzes kommt dann auch die Kommission zu dem Schluss, dass eine Kontrolle nötig werden könnte und diese dann von einem Gericht ausgeübt werden sollte.

573 Dies auch obwohl sich die Frage stellt, ob in Europa die Entscheidung für die eine oder die andere Strafgewalt als Eingriff in individuelle Rechte gesehen werden kann.

574 KOM(2001) 715 endg. S. 62: *„Der Richter, dem die Kontrolle der Klageschrift obliegt, würde selbstverständlich die Rechtmäßigkeit in Bezug auf das nationale Recht insbesondere hinsichtlich der Zuständigkeit kontrollieren."*

575 KOM(2001) 715 endg. S. 62: *„Dabei stellt sich die Frage, ob diese Kontrolle auf offensichtliche Fehler bei der Wahl des Mitgliedstaates für die Anklageerhebung nach Maßgabe des Gemeinschaftsrechts [...] ausgedehnt werden sollte. Ohne einem nationalen Gericht die Möglichkeit einer Zensur der Wahl des geeignetsten Gerichtsstandes durch den Europäischen Staatsanwalt zu geben, könnte die Kontrolle eines Missbrauchs oder eines offensichtlichen Fehlers eventuell dazu führen, dass ein Mitgliedstaat oder mehrere Mitgliedstaaten die Behandlung der Rechtssache vollständig oder teilweise ablehnen. Die im*

Text ist ersichtlich, dass es der Kommission offensichtlich lieber ist, dass eine missbräuchliche Entscheidung über die Jurisdiktion Wirkung erhält, als dass ein negativer Kompetenzkonflikt auftritt. Eine derartige Argumentation spielt den Kritikern der EU-Strafpolitik in die Karten, die dieser eine zu große Gewichtung der Punitivität im Verhältnis zu den Rechten der Betroffenen vorwerfen.[576] Im bereits nächsten Satz schlägt die Kommission aber die Lösung dieser Kompetenzkonflikte durch ein europäisches Gericht, den EuGH, vor. Die Gefahr der negativen Kompetenzkonflikte hielte sich also durchaus in Grenzen. In jedem Fall sollte also das jeweilige nationale Gericht die Entscheidung über die Jurisdiktion, von welcher Stelle sie auch getroffen wurde, vollumfänglich überprüfen können. Kommt das Gericht zu dem Ergebnis, dass diese Entscheidung nicht rechtmäßig war, so kommt entweder eine Zurückverweisung an die entscheidende Stelle oder die Anrufung eines europäischen Gerichts, beispielsweise der EuGH, in Betracht, um dort eine Entscheidung herbeizuführen.
Die dritte von der Kommission vorgeschlagene Möglichkeit sieht die Einrichtung eines eigenen Gerichtes auf Gemeinschaftsebene vor. Dieses Gericht soll nachprüfen, ob die Wahl des Mitgliedstaates für die Anklageerhebung durch die zuständige Institution dem Vorschlag der Kommission entspricht.[577]

Einen anderen Ansatz verfolgt *Lagodny* in seinem Gutachten zu einer europäischen Gerichtskompetenz bei Strafgewaltkonflikten.[578] Er empfiehlt zur Lösung der Strafgewaltkonflikte zuerst nationale Konsultationen, die auf eine Entscheidung zwischen verschiedenen einschlägigen Rechtsordnungen hinwirken sollen.[579] Der Gedanke der über die Zuständigkeitsfrage durchzuführenden gegenseitigen Konsultationen wird auch in dem Vorschlag für einen Rahmenbeschluss zum „ne-bis-in-idem" umgesetzt.[580] Erst wenn diese scheitern oder der strafrechtlich Verfolgte unter Berufung auf eine Verletzung der Strafgewaltkriterien sich um gerichtlichen Rechtsschutz bemüht, soll der EuGH angerufen werden.[581] Der Vorschlag von *Lagodny* beinhaltet zwei interessante Aussagen: zum einen soll für die Konfliktlösung der EuGH zuständig sein. Außerdem soll der von der Strafverfolgung Betroffene selbst in der Lage sein,

---

Übereinkommen vom 25.07.1995 festgelegten Kriterien für die gerichtliche Zuständigkeit sollen eine solche Situation theoretisch ausschließen. Mit dieser zweiten Möglichkeit wären jedoch in der Praxis Fälle einer Ablehnung der Zuständigkeit bis hin zu einem negativen Kompetenzkonflikt möglich."

576 Stellvertretend: *Schünemann*, ZRP 2003, 185

577 KOM(2001) 715 endg. S. 62; Mit dem Vorschlag der Kommission ist hier offensichtlich der Vorschlag der Kommission zu der Lösung der Strafgewaltkonflikte allgemein und nicht bezüglich eines speziellen Konfliktes gemeint.

578 *Lagodny*, Strafgewaltkonflikte, 2001

579 *Lagodny*, Strafgewaltkonflikte, S. 129

580 Initiative der Hellenischen Republik im Hinblick auf die Annahme eines Rahmenbeschlusses des Rates über die Anwendung des „ne-bis-in-idem"-Prinzips, 28.03.2003, Ratsdokument Nr. 7246/03, S. 7

581 *Lagodny*, Strafgewaltkonflikte, S. 129

gegen die Entscheidung über die einschlägige Strafgewalt vorzugehen, wenn die zur Entscheidung relevanten Kriterien verletzt worden sind.
Der Vorschlag von *Lagodny* ist insofern zu begrüßen, als er auch dem Verfolgten die Möglichkeit gibt, gegen eine möglicherweise willkürliche Entscheidung über die Strafgewalt vorzugehen. Die Lösung der Konflikte über eine vorgeschaltete Konsultation der betroffenen Staaten, die zuerst zu einer Einigung führen soll, erscheint zwar als politisch leicht vermittelbare Alternative, da sie nur geringfügig in bestehende Positionen eingreift. Es ist aber zu befürchten, dass diese Konsultationen sich aufwändig und langwierig gestalten. Sollte sich in der Praxis das Vorgehen etablieren, dass die Verhandlungen meist zu keinem Ergebnis führen und dann immer der EuGH als Entscheidungsinstanz angerufen werden sollte, so wäre eine der oben dargestellten Lösungen praktikabler, die schon auf der ersten Ebene eine verbindliche Entscheidung durch eine den Mitgliedstaaten übergeordnete Stelle vorsieht.
In seinen nur grundsätzlichen Ausführungen zu der Frage der Ausgestaltung eines Verfahrens verfolgt *Deiters*[582] zuerst den „zweiten" Vorschlag der Kommission in ihrem Grünbuch zum Europäischen Staatsanwalt. Zuerst seien die nationalen Gerichte für die Anwendung des europäischen Rechts zuständig. Sollte aber die Richtigkeit der Entscheidung des nationalen Gerichtes angezweifelt werden, so muss die Entscheidung einer Institution obliegen, die im Verhältnis der Mitgliedstaaten untereinander verbindliches Recht sprechen kann. *Deiters* schlägt als übergeordnete Instanz den bereits bestehenden EuGH vor, dessen Zuständigkeiten dementsprechend erweitert werden müssten.[583] *Deiters* konkretisiert auch die benötigten Informationen, nach denen das vollstreckende nationale Gericht die Zuständigkeit des ausstellenden Gerichtes überprüfen kann.[584] Durch die Übermittlung des Sachverhaltes, auf dem die Entscheidung beruht, kann aber nur in Fällen der Vollstreckung einer ausländischen Entscheidung das nationale Gericht die internationale Zuständigkeit des ausstellenden Gerichtes überprüfen.

Es ist zu fragen, ob ein derartiges Verfahren nicht den Motiven hinter dem Prinzip der gegenseitigen Anerkennung widerspricht, da wieder eine Prüfung der Rechtmäßigkeit der zu vollstreckenden Entscheidung durch das vollstreckende nationale Gericht eingeführt wird. Dies soll aber nach aktueller politischer Tendenz zumindest im Rahmen der Prüfung der beiderseitigen Strafbarkeit gerade mit dem Argument des gegenseitigen Vertrauens in die jeweils andere Rechtsordnung abgeschafft werden. Die Prüfung der nationalen Zuständigkeit des ausstellenden Gerichtes könnte an die Stelle der Prüfung der beiderseitigen Strafbarkeit des bisherigen Rechtshilfeverfahrens treten. Au-

---

[582] *Deiters*, ZRP 2003, 359, 362
[583] *Deiters*, ZRP 2003, 359, 362
[584] Dabei soll der in Art. 8 des Rahmenbeschlusses zum Europäischen Haftbefehl vorgegebene notwendige Inhalt ausreichend sein. Dies sind die Informationen über die Existenz eines vollstreckbaren Urteils, die Tatumstände einschließlich der Tatzeit und des Tatortes und die verhängte Strafe.

ßerdem soll die Regelung zur Vermeidung von Strafgewaltkonflikten eine derartige Prüfung unnötig machen, da dann bereits in einem sehr frühen Stadium des Verfahrens rechtskräftig feststeht, welcher Staat zur Durchführung des Strafverfahrens zuständig ist.

cc) Praktische Chancen der Vorschläge

Lange Zeit schien es auf politischer Ebene auf eine Lösung der Probleme der Kompetenzkonflikte über die Anwendung des ne bis in idem-Grundsatzes hinauszulaufen. Aktuell liegt aber ein Grünbuch der Kommission zu den Kompetenzkonflikten vor.[585] In diesem Grünbuch fordert die Kommission die betroffenen Stellen und Experten auf, Vorschläge zu den Ideen der Kommission zu machen. Grundsätzlich scheint die Kommission die Anwendung des Qualitätsprinzips zu bevorzugen. Es bleibt abzuwarten, ob sich für dieses System eine politische Mehrheit finden wird.

f) Anknüpfungspunkt für die Zuständigkeitsverteilung

Im Rahmen der Frage nach einem System zur Verhinderung von Strafgewaltkonflikten und der damit einhergehenden Regelung der Zuständigkeitsverteilung muss notwendig auch die Frage geklärt werden, an welchen Teil des Deliktes die Entscheidung über den zuständigen Staat geknüpft werden sollte. Um auch hier die verschiedenen nationalen Regelungen für die anderen Mitgliedstaaten so nachvollziehbar wie möglich zu machen, sollte diese Entscheidung in allen europäischen Ländern gleichermaßen getroffen werden.
Für den „Anknüpfungspunkt" der Regelung der nationalen Zuständigkeiten bietet sich entweder der Handlungs- oder der Erfolgsort an. Für die Anknüpfung an den Erfolgsort spricht die in vielen Fällen stärkere Wahrnehmung dieser Störung des Rechtsfriedens als das oft bei der Tathandlung der Fall ist.[586] Andererseits erscheint es aus dem Zweck des Strafrechts heraus sinnvoller, an den Handlungsort anzuknüpfen. Versteht man das Strafrecht als Mittel zur Gewährleistung von in einer Gesellschaftsordnung unabdingbaren Verhaltensnormen[587], so muss parallel zu den vorgegebenen Verhaltensnormen die jeweilige Handlung für die Entscheidung der Anwendung des nationalen Strafrechts entscheidend sein. Diese Lösung erscheint besonders vor dem Hintergrund der Diskussion über die Nachteile und Gefahren der gegenseitigen Anerkennung sinnvoll. Dort wird gerade die europaweite Geltung der jeweils punitivsten Strafordnung befürchtet, obwohl der einzelne Mitgliedstaat aufgrund seiner eigenen Entscheidung bestimmte Verhalten unter Strafe gestellt hat und andere nicht.[588] Genau der „Export" der strafrechtlichen Bewertung von bestimmten Handlungen geschieht aber nicht, wenn die Geltung der nationa-

---

585 Grünbuch über Kompetenzkonflikte und den Grundsatz ne bis in idem in Strafverfahren, KOM(2005)696 endg.
586 *Deiters*, ZRP 2003, 359, 361
587 Siehe nur: *Maurach/Zipf*, AT, Rdnr. 1
588 Stellvertretend: *Schünemann*, ZRP 2003, 185 ff.

len Strafrechtsordnungen an den Ort der Handlung anknüpft. Die Entscheidung eines Staates, ein Verhalten nicht unter Strafe zu stellen, könnte nicht durch die gegenseitige Anerkennung einer strafrechtlichen Entscheidung ausgehebelt werden.[589]

g) Austausch von Informationen aus dem Strafregister

Die europaweite Einführung einer Datenbank zur Erfassung laufender und abgeschlossener Strafverfahren wäre nicht nur zur Förderung der Geltung des ne bis in idem-Grundsatzes sinnvoll. Eine gut funktionierende Datenbank könnte besonders wenn sie auch über laufende Verfahren Auskunft gibt die Problematik der Strafgewaltkonflikte entschärfen. In Fällen positiver Strafgewaltkonflikte könnten die betroffenen Mitgliedstaaten durch eine Anfrage bei einer zentralen Datenbank bereits frühzeitig erfahren, ob in einem anderen Land schon ein Ermittlungsverfahren begonnen wurde.
Außerdem ist die Einführung einer Datenbank für die Umsetzung des Prinzips der gegenseitigen Anerkennung notwendig.[590] Auf politischer Ebene wurde die Notwendigkeit der Kenntnis von ausländischen Entscheidungen bereits in das Maßnahmenprogramm zur gegenseitigen Anerkennung strafrechtlicher Entscheidungen aufgenommen.[591] Die gegenseitige Anerkennung strafrechtlicher Entscheidungen bedeutet gerade, dass ein Urteil über die Grenzen hinweg Wirkung zeigt. Dies kann bei Entscheidungen nur wirksam geschehen, wenn die anderen Mitgliedstaaten Informationen über die Verurteilungen erhalten können.[592]

Aktuell wurde auf europäischer Ebene aber (noch) nicht die Lösung der Einführung eines europäischen Strafregisters gewählt. In dem Rahmenbeschluss über den Austausch von Informationen aus dem Strafregister[593] wird im Ergebnis nur der Informationsfluss zwischen den einzelnen nationalen Strafre-

---

589 *Deiters*, ZRP 2003, 359, 361

590 Beschluss des Rates über den Austausch von Informationen aus dem Strafregister, Erwägungsgrund Nr. 2, Abl. EG 332 vom 09.12.2005, S. 33

591 Abl. EG C 12 vom 15.01.2001, S. 10; Maßnahme Nr. 2 sieht vor: *„Annahme eines oder mehrerer Rechtsakte, in denen der Grundsatz verankert ist, dass das Gericht eines Mitgliedstaates die in den anderen Mitgliedstaaten ergangenen rechtskräftigen Entscheidungen in Strafsachen heranziehen können muss, um die strafrechtliche Vergangenheit des Täters bewerten, eine Rückfälligkeit berücksichtigen und die Art der Strafen und die Einzelheiten des Strafvollzugs entsprechend festlegen zu können."*

592 Die Kommission (KOM(2005)91endg) spricht sogar von einer drohenden Benachteiligung des Verurteilten aufgrund der unterschiedlichen Länder der Verurteilung. Da die Kenntnis des Gerichts von vorherigen Verurteilungen jedoch meist das Strafmaß erhöht und nicht verringert erscheinen die Fälle der Benachteiligung durch die Verurteilung in verschiedenen Staaten selten. Umgekehrt führt aber die Verurteilung in verschiedenen Staaten zu einem Vorteil für diese Täter im Verhältnis zu den Tätern, die hintereinander in demselben Staat verurteilt werden.

593 Beschluss des Rates vom 21.11.2005 über den Austausch von Informationen aus dem Strafregister, Abl. EG L 322 vom 09.12.2005, S. 33; Gemäß Art. 7 des RB wurde den Mitgliedstaaten eine Frist zur Umsetzung bis zum 21.05.2006 gesetzt.

gistern geregelt. Die Aufnahme des Betriebs der internationalen Strafregistervernetzung wurde am 06.06.2006 vorgestellt. Die Teilnehmer sind bislang: Deutschland, Frankreich, Spanien, Belgien, die Tschechische Republik und Luxemburg.[594]

h) Die aktuellen Regelungen im Überblick

Der Beschluss über den Austausch der Informationen aus dem Strafregister führt nicht zur Einführung eines europäischen Strafregisters. Es wird lediglich der Modus festgelegt, nach dem die einzelnen Mitgliedstaaten die anderen über eine Verurteilung in ihrem Land informieren.
Dazu benennt zunächst jeder Mitgliedstaat eine Zentralbehörde für die Abgabe und vor allem den Empfang der Informationen.[595] Kommt es dann in einem Mitgliedstaat zur Verurteilung eines ausländischen Staatsangehörigen, so informiert der Urteilsstaat die Zentralbehörde des Staates, dessen Staatsangehörigkeit der Betroffene besitzt.[596] Die Information umfasst das Urteil und die weiteren Eintragungen im nationalen Strafregister, Art. 2 des Beschlusses. Möchte nun eine mitgliedstaatliche Behörde in einem laufenden Verfahren Informationen zu Vorstrafen eines Beschuldigten erlangen, so stellt sie auf einem vorgegebenen Formblatt ein Ersuchen bei der anderen Zentralbehörde.[597] Ebenso ist es einzelnen Personen möglich, einen Antrag auf Einsicht in das eigene Strafregister zu stellen. Dieser kann bei jeder Zentralbehörde eingelegt werden und wird von dieser an die zuständige Behörde weitergeleitet. Die Ersuchen sollen nach dem Rahmenbeschluss (Art. 3 Abs. 2) innerhalb von zehn Tagen bearbeitet werden.
Die erlangten Daten dürfen vom ersuchenden Staat nur für die Strafverfahren genutzt werden, die im Antrag genannt werden. Wurden die personenbezogenen Daten nicht für ein Strafverfahren übermittelt, so kann der ersuchte Staat die Grenzen der Verwendung der Daten festlegen (Art. 4 Abs. 2).

i) Bewertung

Das hier vorgestellte System des Informationsaustausches zwischen den Ländern stellt eine Art Minimallösung im Verhältnis zur Einführung eines europäischen Strafregisters dar.

---

[594] Siehe dazu die Mitteilung im Newsletter des BMJ vom 06.06.2006

[595] Art. 1 des Beschlusses über den Austausch von Informationen aus dem Strafregister; Die Zentralbehörden werden dem Generalsekretariat des Rates und der Kommission mitgeteilt.

[596] Bisher erfolgte die Information der einzelnen mitgliedstaatlichen Behörden vierteljährlich und in Papierform, in Zukunft sollen diese so genannten Strafnachrichten elektronisch ausgetauscht werden. Siehe dazu den Newsletter des BMJ vom 06.06.2006

[597] Aufgrund der Sammlung der Informationen bei den jeweiligen Zentralbehörden des Staatsangehörigkeitsstaates fällt die Auswahl der ersuchten Behörde leicht. In diesem Zusammenhang ist auf die ebenfalls bestehende Möglichkeit hinzuweisen, das Auskunftsersuchen elektronisch zu übermitteln und zu beantworten. (Siehe dazu die Mitteilung im Newsletter des BMJ vom 06.06.2006.) Dies wird den Informationsaustausch deutlich beschleunigen.

Es handelt sich nur um einen Ansatz, der Informationen wegen bereits erfolgter Verurteilungen verbreitet. Sinnvoll wäre es gewesen, auch Informationen über bereits begonnene Strafverfahren an die anderen Zentralbehörden zu melden. Dies könnte die Einleitung und Durchführung doppelter Strafverfahren verhindern.[598]

Eine umfassendere Variante wäre mit einer zentralen Behörde erreicht worden. Insbesondere die Beantwortung der in verschiedenen Sprachen eingehenden Ersuchen könnte hier schneller erreicht werden. Auch wäre so ein europaweit gleicher Standard der im Zentralregister gesammelten und an die anderen Staaten herausgegebenen Daten zu erreichen.[599]

Andererseits stellt sich die Frage, ob es einer neuen europäischen Behörde und des damit verbundenen enormen Aufwandes überhaupt bedarf. Grundsätzlich ist auch mit dem vorgeschlagenen Rechtsakt eine einfache Information über die in anderen Ländern erfolgten Verurteilungen möglich. Die Information über bereits begonnene Verfahren könnte ebenfalls in dieses System eingefügt werden. M.E. ist davon auszugehen, dass der Zweck der Verbesserung des Informationsflusses auch ohne europäisches Zentralregister erreicht werden kann, der Rahmenbeschluss das verhältnismäßige und damit bessere Mittel darstellt.

IX) Aktuelle Vorhaben zur Stärkung des Vertrauens in die anderen Rechtsordnungen als Grundlage des Prinzips der gegenseitigen Anerkennung

Die Kommission verfolgt mit den folgenden Rechtsakten das Ziel, das Vertrauen zwischen den einzelnen mitgliedstaatlichen Rechtsordnungen zu stärken. Durch diese Rechtsakte sollen einige der bislang gegen das Prinzip der gegenseitigen Anerkennung vorgebrachten Kritikpunkte ausgeräumt werden.[600]

a) Der Rahmenbeschluss zu bestimmten Verfahrensrechten im Strafverfahren innerhalb der EU

Die Wahrung der Verfahrensrechte von verdächtigen Personen wird durch die mit der gegenseitigen Anerkennung verbundene Änderung der Rechtshilfe besonders wichtig, Rechtsverletzungen können nicht mehr im Exequaturverfahren geprüft werden.

Der vorgeschlagene Rahmenbeschluss[601] soll dem Ziel[602] der Verbesserung der Rechte des Einzelnen in Strafverfahren Rechnung tragen.[603] Die Kommis-

---

598 *Vander Beken/Vermeulen/Lagodny*, NStZ 2002, 624, 627

599 Dies ist bei dem aktuellen System nicht der Fall, es werden nur die aufgrund nationaler Vorschriften gesammelten Daten weitergegeben.

600 Siehe dazu auch: KOM(2005)195 endg. S. 6f; KOM(2004)328 endg. S. 25

601 Vorschlag für einen Rahmenbeschluss des Rates über bestimmte Verfahrensrechte in Strafverfahren innerhalb der Europäischen Union; KOM(2004)328 endg. Nach dem Vorschlag der Kommission sollte dieser Rahmenbeschluss bis zum 01.01.2006 von den Mit-

sion erkennt die sich aus der Freizügigkeit der Unionsbürger aus strafrechtlicher Sicht ergebenden Probleme und will dafür sorgen, dass die Interessen der Unionsbürger, die sich der Strafverfolgung in einem anderen als ihrem Mitgliedstaat ausgesetzt sehen, gewahrt bleiben.[604]
Die Kommission will mit ihrem Vorschlag gezielt das Schutzniveau über das der EMRK heben, da sich nach ihren Untersuchungen immer noch viele Verstöße gegen die EMRK ereignen.[605] Für die nach Ansicht der Kommission besonders wichtigen Rechte sollen in einem ersten Schritt gemeinsame Mindestnormen vorgeschlagen werden.[606] Der Anwendungsbereich des Rahmenbeschlusses wird auch auf nicht-Unionsbürger ausgeweitet, um sich nicht der Kritik des bevorzugten Schutzes für eine Personengruppe auszusetzen.[607] Die mit dem Rahmenbeschluss verbundenen Rechte gelten ab dem Zeitpunkt, an dem einer Person mitgeteilt wird, dass sie einer Straftat verdächtigt wird.[608]

Folgende Rechte sind nach dem Entwurf des Rahmenbeschlusses besonders schützenswert: Zuerst ergibt sich aus Art. 2 ein Recht auf einen Rechtsbeistand. Die Pflicht der Mitgliedstaaten zur Gewährleistung des Rechtsbeistandes ergibt sich aus Art. 3, gemäß Art. 4 sind diese auch zur Überwachung der Qualität[609] der Verteidigung verpflichtet. Weiter werden dem Betroffenen das Recht auf unentgeltliche Beiziehung eines Dolmetschers (Art. 6), sowie das

---

gliedstaaten umgesetzt werden. Diese Frist kann nicht eingehalten werden, der RB war erst am 01.06.2006 Gegenstand der Beratung im Rat (Justiz und Inneres).

602 Die Gewährleistung und Verbesserung der Rechte des Einzelnen im Strafverfahren wird von der Kommission im Rahmen der Entwicklung der gegenseitigen Anerkennung als notwenig erkannt. Siehe dazu auch: KOM(2004)328 endg. S. 2; KOM(2000)495 endg. S. 2, 18; Abl. EG C 12 vom 15.01.2001, S. 10ff.

603 *Schünemann*, StV 2006, 361, 363 geht davon aus, dass sich die Verfahrensrechte in einzelnen Ländern nicht nur positiv entwickeln werden. So stellt das in Art. 2 geregelte *„Recht auf Rechtsbeistand"* einen Fortschritt in einigen Ländern dar, es bedeutet jedoch einen Rückschritt für die bisherige Regelung in Deutschland.

604 KOM(2004)328 endg. S. 4, 24

605 KOM(2004)328 endg. S. 7, 25

606 Diese für die gegenseitige Anerkennung besonders wichtigen Rechte sind: Vertretung durch einen Rechtsbeistand, kostenlose Inanspruchnahme eines Dolmetschers, Hilfe für Personen, die das Verfahren nicht verstehen oder ihm nicht folgen können, das Recht auf Kontaktierung der ausländischen Behörden, Aufklärung der Verdächtigen über ihre Rechte. Siehe auch: KOM(2004)328 endg. S. 26

607 KOM(2004)328 endg. S. 14

608 Art. 1 Nr. 2 des Entwurfes des Rahmenbeschlusses, KOM(2004)328 endg. S. 28

609 Die Kommission spricht in diesem Zusammenhang von einer Obliegenheit der Mitgliedsstaaten zur Einrichtung eines Verfahrens zur Überprüfung der Wirksamkeit der rechtlichen Vertretung. Es bleibt abzuwarten, wie dieses ausgestaltet werden soll. Die zeitnahe (nur diese hilft dem Betroffenen in seiner Situation vor Gericht) Bewertung der Verteidigung erscheint kaum möglich. Einzig denkbar wäre eine Überwachung der Zahl und Dauer der Besuche des Verteidigers bei dem Betroffenen. So könnte im Gerichtsverfahren wenigstens sichergestellt werden, dass sich der Verteidiger mit seinem Mandanten beschäftigt hat und den Sachverhalt ausreichend ergründet hat. Die Bewertung der prozesstaktischen Qualitäten des Verteidigers wird auf wenig Gegenliebe der Anwaltschaft stoßen.

Recht auf unentgeltliche und getreue Übersetzung der Dokumente (Art. 8 und 9) gewährt. Den Betroffenen, die aufgrund ihrer physischen oder mentalen Verfassung dem Verfahren nicht ausreichend folgen können, muss besondere Aufmerksamkeit zuteil werden (Art. 10 und 11). Außerdem wird ihnen ein Recht auf Kommunikation mit der Familie und den Konsularbehörden eingeräumt. In Art. 14 wird die Pflicht der Mitgliedstaaten geregelt, allen verdächtigen Personen eine Erklärung über ihre Verfahrensrechte auszuhändigen.[610]

Neben der unmittelbaren Verbesserung des Schutzes der Rechte des Betroffenen greift die Kommission in dem Vorschlag den Gedanken der Stärkung der Kontrolle und Überwachung der Übereinstimmung der Mindestnormen in den Mitgliedstaaten auf. Das Vertrauen in die anderen Rechtsordnungen soll durch den öffentlichen Zugang zu den Untersuchungsergebnissen verstärkt werden.[611] Hier handelt es sich aber ausdrücklich nicht um ein System des Rechtsschutzes gegen aufgrund gegenseitiger Anerkennung vollstreckte Entscheidungen. Zur Vorbereitung und Umsetzung des Rechtsaktes soll eine Bestandsaufnahme durch die Kommission erfolgen.[612] Die Pflicht der Mitgliedstaaten zur Sammlung der für die Bewertung der Umsetzung relevanten Daten ergibt sich aus den Art. 15 und 16.

b) Rechtsakt zur Unschuldsvermutung und zu Mindestnormen für die Beweiserhebung und für den Umgang mit Beweismitteln

Die Unschuldvermutung ist als wesentliche Prämisse des Strafrechts auf europäischer Ebene in Art. 6 EMRK und Art. 48 der Charta der Grundrechte der Europäischen Union verankert. Sie findet sich in allen mitgliedstaatlichen Rechtsordnungen, ist dort aber nicht deckungsgleich ausgestaltet.[613]
Es war die Veröffentlichung eines Grünbuches der Kommission im Jahr 2005 geplant, das sich mit dem Begriff der Unschuldsvermutung und den Möglichkeiten zur Verbesserung ihrer Geltung befassen soll. Ein erster Vorschlag für einen diesbezüglichen Rahmenbeschluss soll durch die Kommission im Jahr 2007 erfolgen.

c) Rechtsakt zur Problematik der Abwesenheitsurteile

Die Möglichkeit von Abwesenheitsurteilen im Strafprozess in manchen Ländern[614] der EU wirft besonders im Zusammenhang mit der gegenseitigen An-

---

610 Die Erklärung über die Rechte soll in allen Amtssprachen der EU vorliegen und in den Polizeidienststellen ausgehändigt werden.
611 KOM(2004)328 endg. S. 12
612 Die Kommission sieht sich hierzu aufgrund ihrer sich aus Art. 34 Abs. 2 EUV ergebenden Rolle und der von ihr normalerweise ausgeführten Kontrolle der Umsetzung der Rahmenbeschlüsse berufen. Die Bewertung der Ergebnisse soll aber im Bedarfsfall an externe Sachverständige übertragen werden.
613 KOM(2005)195 endg. S. 7
614 Z.B.: Italien und Frankreich

erkennung von strafrechtlichen Entscheidungen Probleme auf. Zur Lösung dieser Schwierigkeiten beabsichtigt die Kommission die Vorlage eines Grünbuches im Jahr 2006, auf das gegebenenfalls Legislativvorschläge folgen sollen.[615]

d) Rechtsakt zur Angleichung strafrechtlicher Sanktionen

Die Kommission hat in ihrem Grünbuch zu strafrechtlichen Sanktionen[616] erste Überlegungen zur Notwendigkeit der Einführung europaweit geltender Definitionen angestellt. Die Kommission plant im Jahr 2007 einen Vorschlag für einen Rahmenbeschluss zu diesem Thema vorzulegen.[617]

e) Begleitmaßnahmen zur Stärkung des gegenseitigen Vertrauens

Zur Verbesserung des gegenseitigen Vertrauens in die anderen europäischen Rechtsordnungen soll nach Ansicht der Kommission insbesondere die Evaluierung der Umsetzung der einzelnen Maßnahmen helfen.[618] Durch die Evaluierung soll zum einen der konkrete Bedarf an zu erlassenden Rechtsakten überprüft werden, zum anderen die Umsetzung der Rechtsakte in praktischer Hinsicht bewertet werden. Außerdem sollen allgemein die Umstände bewertet werden, unter denen gerichtliche Entscheidungen zustande kommen. Die mit der verwaltungsmäßigen Überwachung der Justizsysteme verbundenen Probleme wie Wahrung der Verhältnismäßigkeit, der Subsidiarität und der Unabhängigkeit der Justiz sind der Kommission bewusst.[619] Es bleibt abzuwarten, ob dieses Problembewusstsein auch in die Umsetzung dieser Ziele Eingang findet.
Nach der Empfehlung des Europäischen Parlaments[620] will die Kommission im Jahr 2006 eine Mitteilung zur Bewertung der Qualität des Justizwesens vorlegen.

Außerdem soll das Vertrauen in die anderen Rechtsordnungen durch die Vernetzung der Juristenausbildung bzw. der Organisationen, die diese tragen verbessert werden.[621] Die Kommission plante Ende des Jahres 2005 eine Mitteilung zur Juristenausbildung in der Europäischen Union vorzulegen.[622]

Weiter plant die Kommission für die Jahre 2007 bis 2012 unter anderem ein Aktionsprogramm „Strafjustiz“. Das Programm soll die Arbeit der EU auf den

---

615 KOM(2005)195 endg. S. 8
616 KOM(2004)334 endg.
617 KOM(2005)195 endg. S. 9
618 KOM(2005)195 endg. S. 9
619 KOM(2005)195 endg. S. 9
620 Empfehlung des Europäischen Parlaments an den Rat zur Qualität der Strafjustiz und zur Harmonisierung des Strafrechts in den Mitgliedstaaten, A6-0036/2005
621 KOM(2005)195 endg. S. 10
622 Diese liegt noch nicht vor.

Gebieten der justiziellen Zusammenarbeit, der Entwicklung der gegenseitigen Anerkennung und der Stärkung des Vertrauens unter den Mitgliedstaaten intensivieren. Schwerpunkte des Programms sind die Förderung des Kontaktes unter den Juristen, die Juristenausbildung und die Förderung des Zugangs der Bürger zum Recht.

X) Vorschläge aus der Wissenschaft zur gegenseitigen Anerkennung strafrechtlicher Entscheidungen

Nicht nur auf politischer Ebene wurden Vorschläge zur Verbesserung der strafrechtlichen Zusammenarbeit in Europa gemacht. Es sollen hier nun die Vorschläge aus der Wissenschaft vorgestellt werden, die teilweise Elemente des Prinzips der gegenseitigen Anerkennung aufgreifen, teilweise dieses Prinzip aber gerade ablehnen und Alternativen aufzeigen.

a) Das Corpus Juris

Im November 1995 wurde von der Europäischen Kommission im Auftrag des Europäischen Parlaments eine aus acht Strafrechtslehrern bestehende Arbeitsgruppe eingesetzt. Die Gruppe unter der Leitung von *Delmas-Marty* hat 1997 das „Corpus Juris der strafrechtlichen Regelungen zum Schutz der finanziellen Interessen der Europäischen Union“ veröffentlicht.[623] Es liegt mittlerweile in einer überarbeiteten „Fassung von Florenz“ vor.[624]
Ziel des Corpus Juris war die Verbesserung des Schutzes der finanziellen Interessen der Europäischen Union. Dies war nach Korruptions- und Untreueskandalen bezüglich des Haushaltes der Europäischen Union notwendig geworden. Die Regelungen des Corpus Juris verfolgen hauptsächlich die Harmonisierung der mitgliedstaatlichen Rechtsordnungen, es finden sich aber auch Aspekte der gegenseitigen Anerkennung.

b) Anwendungsbereich des Corpus Juris

Das Corpus Juris bezieht sich ausschließlich auf den Schutz der finanziellen Interessen der EU. Beispielsweise ist hier die Verfolgung von Fällen des Subventionsbetruges zu nennen.

---

623 Zum Corpus Juris siehe: *Rasner*, Erforderlichkeit, Legitimität und Umsetzbarkeit des Corpus Juris Florenz, 2004; *Schünemann*, StV 2003, 116ff.; *Braum*, JZ 2000, 493; *Wattenberg*, StV 2000, 95; Weitere Literaturhinweise bei: *Ambos* in: MüKo StGB, vor §§ 3-7 StGB, FN. 85

624 *Schünemann*, ZRP 2003, S. 186; Das „Corpus Juris“ ist in deutscher Fassung, herausgegeben von *Delmas-Marty,* erschienen. Die aktuelle Fassung liegt in der Übersetzung von *Walter* im Auftrag der Vereinigung für Europäisches Strafrecht e.V. vor. Sie ist im Internet abrufbar unter: ec.europa.eu/anti_fraud/green_paper/corpus/de.doc

c) Gegenseitige Anerkennung im Corpus Juris

Das Corpus Juris will zwar nicht ausdrücklich eine gegenseitige Anerkennung von nationalen Entscheidungen herbeiführen. Es erreicht aber die Verkehrsfähigkeit[625] von nationalen Entscheidungen in der Europäischen Union, ist also im Ergebnis der gegenseitigen Anerkennung der Entscheidungen gleichzusetzen.[626]

Die Freizügigkeit der Entscheidungen ergibt sich aus Art. 24 Nr. 1 Buchst b CJ-FF. Dort wird im Rahmen der Regelungen über die örtliche Zuständigkeit der lapidare Satz gefasst:

> *„Haftbefehle und Urteile, die von Gerichten eines Mitgliedsstaates ausgestellt oder verkündet worden sind und die vorgenannten Taten betreffen, sind auf dem gesamten Gebiet der Union vollstreckbar."*

Aus den Motiven ergibt sich, dass mit der Gültigkeit vor allem die in der ganzen Europäischen Union mögliche Vollstreckbarkeit der Urteile gemeint ist.[627] Weitere Aussagen über die Wirkung einer in der gesamten EU gültigen Entscheidung werden nicht gemacht.[628]
Weitere Ansätze der gegenseitigen Anerkennung finden sich in der Regelung zum Europäischen Haftbefehl in Art. 25ter Nr. 4 CJ-FF. Demnach ist ein von einem Freiheitsrichter auf Antrag der EStA[629] ausgestellter Haftbefehl auf dem gesamten Territorium der EU vollstreckbar.
Auch können weitere Aspekte gegenseitiger Anerkennung im Rahmen der Beweisregeln des CJ erkannt werden. Dort ist in Art. 33 Nr. 2 CJ-FF geregelt, dass sich die Beurteilung der Zulässigkeit eines Beweises nach dem nationalen Recht des Mitgliedstaates richtet, in dem der Beweis erhoben wurde. Ist er dort zulässig erhoben worden, so kann ihm in einem anderen Mitgliedstaat nicht entgegengehalten werden, dass seine Erhebung im Land der Beweisverwertung nicht zulässig gewesen wäre.[630]

d) Der „Alternativentwurf Europäische Strafverfolgung"

Vor dem Hintergrund der rasanten strafrechtspolitischen Entwicklungen auf europäischer Ebene wurde von einer Reihe von Strafrechtslehrern[631] der „Al-

---

[625] *Sieber* in: Delmas-Marty, Corpus Juris, S. 8
[626] *Schünemann*, GA 2004, S. 202
[627] *Delmas-Marty*, Corpus Juris, S. 61
[628] Zum Beispiel wäre interessant, ob eine vergangene ausländische Verurteilung im Rahmen einer erneuten Verurteilung zu berücksichtigen ist.
[629] Dabei handelt es sich um die im CJ vorgeschlagene Europäische Strafverfolgungsbehörde.
[630] Dies gilt bis auf die Ausnahme, dass durch die Erhebung die Rechte aus der Menschenrechtskonvention verletzt wurden. Siehe hierzu kritisch: *Wattenberg*, StV 2000, 95, 101
[631] Dan *Frände*, Universität Helsinki (Finnland); Roland *Hefendehl*, Universität Dresden; Eric *Hilgendorf*, Universität Würzburg; Tatjana *Hörnle*, Universität Bochum; Ernst-Joachim

ternativentwurf Europäische Strafverfolgung" vorgelegt.[632] Der Alternativentwurf folgt dem Verständnis des Strafrechts als ultima ratio des Rechtsgüterschutzes[633] und schlägt alternative Regelungen zu Normen des „Entwurfs eines Verfassungsvertrages für Europa"[634] sowie des Corpus Juris[635] vor. In diesem Zusammenhang wird auch das Prinzip der gegenseitigen Anerkennung angegriffen und eine Alternative unterbreitet.[636]

e) Grundüberlegungen des Alternativentwurfs

Die Autoren des AE haben sich bei der Arbeit von drei grundsätzlichen Überlegungen leiten lassen:

Ihrer Ansicht nach wird das Strafrecht seiner Aufgabe als ultima ratio zum Rechtsgüterschutz der Bürger im sich verändernden Kriminalitätsraum Europas nur dann gerecht, wenn die Änderung der zum Rechtsgüterschutz geeigneten Mittel über die bisherigen Entwicklungen hinausgeht, aber auch angemessene Kontrollinstanzen der wachsenden Ermittlungszuständigkeiten geschaffen werden.[637]

Außerdem bleibt nach Ansicht der Autoren der Schutz des Bürgers vor dem Strafrecht hinter dem Schutz des Bürgers durch das Strafrecht weit zurück.[638] Der Schutz des unschuldig in Verdacht geratenen Bürgers vor oft schwerwiegenden Eingriffen müsse verbessert werden.[639]

Der AE ist weiterhin motiviert von der häufig anzutreffenden[640] Kritik an der gubernativen Rechtssetzung in Europa und der damit zu kurz kommenden demokratischen Legitimation strafrechtlicher Normen.[641]

Lampe, Universität Bielefeld; Klaus *Lüderssen*, Universität Frankfurt a. M.; Cornelius *Nestler*, Universität zu Köln; Guillermo *Ormazábal*, Universität Girona (Spanien); Helmut *Satzger*, Universität Augsburg; Bernd *Schünemann*, Universität München; Wolfgang *Wohlers*, Universität Zürich (Schweiz)

632 Auf einer Fachtagung im Sommer 2006 wurde in Thessaloniki eine noch nicht veröffentlichte Überarbeitung des Alternativentwurfes diskutiert und auf einer folgenden Tagung in Madrid vorgestellt, *Schünemann*, StV 2006, 361, 366, *Schroeder*, FAZ 01.08.2006, S. 10

633 *Schünemann*, ZStW (116) 2004, 376, 377

634 Abl. EG C 169 vom 18.07.2003

635 Corpus Juris der strafrechtlichen Regelungen zum Schutz der finanziellen Interessen der Europäischen Union, herausgegeben von *Delmas-Marty*

636 *Schünemann* (Hrsg.), Alternativentwurf Europäische Strafverfolgung, S. 10

637 *Schünemann* (Hrsg.), Alternativentwurf Europäische Strafverfolgung, S. 3

638 *Schünemann* (Hrsg.), Alternativentwurf Europäische Strafverfolgung, S. 4

639 Art. III-158 Abs. 3 aE AE: *[...] ein hohes Niveau an Freiheit, an Sicherheit und an Schutz der Rechte gegenüber anderen und gegenüber der Staatsgewalt zu gewährleisten.*

640 *Schünemann* (Hrsg.), Alternativentwurf, Europäische Strafverfolgung, S. 4. Zur Kritik an der gubernativen Rechtssetzung siehe u.a.: *Lüderssen*, GA 2003, 71; *Satzger*, Die Europäisierung des Strafrechts, S. 90; *Schünemann*, StV 2003, 116, 120

641 Art. III-302 Abs. 3 Satz 3 AE: *[...] Handelt es sich um ein Strafgesetz, so erfolgt die Übermittlung an den Ministerrat nur, wenn sich zwei Drittel der Mitglieder des Europäi-*

f) Das rechtsstaatliche Meistbegünstigungsprinzip und das Schweizer Modell als Alternative zum Prinzip der gegenseitigen Anerkennung

Im Gegensatz zum Prinzip der gegenseitigen Anerkennung als Grundstein der justiziellen Zusammenarbeit in Europa sieht der Alternativentwurf eine Kombination aus dem so genannten „Schweizer Modell" und dem Meistbegünstigungsprinzip vor.[642] Dazu sieht der Alternativentwurf Änderungen der Art. III-257 und III-270[643] des Verfassungsentwurfes vor.

> Art. III-257 Abs. 3 VE: *Die Union wirkt darauf hin, durch Maßnahmen zur Prävention und Bekämpfung von Kriminalität sowie von Rassismus und Fremdenfeindlichkeit, zur Koordinierung und Zusammenarbeit von Polizeibehörden und Organen der Strafrechtspflege und den anderen zuständigen Behörden* sowie *durch die gegenseitige Anerkennung strafrechtlicher Entscheidungen und erforderlichenfalls durch die Angleichung der strafrechtlichen Bestimmungen ein hohes Sicherheitsniveau zu gewährleisten.*

> Dagegen Art. III-158 Abs. 3 AE: *Die Union wirkt darauf hin, durch Maßnahmen zum Schutz der Freiheit und der Rechtsgüter der Bürger, zur Prävention und Bekämpfung ihrer Verletzung, zur Koordinierung und Zusammenarbeit von Polizeiorganen, Organen der Strafrechtspflege und anderen zuständigen Behörden insbesondere bei grenzüberschreitenden Verfahren und erforderlichenfalls durch Angleichung zu enger oder zu weiter strafrechtlicher Bestimmungen ein hohes Niveau an Freiheit, an Sicherheit und an Schutz der Rechte gegenüber anderen und gegenüber der Staatsgewalt zu gewährleisten.*

Konkreter wird der Alternativentwurf in seinem Vorschlag zu Art. III-270 VE.

> Art. III-270 Abs. 1 VE: *Die justizielle Zusammenarbeit in Strafsachen in der Union beruht auf dem Grundsatz der gegenseitigen Anerkennung gerichtlicher Urteile und Entscheidungen und umfasst die Angleichung der Rechts- und Verwaltungsvorschriften der Mitgliedstaaten in den Bereichen von Absatz 2 und Artikel III-270 genannten Bereichen.*

---

schen Parlaments für den Erlass des Gesetzes aussprechen. Die Zweidrittelmehrheit soll, bedingt durch die fehlende Gleichheit der Wahl zum EP, die Unterstützung des Gesetzes von einer die Mehrheit der EU-Bürger repräsentierenden Mehrheit von Abgeordneten sicherstellen.

642 *Schünemann*, ZStW (116) 2004, 376, 382; Der Grundgedanke findet sich bereits bei Böse in: *Momsen/Bloy/ Rackow* (Hrsg.), Fragmentarisches Strafrecht, S. 250

643 Die Nummerierung des Alternativentwurfes sollte ursprünglich parallel zu der des Verfassungsentwurfes verlaufen. Die Nummerierung des Verfassungsentwurfes hat sich aber nach dem Erscheinen des AE verändert, so dass hier kein Gleichlauf gegeben ist.

Dagegen lautet Art. III-171 Abs.1 AE: *Die justizielle Zusammenarbeit in Strafsachen in der Union beruht auf den Grundsätzen des europaweiten Direktverkehrs der Gerichte und Behörden, der prinzipiellen Maßgeblichkeit des nationalen Rechts der das Verfahren betreibenden Instanz sowie des Grundrechtsschutzes der Betroffenen bei Inhaftierung und Sicherstellung von Vermögenswerten nach dem materiellen und dem Prozessrecht des Vollstreckungsstaates. Die Überstellung eines Inhaftierten findet erst zur Hauptverhandlung statt.*

Nach dem dort vorgeschlagenen „Schweizer Modell" sind die Ermittlungshandlungen der nationalen Staatsanwaltschaften nicht auf das eigene Staatsgebiet beschränkt.[644] Die nationalen Staatsanwaltschaften ermitteln aber nach ihrer eigenen Verfahrensordnung.[645] Die Ermittlungen im Ausland sollen dabei von den jeweiligen zuständigen Staatsanwaltschaften angeordnet und überwacht werden, die tatsächliche Ausführung soll aber durch die lokalen Polizeibeamten geschehen, die aber die ausländischen Regelungen für das Ermittlungsverfahren zu beachten haben.[646]
Nur so soll nach Ansicht der Verfasser einerseits das forum-shopping[647] und andererseits die Gefahr der Geltung der punitivsten Strafordnung verhindert werden, indem nicht jede in einem beliebigen Mitgliedstaat erlassene eingreifende Entscheidung in allen anderen Ländern vollstreckt werden kann.[648]

Im Schweizer Recht[649] wird der Gerichtsstand gemäß Art. 346 ff. StGB (Schweiz) grundsätzlich durch den Begehungsort bestimmt:

Art. 346 StGB (Schweiz):
Abs. 1: Für die Verfolgung und Beurteilung einer strafbaren Handlung sind die Behörden des Ortes zuständig, wo die strafbare Handlung ausgeführt wurde. Liegt nur der Ort, wo der Erfolg eingetreten ist oder eintreten sollte, in der Schweiz, so sind die Behörden dieses Ortes zuständig.
Abs. 2: Ist die strafbare Handlung an mehreren Orten ausgeführt worden, oder ist der Erfolg an mehreren Orten eingetreten, so sind die Be-

---

644 Gemäß Art. 40 SDÜ sind bereits grenzüberschreitende Observationen möglich. Die im Ausland observierende Behörde ist aber im Gegensatz zum AE an das Recht des Staates gebunden, in dem die Observation stattfindet, Art. 40 Abs. 3 Buchst. a SDÜ. Siehe auch: Art. 13 EU-RhÜbk v. 2000

645 *Schünemann* (Hrsg.), Alternativentwurf Europäische Strafverfolgung, S. 11

646 *Schünemann*, ZStW 116 (2004), 384, 395

647 Als forum-shopping wird die Auswahl der den eigenen Interessen jeweils günstigsten Rechtsordnung bezeichnet.

648 *Schünemann*, ZStW 116 (2004), 384

649 Zu den den Regelungen des Alternativentwurfs zugrunde liegenden Normen des Schweizer Strafgesetzbuches siehe: *Wohlers* in: Alternativentwurf Europäische Strafverfolgung, S. 51 ff.

hörden des Ortes zuständig, wo die Untersuchung zuerst angehoben wurde.

Die Entscheidung über die Zuständigkeit der Strafverfolgungsbehörden muss bereits bei Aufnahme der Ermittlungen erfolgen und richtet sich dementsprechend nach dem Tatvorwurf.[650] Nach dem sich aus Art. 364 Abs. 2 StGB (Schweiz) ergebenden Prioritätsprinzip richtet sich die Zuständigkeit bei mehreren in Betracht kommenden Begehungsorten nach dem Ort, an dem die Untersuchung zuerst begonnen wurde.
Die weitere interkantonale Zusammenarbeit richtet sich in der Schweiz nach dem *Konkordat über die Rechtshilfe und die interkantonale Zusammenarbeit in Strafsachen vom 05.11.1992*[651], dort sind in Kapitel 2 Verfahrenshandlungen in anderen Kantonen geregelt.[652] Das Konkordat geht Art. 355 StGB (Schweiz) vor, der die Vornahme der Handlung nach dem Recht des Handlungsortes (lex loci) bestimmt.[653] Der Vorrang des Konkordats bedeutet auch, dass der Kanton, in dem die Handlung vorgenommen wird, der Handlung nicht zustimmen muss.[654]

Sollten durch die ermittelnden Staatsanwaltschaften im Ausland in grundrechtlich besonders geschützte Bereiche eingegriffen werden, so soll nach dem Alternativvorschlag (Art. III-171 Abs. 1 AE, s.o.) das „Schweizer Modell" durch den Grundsatz der Meistbegünstigung eingeschränkt werden.[655] Bei Haftbefehlen und Anordnungen zur Sicherstellung von Vermögenswerten soll also ausnahmsweise das Recht des Aufenthaltsstaats des Täters beziehungsweise das der belegenen Sache anzuwenden sein.
Ob nach dem Meistbegünstigungsprinzip dabei nur das Recht des Vollstreckungsstaates oder auch das Recht des verfolgenden Staates anwendbar ist, wird im AE und seiner Begründung nicht ganz klar. Die Begründung[656] zum AE ist so zu verstehen, dass ausschließlich das Recht des vollstreckenden Staates anzuwenden sei. Andererseits legt der Wortlaut des Art. III-171 Abs. 1 AE *„sowie"* die Annahme einer kumulativen Verwendung der betroffenen Rechts-

---

650 *Trechsel*, Schweizerisches Strafgesetzbuch, vor Art. 346 Rdnr. 9

651 SR 351.71, abrufbar unter: http://gs.gl.ch/pdf/iii/gs_iii_f_9_2.pdf

652 Art. 3 Abs. 1: *„Die mit der Strafsache befasste Untersuchungs- und Gerichtsbehörde kann Verfahrenshandlungen direkt in einem anderen Kanton anordnen und durchführen."*
Art. 4: *„Die mit der Sache befasste Untersuchungs- und Gerichtsbehörde wendet das Verfahrensrecht ihres Kantons an."*

653 Entscheidung des Schweizer Bundesgerichtes BGE 122 (1996) I 86 E 3, abrufbar unter www.bger.ch

654 Art. 3 Abs. 2: *„Ausser in dringenden Fällen benachrichtigt sie vorgängig die zuständige Behörde dieses Kantons (Art. 24)."*
Abs. 3: *„Die zuständige Behörde des Kantons, in dem die Verfahrenshandlung durchgeführt wird, wird in allen Fällen benachrichtigt."*

655 *Schünemann* (Hrsg.), Alternativentwurf, S. 11; *Satzger*, StV 2003, 137, 139

656 *„Der Haftbefehl ist deswegen am Ort des gewöhnlichen Aufenthalts nach dem dortigen materiellen und Prozessrecht zu erlassen, die Untersuchungshaft dort zu vollstrecken [...]."*

ordnungen nahe. Dies wird auch von *Schünemann*, einem der Väter des AE, gestützt: die *„gravierenden Zwangsmaßnahmen [...]“* bedürfen *„nach dem Grundsatz der „Meistbegünstigung“ einer doppelten, sowohl ausländischen als auch inländischen Legitimation [...].“*[657] Demzufolge bedeutet der Meistbegünstigungsgrundsatz also die kumulative Prüfung der im Ausland durchgeführten Verhaftung oder Sicherstellung von Vermögenswerten an der Rechtsordnung des Urteils- und des Vollstreckungsstaates.[658]

Für alle anderen Ermittlungsmaßnahmen soll das „Schweizer Modell“ mit der Möglichkeit, den Vollzug unter Berufung auf die Verletzung europäischer Grundrechte oder eines nationalen ordre Public abzulehnen, gelten.
Die Notwendigkeit der Anwendung des Meistbegünstigungsprinzips in bestimmten Fällen ergibt sich nach den Autoren des Alternativentwurfs aus dem Grundgedanken der Demokratie, der nur die Unterwerfung des Bürgers unter eine Rechtsordnung zulasse, die der Bürger durch seine aktive Teilnahme am demokratischen Legislativprozess selbst legitimieren konnte.[659] Dementsprechend dürfe sich ein Mitgliedstaat immer nur der Eingriffsbefugnisse bedienen, die unter Mitwirkung seiner Bürger geschaffen wurden.
Ein lediglich auf dem Prinzip der Meistbegünstigung basierender Vorschlag, bei dem der jeweilige Eingriff nach dem Recht des erlassenden und des vollstreckenden Staates rechtmäßig sein müsste, hebt nach Ansicht der Verfasser des AE dagegen die Eingriffsschwelle zu stark an,[660] und bevorzugt darüber hinaus auch den international agierenden Täter im Vergleich zu einem Täter, für den nur eine Strafrechtsordnung zuständig ist und folglich für die Rechtmäßigkeit einer den nur national handelnden Täter betreffenden Maßnahme nur diese einzuhalten ist.

g) Vergleich des Alternativentwurfs zum Prinzip der gegenseitigen Anerkennung

Bezogen auf das Prinzip der gegenseitigen Anerkennung sieht der Alternativentwurf gerade nicht die Verkehrsfähigkeit der strafrechtlichen Entscheidungen in Europa vor, sondern will die Kooperation der Mitgliedsländer durch eine vereinfachte Zusammenarbeit der Behörden erreichen. Grundlage der Verfolgung soll das jeweils sachnähere Verfahrensrecht sein.[661]

---

657 *Schünemann*, ZStW 116 (2004), 376, 395; ebenso die Einleitung S. 5 in der Veröffentlichung des AE
658 So auch *Lagodny*, JZ 1998, 568; Ebenso *Satzger*, StV 2003, 137, 139
659 Dabei handelt es sich um ein in der Lehre oft vorgebrachtes Argument gegen europäische Regelungen auf dem Gebiet des Strafrechts, siehe auch: *Schünemann*, ZStW 116 (2004), 396; *ders.* StV 2003, 116, 120
660 *Schünemann*, ZStW 116 (2004), 384
661 *Schünemann* (Hrsg.), Alternativentwurf Europäische Strafverfolgung, S. 5

Weiterhin sieht der Alternativentwurf keine Möglichkeit vor, dass die betroffenen Staaten den auf ihrem Gebiet vorgenommenen Handlungen widersprechen können.[662]
Im Gegensatz zum VE zieht der Alternativentwurf die Harmonisierung des Rechts in Europa der Anerkennung der verschiedenen nationalen Entscheidungen vor.[663]

h) Eigene Stellungnahme

Die Umsetzung des Alternativentwurfes dürfte auf noch größere nationale Widerstände stoßen, als sich dies im Rahmen der Einführung der gegenseitigen Anerkennung abzeichnet. So verlangt der AE m.E. deutlich mehr Toleranz von den Mitgliedstaaten als sie in der bisherigen Rechtshilfe und den Rechtsakten mit dem Prinzip der gegenseitigen Anerkennung aufbringen mussten. Die Vorstellung, dass einheimische Polizisten unter Anweisung eines ausländischen Staatsanwaltes Hausdurchsuchungen oder eine Verhaftung nach dem ausländischen Recht der Staatsanwälte durchführen, erscheint für viele Länder nur schwer akzeptabel. Die Tätigkeit ausländischer Strafverfolgungsbehörden im Inland geht noch über die Anerkennung ausländischer Entscheidungen hinaus.

Außerdem ist das „Schweizer Modell" m.E. nicht ohne weiteres auf die Verhältnisse in der EU übertragbar. So bestehen zwischen dem föderalistischen Schweizer Bundesstaat mit seinen Kantonen und der Europäischen Union erhebliche Unterschiede. Zwar gab es bisher zwischen den verschiedenen Kantonen in der Schweiz größere Unterschiede in den Rechtssystemen als in anderen föderalistischen Bundesstaaten wie der BRD. Es muss aber der entscheidende Unterschied zur EU gesehen werden, die im Verhältnis zur Schweiz sehr jung ist, und deren Rechtsordnungen sich nicht unter dem Dach eines einheitlichen Bundesstaates gebildet und entwickelt haben. Dementsprechend ist es für die Schweiz auch eher akzeptabel, dass ein Kanton die Durchführung von Ermittlungsmaßnahmen auf seinem „Hoheitsgebiet" durch Behörden eines anderen Kantons duldet.
Weiter muss beachtet werden, dass die Grundlage der kantonalen Strafprozessordnungen nur in der alten Fassung der BV (Art. 64bis II) bei den Kantonen lag. Gerade die Schwierigkeiten der Strafverfolgung bei 29 verschiedenen Strafverfahrensordnungen[664] haben zu einer umfassenden Justizreform geführt.

---

[662] Dies ergibt sich aus Art. 3 des oben angegebenen Konkordats, die Vertreter des AE sind diesem Vorwurf nicht entgegengetreten, offensichtlich soll also nach dem AE auch wie im Schweizer Recht verfahren werden, siehe: *Schünemann*, ZStW 116 (2004), 376ff.

[663] *Buruma*, ZStW 116 (2004), 424, 428

[664] 26 kantonale und drei Bundesstrafprozessordnungen, s.a.: *Trechsel*, ZStW 100 (1988), 667; *Riklin*, GA 2006, 495, 498

Die unter dem Motto „Aus 29 mach 1" stehende Justizreform[665] hatte insbesondere die Vereinheitlichung der kantonalen Strafprozessordnungen zu einer einheitlichen Bundesstrafprozessordnung zum Ziel.[666] Hintergrund der Reformbestrebungen war die komplizierte Handhabung der verschiedenen Strafprozessordnungen, die in vielen Fällen die Strafverfolgung behindert hat.[667] Insbesondere stehen nach Ansicht der Experten die verschiedenen kantonalen Prozessordnungen einer effektiven Verbrechensbekämpfung bei kantonsübergreifenden Delikten im Weg.[668] Nach der Justizreform fällt die Strafprozessrechtsgesetzgebung[669] in der Schweiz in die Zuständigkeit des Bundes.[670] Dies ist der erste Schritt zu einer einheitlichen Strafprozessordnung der Schweiz, die verschiedenen kantonalen Ordnungen werden der Vergangenheit angehören, obschon *Riklin* es als Überraschung bezeichnet, wenn die eidgenössische Strafprozessordnung noch vor dem Jahr 2010 in Kraft treten würde.[671]

Nicht die Tatsache der Justizreform an sich, sondern die Schwierigkeit der Strafverfolgung bei mehrere Kantone betreffenden Straftaten stellt das Gegenargument gegen das „Schweizer Modell" des AE dar. Genau die Aspekte, die zur Debatte über die Europäisierung der Strafverfolgung geführt haben (internationale Kriminalität, die sich die Lücken zwischen den einzelnen Rechtssystemen zu Nutze macht), haben in der Schweiz die Justizreform zur Abschaffung eines föderalen Strafprozesssystems und die Hinwendung zu einer einheitlichen Bundesstrafprozessordnung gefördert. Übertragen auf die euro-

---

665 Aus 29 mach 1, Konzept einer eidgenössischen Strafprozessordnung, Bericht der Expertenkommission „Vereinheitlichung der Strafprozessrechts", Eidgenössisches Justiz- und Polizeidepartement, Bern 1997
Zur Geschichte der Diskussion über die Vereinheitlichung des schweizerischen Strafprozessrechts: *Aeschlimann*, ZStrR 1992, 355
Aktuell zum Stand der Justizreform: *Riklin*, GA 2006, 495ff.

666 Neben der Vereinheitlichung war das Ziel der Reform sowohl die Entscheidung für ein Strafverfolgungsmodell als auch die Einführung neuer strafprozessualer Elemente.

667 „NZZ" vom 12.01.2000; ebenso: „Bieler Tagblatt" vom 13.03.2000, abrufbar unter: www.bielertagblatt.ch/serien/article.cfm?serien_id=156&id=3294; ebenso: Votum von Frau Bundesrätin Ruth Metzler-Arnold zur Volksabstimmung vom 12.03.2000

668 Aus 29 mach 1, S. 21 ff; ebenso: NZZ aaO. unter Hinweis auf die mobiler, organisierter und professioneller agierende Kriminalität

669 Das materielle Strafrecht befand sich schon früher in Bundeszuständigkeit.

670 Art. 123 Abs. 1 BV: *Die Gesetzgebung auf dem Gebiet des Strafrechts und des Strafprozessrechts ist Sache des Bundes.*
Abs. 2: *Für die Organisation der Gerichte, die Rechtsprechung in Strafsachen sowie den Straf- und Massnahmevollzug sind die Kantone zuständig, soweit das Gesetz nichts anderes vorsieht.*
Abs. 3: *Der Bund kann den Kantonen Beiträge gewähren:*
a. für die Errichtung von Anstalten;
b. für Verbesserungen im Straf- und Massregelvollzug;
c. an Einrichtungen, die erzieherische Massnahmen an Kindern, Jugendlichen und jungen Erwachsenen vollziehen.

671 *Riklin*, ZStrR 2001, 371, 409; ebenso *Jung/Nitschmann/Radtke*, GA 2003, 383, 385

päischen Verhältnisse sollten m.E. die Erwägungen der Schweizer Justizreform nicht zum Argument für eine sofortige und Umfassende Harmonisierung der Strafprozessordnungen gebraucht werden. Dazu ist, wenn überhaupt jemals, die Zeit noch nicht reif. Die Gründe für die Justizreform sollen aber zeigen, dass das im AE vorgeschlagene „Schweizer Modell“ als Alternative zur gegenseitigen Anerkennung nicht besser geeignet ist, um die nötige Beschleunigung und Erleichterung des europäischen Rechtshilfeverkehrs zu erreichen.

Außerdem ist die Anwendung des Meistbegünstigungsprinzips problematisch. Ausgehend von der oben dargestellten Ansicht, dass dabei die Rechtsordnung im Urteils- und Vollstreckungsstaat anzuwenden ist, stellt sich schon die Frage ob die Ausnahme vom „Schweizer Modell“ zutreffend als „Meistbegünstigungsprinzip“ zu bezeichnen ist.[672]

Nach diesem Meistbegünstigungsprinzip kommt es gerade nicht zu der alternativen Geltung der einen oder anderen einschlägigen Rechtsordnung, es gelten beide betroffenen Rechtsordnungen. Somit kommt es zu einer Mehrbegünstigung des Täters, der in einem anderen als dem Tatortstaat verhaftet wird, da sich der Haftbefehl gegen ihn auch am Recht des Aufenthaltsstaates messen lassen muss. Vor dem Hintergrund der Argumente der Autoren des AE für das Meistbegünstigungsprinzip macht das auch Sinn: ist die ausländische Rechtsordnung vorteilhafter für den Verhafteten, so soll diese gelten, gibt sie weniger Schutz[673], so soll die heimische Rechtsordnung des Urteilsstaates gelten.

Das Meistbegünstigungsprinzip schraubt die Anforderungen an den Eingriff noch höher als das Erfordernis der beiderseitigen Strafbarkeit im bisherigen Rechtshilferecht. Nach dem AE muss die Maßnahme nicht nur von beiderseitiger Strafbarkeit sondern auch von beiderseitiger Prozessrechtmäßigkeit der vorgeworfenen Handlung gestützt werden.[674] Damit wäre nicht nur wie bei der Prüfung der beiderseitigen Strafbarkeit die Rechtswidrigkeit[675] der Tat zu prüfen, sondern auch die Schuldhaftigkeit der Tat.[676] Dieser Unterschied im Verhältnis zur bisherigen Rechtshilfe führt zumindest in den dem Meistbegünstigungsprinzip unterfallenden Fällen zu einer Verlangsamung des Strafverfahrens.[677]

Hier ergibt sich eine weitere Unschärfe des AE, die in der Anwendung deutlich werden dürfte: Welche Personen kommen eigentlich in den Genuss des Meistbegünstigungsprinzips? Der AE selbst sagt hierüber noch nichts aus, in

---

672 Der Grundsatz der Meistbegünstigung geht an sich von der Anwendung der günstigeren Rechtsnorm aus, wobei mehrere Rechtsnormen auf einen Fall anwendbar wären. Dies ist hier wie oben gesehen nicht der Fall. Ebenso: *Vogel*, ZStW 116 (2004), 401, 408

673 *Vogel*, ZStW 116 (2004), 400, 408 (Fn. 49)

674 *Vogel*, ZStW 116 (2004), 400, 409

675 *Lagodny*, IRG, 2. Auflage 1992, § 3 IRG Rdnr. 12

676 *Vogel*, ZStW 116 (2004), 400, 409

677 *Militello*, ZStW 116 (2004), 436, 441; So auch der Verfechter der Meistbegünstigung *Satzger*, StV 2003, 137, 139

der Begründung wird der Ort des gewöhnlichen Aufenthalts als maßgeblich bezeichnet. Was geschieht also, wenn der Täter nach kurzer Flucht im Ausland verhaftet wird? Üblicherweise wird der gewöhnliche Aufenthalt als der Ort bezeichnet, an dem jemand eine Wohnung oder Unterkunft nicht nur ganz vorübergehend tatsächlich benutzt.[678] Das Meistbegünstigungsprinzip des AE gilt also nur für Täter, die sich nach der Tat im Urteilstaat für einige Zeit im Vollstreckungsstaat niederlassen. Hintergrund ist m.E. die Fallkonstellation, dass der Täter mit der Nationalität des Vollstreckungsstaates und dortigem gewöhnlichen Aufenthalt im Urteilsstaat eine Straftat begeht und sich wieder in den Heimatstaat begibt. Nur dann kann das Argument, der Verfolgte solle nur von Eingriffen bedroht sein, die er durch seine Mitwirkung an der Gesetzgebung habe demokratisch legitimieren können, sinnvoll sein. In einer weiteren möglichen Fallkonstellation, der Täter hat weder die Nationalität des Urteils- noch des Vollstreckungsstaates, kann der Täter beide möglicherweise einschlägigen Rechtsordnungen nicht legitimieren, das Argument für die Meistbegünstigung geht also auch hier fehl.[679]
Das als Motiv des AE bemühte Demokratieprinzip betrifft also nur eine bestimmte Gruppe aller Fälle und ist auch deshalb nicht geeignet, die Prüfung der Eingriffe am Recht des Urteilsstaates und des Aufenthaltsstaates des Täters zu rechtfertigen.

Außerdem kann das im AE vorgesehene Meistbegünstigungsprinzip m.E. als Ausdruck des Misstrauens gegenüber den anderen mitgliedstaatlichen Rechtsordnungen verstanden werden.[680] Auch wenn die Autoren dies abstreiten[681], so muss das Meistbegünstigungsprinzip zumindest als Ausdruck einer erheblichen Skepsis gegenüber den anderen mitgliedstaatlichen Rechtsordnungen gesehen werden. Dieses fehlende Vertrauen ist aber vor dem Hintergrund der Verpflichtungen der Mitgliedstaaten aus Art. 6 EUV nicht gerechtfertigt.

Sicherlich ist die Gewinnung von Beweismitteln im Ausland nach dem Recht des Urteilsstaates eine gute Möglichkeit, die innerprozessualen Machtverhältnisse beizubehalten, indem nicht Beweismittel eingeführt werden, die ihrer Art oder ihrer Gewinnung nach in den Rechtsordnungen der Urteilsstaaten nicht bekannt oder anerkannt sind.[682] Andererseits darf auch der erhebliche Aufwand und die möglichen Komplikationen eines derartigen Verfahrens nicht übersehen werden. Zwar soll nach dem AE nicht die Polizei des Urteilsstaates

---

678 *Lackner* in: Lackner / Kühl, § 5 Rdnr. 2; *Eser* in: Schönke/Schröder § 5 Rdnr. 12; *Ambos* in: MüKo § 5 Rdnr. 21

679 Ebenso: *Vogel*, ZStW 116 (2004), 400, 409

680 *Vogel*, ZStW 116 (2004), 400, 410

681 *Schünemann*, ZStW 116 (2004), 376, 398, der in diesem Zusammenhang sogar von der *„Fremdherrschaft und damit aus der Sicht der eigenen Demokratie [...] [von der] Herrschaft fremder Despoten"* spricht.

682 So im Ergebnis ja der AE, siehe: *Schünemann* (Hrsg.), Alternativentwurf Europäische Strafverfolgung, S. 11

im Ausland tätig werden, die Ermittlungsbehörde des Urteilsstaates soll aber unter Hilfe der örtlichen Polizei die Eingriffe vornehmen.[683] Dazu müsste zuerst in den Mitgliedstaaten der EU Weisungsbefugnisse der ausländischen Ermittlungsbehörden für die lokalen Polizeibehörden eingeführt werden. Hoheitliches Tätigwerden, auch als Weisung an die lokale Polizei im Ausland, ist von den vereinzelten Ausnahmen bei grenzüberschreitender Observation und Nacheile (Art. 40, 41 SDÜ) abgesehen bislang nicht möglich.[684]

Auch die Zusammenarbeit zwischen der ausländischen Ermittlungsbehörde und der Polizei vor Ort erscheint problematisch. Damit die gewonnenen Ermittlungsergebnisse im Urteilsstaat ohne weiteres verwendbar sind, müssten die örtliche Polizei zumindest Grundkenntnisse der ausländischen Strafprozessordnung haben, um nicht gegen diese zu verstoßen, und so die Erkenntnisse unverwertbar zu machen. Sicherlich ist nach dem Konzept des AE immer ein Mitglied der ausländischen Strafverfolgungsbehörde zur Überwachung und Weisung anwesend, dieses Mitglied wird aber nicht jede einzelne Handlung der Polizei überwachen können. Gerade gegen die strengen Vorschriften zur Vernehmung Beschuldigter wird schon in Deutschland leicht verstoßen, diese Gefahr ist bei im Ausland durchgeführten Vernehmungen eher größer. Diese Nachteile überwiegen den sicherlich guten Ansatz, die innerprozessuale Balance zu waren, indem nur im Ausland nach dem Recht des späteren Urteilsstaates gewonnene Beweismittel im Prozess verwendet werden sollen.

Das „Schweizer Modell" bietet zwar vordergründig eine Alternative zur europäischen justiziellen Zusammenarbeit mittels gegenseitiger Anerkennung, es wird aber den einzelnen Mitgliedstaaten ähnlich schwer oder sogar schwerer zu vermitteln sein wie die Harmonisierung der strafrechtlichen Normen.

---

683 *Schünemann* (Hrsg.), Alternativentwurf Europäische Strafverfolgung, S. 11

684 *Hackner/Lagodny/Schomburg/Wolf*, Internationale Rechtshilfe in Strafsachen, Rdnr. 3

H) Rechtliche Probleme im Rahmen des Prinzips der gegenseitigen Anerkennung auf dem Gebiet des Strafrechts

Die Einführung des Prinzips der gegenseitigen Anerkennung auf dem Gebiet des Strafrechts betrifft in seiner Anwendung verschiedene Rechtsgebiete und wirft neben den bereits erörterten einige Fragen auf. Diese sollen nach den einzelnen Rechtsgebieten geordnet in der Folge dargestellt werden.

Vorweg ist nochmals auf die Entscheidung des BVerfG zum Europäischen Haftbefehl hinzuweisen. Obwohl nach der Verhandlungsgliederung[685] zu erwarten war, dass es im Rahmen der Entscheidung zu einer umfassenden Beurteilung der deutschen Europapolitik und des neuartigen Prinzips der gegenseitigen Anerkennung in Strafsachen kommen würde, so wurde dieses in der Entscheidung lediglich am Rande behandelt und als unkritisch befunden.[686]

I) Verfassungsrechtliche / rechtspolitische Probleme

Zuerst sollen die mit der gegenseitigen Anerkennung verbundenen verfassungsrechtlichen und rechtspolitischen Probleme dargestellt werden.

a) Können die Grundsätze der Warenverkehrsfreiheit auf strafrechtliche Entscheidungen übertragen werden?

Wie oben dargelegt hat sich das Prinzip der gegenseitigen Anerkennung aus Entscheidungen des EuGH zum Binnenmarkt in Europa entwickelt. Es stellt sich also die Frage, ob die für den Binnenmarkt insbesondere relevanten Grundsätze der Warenverkehrsfreiheit auch die Verkehrsfähigkeit strafrechtlicher Entscheidungen rechtfertigen und erfordern. Dabei soll hier nur eine abstrakte Überlegung angestellt werden, ob das Prinzip der gegenseitigen Anerkennung ohne weiteres aus dem Binnenmarkt auf strafrechtliche Entscheidungen anwendbar ist. Die Übertragung ist m.E. gerechtfertigt, wenn eine zum Binnenmarkt vergleichbare politisch-rechtlich Sachlage vorherrscht oder die Einführung aufgrund anderer Umstände notwendig ist.

Im Rahmen des Binnenmarktes war die wirtschaftliche Betätigung der Bürger der Mitgliedstaaten, die durch die wirtschaftlichen Grundfreiheiten des EG-Vertrages gewährleistet wurden, Grund für die Anwendung des Herkunftsstaatsprinzips, das zur gegenseitigen Anerkennung der verschiedenen mitgliedstaatlichen Normen geführt hat. Bei der gegenseitigen Anerkennung strafrechtlicher Entscheidungen handelt es sich nicht um eine wirtschaftliche Betätigung der Unionsbürger.[687] Die die Entscheidungen erlassenden Gerichte treiben keinen unionsweiten Handel mit den Entscheidungen, sie sind auch

---

685 Abrufbar unter: http://www.bundesverfassungsgericht.de/texte/deutsch/aktuell/gliederung_20050413.html

686 BVerfG, 18.07.2005, Rdnr. 75; Siehe dazu auch: *Vogel*, JZ 2005, 801, 809

687 *Braum*, GA 2005, 681, 688; Böhm, NJW 2006, 2592, 2593

zumeist nicht für eine unionsweite Geltung gedacht. Die Rechtfertigung des Herkunftsstaatsprinzips auch im Bereich des Rechtshilfe- und Strafrechts aus den (wirtschaftlichen) Grundfreiheiten der Bürger ist also nicht möglich. Dies gilt auch, wenngleich eine der grundlegenden Entscheidungen des EuGH zum Binnenmarkt[688] die Strafbarkeit eines Importeurs wegen nicht vorschriftsmäßiger Ware im Importstaat zum Gegenstand hatte.

Für die Frage der Übertragbarkeit der binnenmarktrechtlichen Grundsätze auf strafrechtliche Entscheidungen sind aber auch die Unterschiede zwischen Waren und strafrechtlichen Entscheidungen relevant. Insbesondere kann es durch die gegenseitige Anerkennung strafrechtlicher Entscheidungen zu Eingriffen in die Rechte des Verfolgten kommen. Die automatische Anerkennung von ausländischen strafrechtlichen Entscheidungen kann bei ihrer Vollstreckung in Deutschland die Grundrechte der betroffenen Personen berühren.[689] Deshalb ist für die Einführung des Prinzips der gegenseitigen Anerkennung zum einen eine gesetzliche Grundlage nötig, zum anderen muss ein öffentliches Interesse an dem Eingriff vorliegen.[690] Die gesetzliche Grundlage für die mit der gegenseitigen Anerkennung verbundenen Rechtseingriffe kann in dem jeweiligen deutschen Umsetzungsgesetz gesehen werden.[691] Das öffentliche Interesse an der gegenseitigen Anerkennung liegt zunächst nur bei dem Staat vor, dessen Entscheidung anerkannt werden soll. Der die Entscheidung anerkennende Staat hat unmittelbar kein öffentliches Interesse, da die Anerkennung nicht die Strafverfolgung dieses Staates fördert. Dafür darf der ausführende Mitgliedstaat aber davon ausgehen, dass ihm in einem umgekehrten Fall ebenfalls geholfen wird. Er hat also ein zumindest mittelbares Interesse an der Anerkennung der ausländischen Entscheidungen.[692] Dieses mittelbare öffentliche Interesse entspricht dem im bisherigen vertragslosen Rechtshilferecht bekannten Prinzip der Gegenseitigkeit.[693]
Rechtfertigung des Prinzips der gegenseitigen Anerkennung kann aber unter anderem die politische Zielvorgabe der Schaffung eines Raumes der Freiheit, der Sicherheit und des Rechts in Europa[694] sein. Diese in Art. 29 EU[695] wie-

---

688 Dassonville, Slg. EuGH 1974, 837, 852

689 Art. 2 Abs. 2 S. 2 GG bei Vollstreckung eines Haftbefehls, Art. 13 GG bei Vollstreckung eines Durchsuchungsbeschlusses, Art. 10 GG bei Vollstreckung einer Überwachung des Fernmeldeverkehrs.

690 *Böse* in: Fragmentarisches Strafrecht, S. 233, 239; Vorbehaltlich möglicher spezieller zusätzlicher Anforderungen bei bestimmten Grundrechten.

691 Das in diesem Bereich übliche Instrument des Rahmenbeschlusses (Art. 34 Abs. 2 Buchst. b EUV) ist nicht unmittelbar wirksam und bedarf eines nationalen Umsetzungsgesetzes.

692 *Deiters*, ZRP 2003, 359, 360

693 *Schomburg/Lagodny/Gleß/Hackner*, IRG, Einleitung, Rdnr. 63

694 Art. 2 EU: *„Die Union setzt sich folgende Ziele: [...] –die Erhaltung und Weiterentwicklung der Union als Raum der Freiheit, der Sicherheit und des Rechts, in dem in Verbindung mit geeigneten Maßnahmen in Bezug auf die Kontrollen an den Außengrenzen, das Asyl, die Einwanderung sowie die Verhütung und Bekämpfung der Kriminalität der freie Perso-*

derholte Zieldefinition wurde mit dem Vertrag von Amsterdam eingeführt. Diese Vorgabe wird nach herrschender Ansicht als rechtsverbindlich angesehen. Adressaten sind die Mitgliedstaaten der EU, konkrete Handlungspflichten ergeben sich aus ihr jedoch nicht.[696]
Weiter kann als Grundlage für die gegenseitige Anerkennung strafrechtlicher Entscheidungen das Interesse der Mitgliedstaaten an einer wechselseitigen Förderung der Strafverfolgung gesehen werden.[697] Das Interesse an einer wechselseitigen Förderung der Strafverfolgung ergibt sich wiederum aus der Notwendigkeit einer engeren Strafverfolgung, da sich aus einem Raum ohne Binnengrenzen für Straftäter kein Vorteil ergeben soll, indem sie sich zwischen den einzelnen Mitgliedstaaten bewegen können. Das Interesse an einer wechselseitigen Förderung der Strafverfolgung ist hier mehr als das Interesse der EU an eigener Strafverfolgung ausschlaggebend, da die EU nur in einzelnen Bereichen ein eigenes Strafverfolgungsinteresse hat.[698]

Die Übertragung des Prinzips der gegenseitigen Anerkennung auf strafrechtliche Entscheidungen ist jedoch nicht unumstritten. Insbesondere aus dem Kreis der Verfasser des AE Europäische Strafverfolgung[699] wird Kritik an der Übertragung des Prinzips aus dem Binnenmarkt in das Strafrecht vorgebracht.[700]
Neben den speziellen Vorwürfen zu einzelnen Aspekten des Strafverfahrens, die im weiteren Verlauf dargestellt werden, bringen die Kritiker insbesondere vor, dass die für die wirksame Anwendung das Prinzips der gegenseitigen Anerkennung erforderliche Harmonisierung der nationalen Rechtsordnungen noch nicht so weit fortgeschritten ist, wie es die Kommission vorbringt.[701]
Weiter wird die Annahme der Kommission bezweifelt, dass in Europa gemeinsame Rechtstraditionen existieren und die mitgliedstaatlichen Rechtsordnungen sich in den letzten Jahren durch die Beachtung der von der EMRK geforderten Garantien angenähert hätten. Dabei ist den Kritikern zuzugestehen, dass die EMRK nur einen Mindeststandard sichert, der in den einzelnen Ländern teilweise übertroffen wird. Ebenfalls ist problematisch, dass dieser Mindeststandard durch die EMRK nur bei Betrachtung des ganzen nationalen Ver-

---

*nenverkehr gewährleistet ist; [...]";*Abl. EG C 80 vom 10.03.2001 (konsolidierte Fassung: Abl. EG C 325 vom 24.12.2002, S. 1)

695 Art. 29 EU: *„Unbeschadet der Befugnisse der Europäischen Gemeinschaft verfolgt die Union das Ziel, den Bürgern in einem Raum der Freiheit, der Sicherheit und des Rechts ein hohes Maß an Sicherheit zu bieten, indem sie ein gemeinsames Vorgehen der Mitgliedstaaten im Bereich der polizeilichen und justiziellen Zusammenarbeit in Strafsachen entwickelt sowie Rassismus und Fremdenfeindlichkeit verhütet und bekämpft. [...]* Abl. EG C 80 vom 10.03.2001 (konsolidierte Fassung: Abl. EG C 325 vom 24.12.2002, S. 1)

696 *Pechstein* in: Streinz, EUV / EGV, Art. 2 EUV Rdnr. 4; *Blanke* in: Calliess/Ruffert, Kommentar zu EUV und EGV, Art. 2 EUV, Rdnr. 1ff.;

697 *Böse* in: Fragmentarisches Strafrecht, S. 233, 237

698 Dies ist zum Beispiel beim Schutz der finanziellen Interessen der EU relevant.

699 Siehe unten: G X 2

700 Siehe nur: *Satzger*, StV 2003, 137, 141

701 *Satzger*, StV 2003, 137, 141

fahrens und innerhalb der Verfahren durch verschiedene Instrumente gesichert wird.[702] Dies macht gerade den Beweistransfer unter Verwendung des Prinzips der gegenseitigen Anerkennung problematisch.[703]
Außerdem zeigt nach Ansicht der Kritiker der Vergleich mit der Entwicklung des Binnenmarktes, dass das Prinzip der gegenseitigen Anerkennung nicht auf strafrechtliche Entscheidungen angewendet werden kann.[704] Bei der Entwicklung des Binnenmarktes wurde das Prinzip der gegenseitigen Anerkennung von der Kommission als neuartiges Instrument eingeführt, um den enormen Aufwand der nötigen Harmonisierung der Rechtsordnungen zur Verwirklichung des Binnenmarktes zu vermeiden.[705] Die Entwicklung betraf lediglich den Zugang von Produkten zu unterschiedlichen nationalen Märkten. Dabei war die Herstellung der Warenverkehrsfreiheit und der damit verbundene unbehinderte Zugang der Produkte zu den nationalen Märkten der Selbstzweck der Liberalisierung.[706] Nach Ansicht *Satzgers* ist aber die Verkehrsfähigkeit strafrechtlicher Entscheidungen kein Selbstzweck an sich, sondern diene nur der Durchführung eines fairen Strafverfahrens. Dies sei aber wegen der damit verbundenen Rechtsverletzungen nicht gewahrt und deshalb die Übertragung auf strafrechtliche Entscheidungen abzulehnen.[707] Diese Argumentation lässt aber den Hintergrund der Bestrebungen der Kommission zur Einführung der gegenseitigen Anerkennung strafrechtlicher Entscheidungen außer Betracht. Dieser bestand in dem Wunsch, die bisherigen Rechtshilfeverfahren zu beschleunigen und zu vereinfachen. Dieser aus der politischen Zielsetzung der Schaffung eines Raums der Freiheit, der Sicherheit und des Rechts stammende Gedanke kann m.E. durchaus als Grundlage für die Einführung der gegenseitigen Anerkennung von strafrechtlichen Entscheidungen gesehen werden.[708]

Zusammenfassend kann festgehalten werden, dass das Prinzip der gegenseitigen Anerkennung grundsätzlich auch auf die Bereiche des Strafrechts und der internationalen Rechtshilfe in Strafsachen übertragbar ist. Die Rechtfertigung der Übertragung kann in dem Ziel der Schaffung eines Raumes der Freiheit, der Sicherheit und des Rechts gesehen werden. Ob diese Übertragung auf alle möglichen betroffenen Bereiche möglich und angebracht sein wird, ist im weiteren Verlauf der Darstellung zu untersuchen.

---

702 Siehe oben: H II 3
703 Siehe oben: H II 3
704 *Satzger*, StV 2003, 137, 141
705 *Streinz*, Europarecht, Rdnr. 955 ff., 973 ff.
706 *Satzger*, StV 2003, 137, 142
707 *Satzger*, StV 2003, 137, 142, der dort lediglich von der Verkehrsfähigkeit von Beweisen ausgeht.
708 Ob dies nicht über das Ziel der Beschleunigung der Rechtshilfe hinausgeht ist allerdings eine andere Frage, siehe oben, H II 3

b) Verletzung des Demokratieprinzips durch die gegenseitige Anerkennung strafrechtlicher Entscheidungen

Es stellt sich die Frage, ob die Einführung des Prinzips der gegenseitigen Anerkennung gegen das Demokratieprinzip verstößt. Nach diesem muss jede gesetzgeberische Handlung auf eine lückenlose Legitimationskette durch das Staatsvolk zurückzuführen sein.[709] Dementsprechend muss auch die ein Verhalten des Bürgers mit Strafe bedrohende Norm von diesem Bürger demokratisch legitimiert sein, in dem dieser zumindest die Möglichkeit hatte, an ihrer Entstehung mitzuwirken.[710]

Würde man nun eine „ungezügelte" Einführung des Prinzips der gegenseitigen Anerkennung ohne mitgliedstaatliche Schranken betreiben, so könnte tatsächlich ein in Deutschland grundsätzlich nach deutschen Recht strafloses Verhalten durch eine ausländische Strafnorm von Strafe bedroht sein, wenn die ausländische Strafordnung auch für dieses Verhalten einschlägig wäre.
Zuerst ist darauf hinzuweisen, dass auch im Rahmen von rein inländischen Sachverhalten die demokratische Legitimation nicht immer voll gewährleistet ist. Dies ist zum Beispiel bei noch nicht wahlberechtigten Jugendlichen der Fall, die schon strafmündig sind. Außerdem übergeht dieser Vorwurf die Tatsache, dass das Strafrecht des Tatortes unbestritten auch für Ausländer gilt, die ebenso nicht an der demokratischen Legitimation der Strafnormen mitwirken konnten.[711]
Bei dem möglichen Verstoß gegen das Demokratieprinzip handelt es sich m.E. um ein theoretisches Problem, dass sich in der tatsächlichen Umsetzung des Prinzips der gegenseitigen Anerkennung kaum stellen wird. Zwar wird die Problematik auch in der Entscheidung des BVerfG zum Europäischen Haftbefehl gesehen.[712] Das Gericht führt aus, dass ein Deutscher bei Tatbegehung im eigenen Rechtsraum grundsätzlich nicht mit seiner Auslieferung rechnen muss. Gerade dies wird aber nach der Entscheidung des BVerfG und der darauf im deutschen EuHbG eingeführten Vollstreckungsvoraussetzung des Nichtvorliegens eines maßgeblichen Inlandsbezuges nicht mehr möglich sein. Es ist demnach zumindest beim Haftbefehl nicht möglich, dass ein Deutscher wegen einer in Deutschland begangenen Tat von einer ausländischen Strafnorm bedroht wird.
Es muss abgewartet werden, wie die deutschen Umsetzungsgesetze der weiteren Rechtsakte zur gegenseitigen Anerkennung diese im Rahmen der Entscheidung zum Europäischen Haftbefehl aufgezeigten Vorgaben umsetzen.

---

709 Siehe nur: *Kirchhof* in: Handbuch des Staatsrechts, Band II § 21 Rdnr. 89

710 So vor allem: *Schünemann*, ZRP 2003, 185ff.; *Braum*, GA 2005, 681, 688

711 *Gleß*, ZStW 116 (2004), 353, 360; *Deiters*, ZRP 2003, 359, 360; *Baier*, GA 2001, 427, 435; *Böse* in: Grützner/Pötz, § 81 IRG Rdnr. 8

712 BVerfG vom 18.07.2005, Rdnr. 85

c) Verkürzung des Rechtsschutzes durch gegenseitige Anerkennung

Nach einer umfassenden Einführung des Prinzips der gegenseitigen Anerkennung im Strafrecht könnte der Rechtsschutz der Betroffenen aufgrund der uneingeschränkten Anerkennung ausländischer Entscheidungen erschwert oder sogar verkürzt werden. Im schlimmsten Fall könnte sich ein Verfolgter Maßnahmen aus verschiedenen Mitgliedstaaten ausgesetzt sehen, gegen die ihm ein gerichtliches Vorgehen nur unter erheblich höherem Aufwand möglich wäre als nur bei Maßnahmen seines Heimatstaates.[713] Damit wäre eine Erosion der Beschuldigtenrechte zu befürchten.[714]

Die effektive Verteidigung und damit der Rechtsschutz werden auch durch die gegenseitige Anerkennung verkürzt, wenn die Anordnung der Maßnahme und deren Vollstreckung in verschiedenen Ländern erfolgen, aber jeweils gegenseitig anerkannt werden.[715] Der Betroffene müsste zuerst im Vollstreckungsstaat gegen die Maßnahme vorgehen, die Anordnung derselben aus dem Ausland könnte aber wegen ihrer automatischen Anerkennung nicht geprüft werden. Erst nachträglich müsste sich der Betroffene im Anordnungsstaat gegen die Anordnung wenden, deren Rechtswidrigkeit würde dann nachträglich der Vollstreckung die Grundlage entziehen.[716]

Außerdem muss auf die technischen Probleme der Verteidigung gegen Strafverfahren in verschiedenen Ländern hingewiesen werden. Um den Rechtsschutz eines Beschuldigten auch im Ausland zu garantieren, muss der Verteidiger nicht nur über ausreichende Sprachkenntnisse, sondern auch über die nötigen rechtlichen Kenntnisse verfügen und zuletzt die Zeit haben, zur Anfechtung verschiedener Maßnahmen in das betreffende Land zu reisen.[717] Die Beauftragung verschiedener Verteidiger für jede einschlägige Rechtsordnung wird für die meisten Beschuldigten wirtschaftlich kaum möglich sein.

Anders formuliert steht dem europaweiten Raum einer einheitlichen Strafverfolgung also bei weitem kein europaweiter Raum der Strafverteidigung gegenüber.[718]

---

[713] *Schünemann*, StV 2003, 116, 118; *Braum*, GA 2005, 681, 690; a.A.: *Brüner/Hetzer*, NStZ 2002, 113, 118

[714] Böse, in Der Verfassungsentwurf des Europäischen Konvents, S. 151, 157

[715] *Satzger*, StV 2003, 137, 139f.

[716] *Biehler/Parra/Gleß/Zeitler*, Analyse des Grünbuchs zum strafrechtlichen Schutz der finanziellen Interessen der EG und zur Schaffung einer Europäischen Staatsanwaltschaft, S. 32 f. Abrufbar unter: http://europa.eu.int/comm/anti_fraud/green_paper/contributions/date.html; *Satzger*, StV 2003, 137, 139

[717] *Satzger*, StV 2003, 137, 140; *Salditt*, StV 2003, 136; *Biehler/Gleß/Parra/Zeitler*, Analyse des Grünbuchs zum strafrechtlichen Schutz der finanziellen Interessen der EG und zur Schaffung einer Europäischen Staatsanwaltschaft, S. 31

[718] Vergleiche dazu aber die Ansätze, eine Europäische Pflichtverteidigung bzw. die Institution EURODEFENSOR einzuführen bei: *Schünemann* (Hrsg.), Alternativentwurf, S. 15; *Salditt*, StV 2003, 136f. mit Eckpunkten für eine Strafverteidigung in Europa.

Ob dies für die Zukunft gelten wird, bleibt abzuwarten. Aus den aktuellen Tendenzen in der Umsetzung des Europäischen Haftbefehls nach der Entscheidung der BVerfG kann geschlossen werden, dass sich zwar ein Raum der europaweiten Strafverfolgung bildet, die einzelnen Länder aber einen erheblichen Gestaltungsspielraum im Rahmen der Umsetzung haben und so einen hohen Schutz an Beschuldigtenrechten gewährleisten können. So würde zum Beispiel die schon oft erwähnte Regelung bei Strafgewaltkonflikten verhindern, dass sich ein Bürger gegen eine in einem anderen Mitgliedstaat angeordnete Durchsuchung im Anordnungsstaat wehren müsste, obwohl sie in seinem Heimatstaat vollstreckt wird.[719]

d) Sind die Deliktskataloge ausreichend bestimmt?

Eng mit dem Prinzip der gegenseitigen Anerkennung verbunden sind die Deliktskataloge in den einzelnen Rechtsakten. Fällt die das Rechtshilfeersuchen auslösende Tat in einen dieser Kataloge, so verzichtet der ersuchte Staat auf die Prüfung der beiderseitigen Strafbarkeit.[720] Die Kataloge umschreiben die einzelnen Taten nur vage und gehen nicht auf verschiedene Begehungsformen ein.[721]

Es kommt demnach eine Verletzung des Bestimmtheitsgebotes nach Art. 103 Abs. 2 GG in Betracht.[722]

Zuerst erscheint es nahe liegend, die Normen der internationalen Rechtshilfe in Strafsachen nicht in den Anwendungsbereich[723] des Art. 103 Abs. 2 GG fallen zu lassen. Nach diesem soll jeder vorhersehen können, welches Verhalten verboten und mit Strafe bedroht ist.[724] Aufgrund der Regelungen der Rechtshilfe wird aber unmittelbar keine Strafbarkeit erzeugt.

Andererseits muss gesehen werden, dass es bei einer unbeschränkten Anwendung des Grundsatzes der gegenseitigen Anerkennung ohne Beschränkung der nationalen Strafansprüche zur Geltung ausländischer Entscheidun-

---

719 Dies setzt natürlich die Anwendung der Regelungen zur Vermeidung der Jurisdiktionskonflikte schon auf Ermittlungshandlungen voraus.

720 Siehe nur den RB zum Europäischen Haftbefehl, Abl. EG L 190 vom 18.07.2002, art. 2 Abs. 2

721 Beispielhaft seien die Begriffe „Terrorismus“, „Menschenhandel“, „Sabotage“ aus dem RB zum Europäischen Haftbefehl oder die „Kraftfahrzeugkriminalität“ aus dem Entwurf zum RB von Einziehungsentscheidungen genannt.

722 *Schünemann*, ZRP, 2003, 185, 188; *ders.* ZStW 116 (2004), 337; *ders.*, StraFo 2003, 344, 348; ders., Alternativentwurf, S. 76; *ders.* zum EuHbG: StV 2005, 681, 682; *Braum*, GA 2005, 681, 692; a.A.: *Deiters*, ZRP 2003, 359; *Gazeas*, ZRP 2005, 18, 21; *Ahlbrecht*, StV 2005, 40; Siehe dazu auch die Stellungnahme des BT zur Europäischen Beweisanordnung BT-Drucks. 15/3831, S. 5; Mit Hinweis auf Österreich: *Fuchs*, Juristische Blätter 2003, 405, 407f.; *ders.* ZStW 116 (2004) 368ff 374; *Lagodny*, Strafgewaltkonflikte S. 118; Aktuelle Kritik an den Deliktskatalogen bei: *Ahlbrecht*, NStZ 2006, 70, 72, der im Problemfall von der Anwendung des ordre public aus § 73 IRG ausgeht.

723 *Zierlein* in: GG Mitarbeiterkommentar, Art. 103 GG Rdnr. 116; *Schmidt-Aßmann* in: Maunz/Dürig, Art. 103 Abs. 2 GG, Rdnr. 183

724 BVerfGE 78, 374, 382; *Schmidt-Aßmann* in: Maunz/Dürig, Art. 103 Abs. 2 GG, Rdnr. 178

gen aufgrund ausländischer Gesetze kommen kann.[725] Dann erzeugen diese Regelungen der Rechtshilfe mittelbar auch die Strafbarkeit der betroffenen Personen. Der Hintergrund des Bestimmtheitsgebotes, dass einem die strafrechtliche Relevanz seines Verhaltens aufgrund eindeutiger Normen klar sein muss, wird dann aber nicht erfüllt. Dazu sind die Straftatenkataloge eindeutig zu unbestimmt und schwammig.

Grundsätzlich muss man also die Straftatenkataloge im Sinne des Bestimmtheitsgebotes nach Art. 103 Abs. 2 GG als zumindest hoch bedenklich einstufen. Ob es im Rahmen der Umsetzung der Rechtsakte in den Mitgliedstaaten dann allerdings zu einem Verstoß gegen das Bestimmtheitsgebot kommt, kann noch nicht abgesehen werden. Dazu wäre es wie oben gesagt nötig, dass durch die Vorschriften der Rechtshilfe die Strafbarkeit der Betroffenen nach einer ausländischen Rechtsordnung ermöglicht wird. Dies ist jedoch bei weitem nicht immer der Fall. Beispielhaft sei auf die Diskussion um den Europäischen Haftbefehl hingewiesen. Auch in dem zugehörigen Rahmenbeschluss werden die Deliktskataloge verwendet. Es kommt aber zumindest nach der deutschen Umsetzung nicht zur Geltung der ausländischen Strafnormen für eine Handlung in Deutschland. Der Auslieferung eines Deutschen ist ja die Frage des maßgeblichen Inlandsbezuges vorgeschaltet. Nur wenn dieser nicht vorliegt, kann die Auslieferung erfolgen. Die Auslieferung kann also nur wegen einer Tat im Ausland erfolgen, deren Strafbarkeit aber nach der dortigen Rechtsordnung ausgelöst wird und nicht durch die Regeln der Rechtshilfe in Strafsachen.

Die Gefahr der Strafbarkeit einer Tat im Inland aufgrund ausländischer Rechtsnormen wird in Zukunft auch aufgrund der in Planung befindlichen Regelung zur Vermeidung der Strafgewaltkonflikte verringert. Auch dadurch wird verhindert, dass ein Verhalten erst durch die Regelungen der Rechtshilfe und die damit verbundene ungeprüfte Vollstreckung einer ausländischen Entscheidung strafbar wird.

e) Verletzung von Art. 16 GG?

Das Prinzip der gegenseitigen Anerkennung ändert unter anderem im Rahmen des Europäischen Haftbefehls die Regelungen der Rechtshilfe für die Auslieferung. Es stellt sich also die Frage, ob durch das Prinzip der gegenseitigen Anerkennung und die damit vereinfachte Auslieferung Deutscher Art. 16 Abs. 2 GG verletzt wird.

[725] Dies gilt natürlich nicht für sämtliche Rechtsakte, die auf dem Prinzip der gegenseitigen Anerkennung basieren. Vorrangig sind die Regelungen zur Auslieferung oder der Vollstreckung einer ausländischen Verurteilung betroffen.

f) Die Regelung des Art. 16 Abs. 2 GG

Art. 16 Abs. 2 GG sah in der Fassung bis 2000 nicht die Möglichkeit vor, einen Deutschen an das Ausland auszuliefern. Bezüglich dieser Vorgabe waren keine Ausnahmen vorgesehen.[726] Das Verbot verpflichtete alle staatlichen Stellen, sich bei der Entfernung von Deutschen aus dem Bereich deutscher Hoheitsgewalt jeder Mitwirkung zu enthalten.[727]
Mit Gesetz vom 29.11.2000[728] wurde Art. 16 Abs. 2 GG ein zweiter Satz angefügt. Nach dieser Regelung *kann „durch Gesetz eine abweichende Regelung für Auslieferungen an einen Mitgliedstaat der Europäischen Union oder an einen internationalen Gerichtshof getroffen werden, soweit rechtsstaatliche Grundsätze gewahrt sind"*.[729] Die Änderung lässt aber den bisher einzigen Satz des Art. 16 Abs. 2 GG unberührt, der Gesetzgeber hat also grundsätzlich am Verbot der Auslieferung festgehalten, nun aber Ausnahmen zugelassen. Bezüglich der Auslieferung an Mitgliedstaaten der Europäischen Union wurde das verfassungsrechtliche Verbot der Auslieferung Deutscher wegen der zunehmenden Integration der Mitgliedstaaten der Europäischen Union aufgehoben.[730] Durch die Änderung soll dem rechtsstaatlichen Standard in den Mitgliedstaaten und der bereits erreichten und noch angestrebten Integration Rechnung getragen werden.[731] Die Gesetzesbegründung geht im Hinblick auf Art. 7 Abs. 1 des Übereinkommens über die Auslieferung zwischen den Mitgliedstaaten der Europäischen Union[732] davon aus, dass auf der Ebene der Europäischen Union die Auslieferung eigener Staatsangehöriger als Normalfall angesehen wird.
Hintergrund der Änderung waren die Ergebnisse der Sondertagung des Europäischen Rates in Tampere am 15. und 16.10.1999, in deren Rahmen das Ziel der Schaffung eines Raums der Freiheit, der Sicherheit und des Rechts in der Europäischen Union zu erreichen vorgegeben wurde.[733]

Die nun mögliche Auslieferung deutscher Staatsangehöriger ist jedoch nicht schrankenlos möglich. Durch Art. 16 GG wird dem Bürger eine besondere Verbindung zu der von ihm getragenen heimatlichen Rechtsordnung gewährleistet.[734] Aufgrund dieser Gewährleistung soll eine Auslieferung grundsätzlich

---

[726] BT-Dr 14/2668 S. 4
[727] BVerfGE 10, S. 136, 139
[728] BGBl. I S. 1633; BGBl. I, S. 1633 vom 29.11.2000; Stellungnahmen während des Gesetzgebungsverfahrens: BT-Drs. 13/715, 8 sowie 13/716, 4 und 14/2668, 4 unter 1s
[729] Siehe dazu unter anderem: *Uhle*, NJW 2001, 1893; *Zimmermann*, JZ 2001, 233, 237; *Scholz*, DVBl 2000, 1377, 1382; *Schomburg/Lagodny/Wolf*, Internationale Rechtshilfe in Strafsachen, 2003, S. 66, *Lagodny*, ZRP 2000, 175
[730] BT-Dr 14/2668 S. 1
[731] BT-Dr 14/2668 S. 5
[732] 27.09.1996, BGBl. 1998 II, S. 2253
[733] BT-Dr 14/2668 S. 4
[734] BVerfG 18.07.2005, 2 BvR 2236/04

nicht möglich sein, nur wenn der Eingriff schonend erfolgt und verhältnismäßig ist, kann ein Deutscher ausgeliefert werden.[735]

g) Verstoß aufgrund des Prinzips der gegenseitigen Anerkennung

Wie dargestellt ist die Auslieferung Deutscher nur zulässig, soweit rechtsstaatliche Grundsätze mit der Auslieferung gewahrt werden. Aufgrund der gegenseitigen Anerkennung einer ausländischen Auslieferungsanordnung könnte also eine nach deutscher Sicht nicht den rechtsstaatlichen Grundsätzen entsprechende Entscheidung in Deutschland vollstreckt und ein Deutscher ausgeliefert werden.

Der letzte Halbsatz des Art. 16 Abs. 2 Satz 2 GG, *„soweit rechtsstaatliche Grundsätze gewahrt sind"*, wurde auf Initiative des Rechtsausschusses des Bundestages angefügt. Er bezieht sich augenscheinlich nur auf die Auslieferung an einen internationalen Strafgerichtshof, da von der Wahrung rechtsstaatlicher Grundsätze bei den Mitgliedstaaten der EU auszugehen sei.[736] Die Rechtstaatlichkeit sei als fundamentaler Grundsatz durch die Sanktionsmechanismen des EU-Vertrages vor Verletzung geschützt. Dementsprechend kann man der Ansicht sein, dass der Auslieferung eines Deutschen an einen EU-Mitgliedstaat die Verletzung rechtstaatlicher Grundsätze nicht entgegengehalten werden kann.

Andererseits sind die rechtstaatlichen Grundsätze aus innerstaatlicher Deutscher Sicht zu beurteilen. Soweit demnach im Vergleich zum deutschen Strafrecht erhebliche Abweichungen vorliegen, erscheinen diese Grundsätze als nicht gewahrt. Dies gilt insbesondere für die Grundsätze der Art. 101 Abs. 1, 102 – 104 GG.[737]

Dennoch muss davon ausgegangen werden, dass die Auslieferung in einen anderen europäischen Mitgliedstaat aufgrund des dort herrschenden rechtsstaatlichen Niveaus grundsätzlich als mit rechtsstaatlichen Grundsätzen vereinbar angesehen werden muss.[738]

Anderes gilt jedoch, wenn die Auslieferung unverhältnismäßig in die durch Art. 16 GG besonders geschützte Bindung des Bürgers an seine eigene Rechtsordnung eingreift. Im Rahmen der Entscheidung zum Europäischen Haftbefehl hat das BVerfG dieses Merkmal durch das Kriterium des maßgeblichen Inlandsbezuges ausgestaltet. Hat eine Tat einen maßgeblichen Inlandsbezug, so soll der Bürger darauf vertrauen können, dass diese Handlung nur nach der eigenen Rechtsordnung strafrechtlich beurteilt wird. Eine Auslieferung in einen

---

735 BVerfG 18.07.2005, 2 BvR 2236/04

736 BT-Dr 14/4419 S. 3

737 *Allesch* in: Umbach/Clemens: Grundgesetz Mitarbeiterkommentar, Art. 16 Rdnr. 17

738 Siehe auch: *Deiters*, ZRP 2003, 359, 360, im Widerspruch zu *Schünemann*, der behauptet, Art. 16 II GG stehe unter dem Vorbehalt beiderseitiger Strafbarkeit als materiellem Anwendungsfall der nach dieser Vorschrift ausdrücklich zu wahrenden rechtsstaatlichen Grundsätze; Ebenso: *Zimmermann*, JZ 2001, 233

anderen, möglicherweise ebenfalls zuständigen Staat kann dann nicht erfolgen.

Abschließend kann festgehalten werden, dass das Prinzip der gegenseitigen Anerkennung bei uneingeschränkter Anwendung in Deutschland durchaus einen Verstoß gegen die Rechte aus Art. 16 GG darstellen kann. Es bleibt aber abzuwarten, ob es dazu in der konkreten Umsetzung kommen wird. Zumindest im Bereich der Auslieferung ist diese Gefahr nach der Entscheidung des BVerfG und der darauf geänderten Umsetzung durch den deutschen Gesetzgeber gebannt.

h) Das Prinzip der gegenseitigen Anerkennung als strafpolitisches „race to the bottom“?

Im Rahmen der Entwicklung und Einführung des Binnenmarktes in der Europäischen Union wurde immer wieder der Vorwurf gemacht, die gegenseitige Anerkennung von Produkten und Produktstandards führe zu einer schleichenden Absenkung der rechtlichen Standards in den Mitgliedstaaten und einer Nivellierung auf den Stand des Mitgliedstaates mit dem jeweils geringsten Standard.[739] Dieser Vorwurf ist jedoch nicht unumstritten, das Prinzip der gegenseitigen Anerkennung im Strafrecht wird andererseits auch als *"neutrales"* Verfahren bezeichnet.[740]

Es stellt sich also die Frage, ob dieser als „race to the bottom“ bezeichnete Effekt auch bei der gegenseitigen Anerkennung strafrechtlicher Entscheidungen zu erwarten ist. Für den Bereich strafrechtlicher Entscheidungen sind aber anders als bei den Produktstandards im Binnenmarkt zwei verschiedene rechtliche Niveaus zu berücksichtigen. Dies ist einerseits das in den verschiedenen Mitgliedstaaten herrschende Niveau der Strafdrohung. In manchen Staaten der EU sind Handlungen unter Strafe gestellt, die in anderen straffrei sind, ebenso gibt es teilweise deutliche Unterschiede in der Strafdrohung und den tatbestandlichen Voraussetzungen für eine Strafbarkeit.[741]

---

[739] *Streinz*, Europarecht, Rdnr. 978. Nach Ansicht von *Streinz* soll die Gefahr der Nivellierungen im Bereich des Binnenmarktes jedoch nicht zu überschätzen sein.
Anders dagegen das Vorbringen der BRD in der Rechtssache Cassis de Dijon (Rechtssache 120-78; Slg EuGH 1979, S. 649, Nr. 12 der Gründe der Entscheidung). Dem Vorbringen nach hat der freie Warenverkehr zur Folge, dass sich als gemeinsamer Standard der in einem Mitgliedstaat niedrigste Standard durchsetzen werde.

[740] *Gleß*, ZStW 116 (2004), 353, 356; *Deiters*, ZRP 2003, 359, 360; *Sieber* in: *Delmas-Marty*, Corpus Juris, S. 2f.; *Vogel* in: Grützner/Pötz, IRG, vor § 1 Rdnr. 171ff.

[741] Beispielhaft sei hier nur der liberale Umgang in Holland mit weichen Drogen oder die sehr strenge Verfolgung von Abtreibungen in Irland erwähnt. Siehe auch: *Buruma*, ZStW 116 (2004), 424

Andererseits ist das Niveau des Rechtsschutzes der Bürger zu beachten. In manchen Ländern ist der Bürger mehr, in manchen weniger vor hoheitlichen Eingriffen auf dem Gebiet des Strafrechts geschützt.[742]
Hier ist also zu prüfen, ob bezüglich des Rechtsschutzes tatsächlich eine Nivellierung auf niedrigem Niveau, ein „race to the bottom", bezüglich der Punitivität eine Nivellierung auf hohem Niveau, gleich einem „race to the top", stattfindet.

i) Die Geltung der punitivsten Strafordnung

Ein in der Lehre geäußerter Kritikpunkt gegen das Prinzip der gegenseitigen Anerkennung im Strafrecht ist die damit verbundene Geltung der jeweils punitivsten Strafordnung in Europa.[743] Besonders *Schünemann* bringt vor, dass *„wenn in jedem Mitgliedstaat vollstreckbar und anzuerkennen ist, was irgendein Mitgliedstaat in Strafsachen vorsieht, so ergibt sich ganz von selbst auf europäischer Ebene das Prinzip der maximalen Punitivität".*[744] Kern der Vorwürfe scheint also die Befürchtung zu sein, dass durch das Prinzip der gegenseitigen Anerkennung nicht nur jede nationale Entscheidung in jedem anderen Mitgliedstaat anerkannt werden muss, sondern auch, dass aufgrund des Wegfalls der Prüfung der beiderseitigen Strafbarkeit plötzlich alle mitgliedstaatlichen Rechtsordnungen auf alle in der Union eintretenden Fälle anwendbar sind.
Für die Beurteilung dieses Vorwurfs sind hier zuerst die möglichen Fallgruppen zu bilden und diese darauf hin zu untersuchen. Diese können sich dem Vorwurf der maximalen Punitivität nach ausschließlich nach der tatsächlichen Anwendbarkeit der verschiedenen Strafrechtsordnungen richten.

aa) Geltung nur einer Strafordnung

Die erste Fallgruppe erfasst die Fälle, in denen für ein Delikt aufgrund der nationalen Vorschriften für die Geltung der jeweiligen Verfahrensordnung nur eine Rechtsordnung zuständig ist.
Diese Fälle führen nicht zu einer europaweiten Erhöhung der Strafdrohung durch die Geltung der jeweils punitivsten Strafordnung.[745] Es bleibt hier ja bei der bisherigen Situation, dass nur eine Strafrechtsordnung einschlägig ist. Durch die gegenseitige Anerkennung einer nach der einschlägigen Rechtsordnung getroffenen Entscheidung in anderen Mitgliedstaaten wird nicht einer anderen, möglicherweise strengeren Rechtsordnung ein neuer Anwendungsbereich verschafft. Es kann davon ausgegangen werden, dass diese Fälle die mit Abstand zahlreichsten sind.

---

[742] Hier kann beispielsweise an die nach französischen und italienischem Recht möglichen Abwesenheitsurteile (Kontumazialurteile) erinnert werden, die nach deutschem Strafprozessrecht undenkbar wären.
[743] So vor allem *Schünemann*, ZRP 2003, 185 ff.; *ders.* StV 2005, 681; aktuell: *Gazeas*, ZRP 2005, 18, 21
[744] *Schünemann*, ZRP 2003, 185, 187; *ders.* StV 2003, 116,119; *ders.* StV 2006, 361, 364
[745] So auch *Deiters*, ZRP 2003, 359, 360

bb) Geltung verschiedener Strafordnungen

In dieser Fallgruppe sollen die Fälle erfasst werden, in denen aufgrund verschiedener Umstände mehrere Strafrechtsordnungen einschlägig sind. Dies kann zum einen durch ein Auseinanderfallen von Tathandlung und Taterfolg in verschiedenen Ländern geschehen. Ebenso möglich sind derartige Fälle durch die ausgedehnte Anwendung der nationalen Rechtsordnungen auf Auslandstaten.[746]

Im Rahmen dieser Fälle ist wiederum zwischen den Fällen mit beidseitiger Strafbarkeit und Fällen ohne beidseitige Strafbarkeit zu unterscheiden. In Fällen, in denen das die einschlägigen Rechtsordnungen berührende Verhalten nach diesen auch strafbar wäre kommt es nur zu einer erhöhten Punitivität aufgrund der möglicherweise unterschiedlichen Strafdrohungen. Das Problem tritt am stärksten auf in Fällen, in denen das fragliche Verhalten in der einen zuständigen Rechtsordnung straffrei ist, in der oder den anderen Rechtsordnung(en) aber mit Strafe bedroht ist. *Schünemann* sieht offenbar durch den Wegfall des Erfordernisses der beiderseitigen Strafbarkeit die Schleusen für eine hemmungslose Anwendung der nationalen Strafordnungen auf Taten im Ausland geöffnet.[747]

Nach der politischen Konzeption[748] der gegenseitigen Anerkennung strafrechtlicher Entscheidungen könnte es nun in der letzten Fallgruppe zur Geltung der punitiveren von verschiedenen anwendbaren Rechtsordnungen kommen. Dies ergibt sich aus dem Wegfall der Prüfung der beiderseitigen Strafbarkeit. An diesem Hindernis wäre im Rahmen der bisherigen Rechtshilfe die Vollstreckung einer Entscheidung in einem Land gescheitert, in dem das betreffende Verhalten straffrei gewesen wäre.
Hierbei ist insbesondere problematisch, dass die Entscheidung des nationalen Gesetzgebers, ein Verhalten nicht unter Strafe zu stellen, durch die gegenseitige Anerkennung und die entfallende Prüfung der beiderseitigen Strafbarkeit übergangen werden könnte. Den Kritikern der gegenseitigen Anerkennung muss hier Recht gegeben werden, dass im Gegensatz zur Anerkennung der gesetzgeberischen Entscheidung für die Strafbarkeit die Entscheidung gegen die Strafbarkeit eines bestimmten Verhaltens nicht anerkannt werden soll.[749]

Das Problem des ungebremsten Exports der Punitivität verschiedener mitgliedstaatlicher Rechtsordnungen wird durch einen weiteren Aspekt einiger europäischer Strafrechtsordnungen verstärkt. Dies ist die Geltung einiger mit-

---

[746] *Deiters*, ZRP 2003, 359, 361
[747] *Schünemann*, ZRP 2003, 185, 187; *ders.*, ZRP 2003, 472;
[748] Dabei wird von einer konsequenten Einführung des Prinzips der gegenseitigen Anerkennung und der vollständigen Abschaffung des Erfordernisses der beiderseitigen Strafbarkeit und keiner ordre-public Vorbehalte ausgegangen.
[749] *Deiters*, ZRP 2003, 359, 361

gliedstaatlicher Rechtsordnungen auf Auslandstaten.[750] So kennt das deutsche Strafrecht in den Regelungen der §§ 5-7 StGB eine Fülle von Fallgestaltungen, in denen das deutsche StGB auf ausschließlich im Ausland begangene Taten anwendbar ist. Beispielhaft gestattet das deutsche Strafrecht gemäß § 6 Nr. 5 und 6 StGB die Erstreckung der deutschen Strafgewalt auf den Handel mit Betäubungsmitteln oder die Verbreitung pornographischer Schriften. Damit geht das Gesetz über das dem § 6 StGB ursprünglich zugrunde liegende Weltrechtspflegeprinzip hinaus, da nach der Intention des Weltrechtspflegeprinzips[751] nur Delikte erfasst werden sollen, die in allen europäischen Staaten gleichermaßen strafbar sind.[752] Die Tragweite der Erstreckung der nationalen Strafgewalten war in der Vergangenheit nicht so ausgeprägt, da die Regelungen des Rechtshilferechts regulierend eingriffen. Hier ist besonders wieder das Erfordernis der beiderseitigen Strafbarkeit als Hindernis zu sehen. Fällt nach der Konzeption des Prinzips der gegenseitigen Anerkennung aber dieses regulierende Element weg, so wird tatsächlich die Anwendung der nationalen Vorschriften stark erweitert.
Dieses Problem wird nach aktueller rechtlicher Lage durch die tatsächliche Ausgestaltung der Rechtsakte auf europäischer Ebene nicht verhindert. So wird im Rahmenbeschluss zum Europäischen Haftbefehl[753] in Art. 2 Abs. 2 die Vollstreckung eines Europäischen Haftbefehls im Ausland ausdrücklich ohne die Prüfung der beiderseitigen Strafbarkeit unter anderem bei Delikten des Drogenhandels und der Kinderpornographie vorgeschrieben.

Andererseits sind für die Beurteilung die tatsächlichen Regelungen der einzelnen Rechtsakte zu betrachten.[754] Die fakultativen Ablehnungsgründe für die Vollstreckung eines Europäischen Haftbefehls in Art. 4 des RB sind hauptsächlich vom Grundsatz des ne bis in idem beeinflusst. Die hier gebildeten Fallkonstellationen betreffen nur die Möglichkeit, die Vollstreckung gemäß Art. 4 Abs. 7 a) des RB abzulehnen. Dies kann erfolgen, wenn der Vollstreckungsmitgliedstaat auch für die Tat zuständig ist, weil die Tat *„nach den Rechtsvorschriften des Vollstreckungsmitgliedstaates ganz oder zum Teil in dessen Hoheitsgebiet oder an einem diesem gleichgestellten Ort begangen worden"* ist. Wie oben bereits angesprochen ist die Tatsache der Straffreiheit des dem Haftbefehl zugrunde liegenden Verhaltens im vollstreckenden Staat nicht relevant.

Die Befürworter des Prinzips der gegenseitigen Anerkennung bringen vor, die Gefahr der Anwendbarkeit der jeweils punitivsten Strafordnung sei besonders durch die weite Anwendung des Art. 54 SDÜ auf bestimmte staatsanwalt-

---

750 *Baier*, GA 2001, 427, 432
751 *Ambos* in: MüKo, vor §§ 3-7 StGB, Rdnr. 69
752 *Deiters*, ZRP 2003, 359, 361
753 Abl. EG L 190 vom 13.06.2002, S. 1
754 Siehe unter anderen den RB um Europäischen Haftbefehl, Abl. EG L 190 vom 13.06.2002, S. 1

schaftliche Einstellungsverfügungen[755] nicht gegeben, da die Verfahren durch die Einstellung in weniger punitiven Strafordnungen verhindert werden könnten.[756] Diese nur die Konsequenzen und nicht die Ursachen im Einzelfall verbessernde Möglichkeit leidet aber an dem entscheidenden Mangel des mit Art. 54 SDÜ unweigerlich verbundenen faktischen Prioritätsprinzips.[757] Nur wenn also das Verfahren in dem weniger punitiven Mitgliedstaat zufällig zuerst eingestellt wird, kann die Strafverfolgung in den anderen Staaten „blockiert" werden. Außerdem ist sie nur in Verfahren mit verschiedenen zuständigen Mitgliedstaaten denkbar.[758]

Nicht vergessen werden darf aber, dass die gegenseitige Anerkennung strafrechtlicher Entscheidungen zu einer Anerkennung von für den Betroffenen positiven weil unter Umständen nicht so stark eingreifenden Entscheidungen führt.[759] Dies kommt in der tatsächlichen Umsetzung unter anderem durch den in Art. 3 des RB Europäischer Haftbefehl ausgedrückten „ne bis in idem" Grundsatz zur Geltung.

cc) Zwischenergebnis

Als Zwischenergebnis kann festgehalten werden, dass das Prinzip der gegenseitigen Anerkennung auch in der Fassung des Europäischen Haftbefehls in bestimmten Fallgruppen einer punitiveren Strafordnung im Vollstreckungsstaat zur Geltung verhelfen kann.
Es stellt sich aber die Frage, in welchem Anteil der insgesamt anfallenden Fälle internationaler Rechtshilfe in Strafsachen diese Konstellation vorliegen wird.

j) Absinken des (Grund)rechtsschutzes in der Union

Ein weiterer vorgebrachter Kritikpunkt gegen das Prinzip der gegenseitigen Anerkennung bei strafrechtlichen Entscheidungen ist das angebliche Absinken des (Grund)rechtsschutzes in der Europäischen Union auf ein einheitlich niedriges Niveau.[760] Dieses Absinken des Rechtsschutzniveaus kann sich nicht nur in direkten Eingriffen in die Rechte des Betroffenen ausdrücken. Auch „mittelbare" Effekte des Absinkens sind zu befürchten, wie etwa ein Absinken der beweisrechtlichen Anforderungen.[761] Ebenso wird seitens der Gegner die

---

755 EuGH, verb. Rs. Gözütok – Brügge, NJW 2003, 1173f. = EuZW 2003, 214
756 *Schünemann* ZStW 116 (2004), 383
757 *Lagodny*, Strafgewaltkonflikte, S. 50, *Schünemann* ZStW 116 (2004), 383
758 *Schünemann*, ZStW 116 (2004), 383
759 *Vogel*, ZStW 116 (2004), 400, 411; *Vogel/Norouzi*, JuS 2003, 1059, 1062
760 *Schünemann*, ZRP 2003, 185, 187; *ders.* StV 2003, 116, 119; Stellungnahme des Europaauschusses der BRAK, November 2002, S. 5; *Kühne*, Strafprozeßrecht, Rdnr. 47, der unter der Prämisse einer umfassenden Anerkennung von einem Absinken des Rechtsschutzniveaus ausgeht; *Böse* in: Fragmentarisches Strafrecht, 233, 247, der die Absenkung des Grundrechtsstandards bei gegenseitiger Anerkennung ermittlungsrichterlicher Entscheidungen befürchtet
761 Stellungnahme des Europaauschusses der BRAK, November 2002, S. 5: Die gegenseitige Anerkennung von richterlichen Genehmigungen und Beweismitteln führt nach Ansicht

Kombination verschiedener nationaler Eingriffsmöglichkeiten, die zu einer radikal punitiven Strafrechtspflege führen sollen, befürchtet. [762]

Dabei ist jedoch zuerst zu beachten, dass nach dem vorliegenden Rahmenbeschluss zum Europäischen Haftbefehl[763] in Art. 1 Abs. 3 RB der durch Art. 6 EUV gewährleistete Grundrechtsschutz betont wird.[764]

Grundsätzlich muss aber den Kritikern zugestanden werden, dass es aufgrund der gegenseitigen Anerkennung auch zu einer Verkürzung des Grundrechtsschutzes kommen kann. Dies kann in Fällen geschehen, in denen die Vollstreckung einer ausländischen Entscheidung bislang im Rahmen der Prüfung des Rechtshilfeersuchens abgelehnt worden wäre, nach dem Prinzip der gegenseitigen Anerkennung aber vollstreckt wird.

k) Ergebnis

Die „ungebremste" gegenseitige Anerkennung strafrechtlicher Entscheidungen führt wie oben dargestellt in bestimmten Fallgruppen zur Geltung einer punitiveren Strafordnung und kann den Grundrechtsschutz verkürzen.

Dabei ist jedoch wie bei den meisten mit der gegenseitigen Anerkennung verbundenen Problemen zu beachten, dass ihr Vorliegen sehr stark von der nationalen Umsetzung der Rahmenbeschlüsse und der möglichen Einführung von Regelungen zur Verhinderung von Strafgewaltkonflikten abhängt. Gerade eine Regelung zu den Jurisdiktionskonflikten kann die europaweite Geltung der strengsten Strafordnung wirkungsvoll verhindern.

l) Gefahr des forum-shopping

Nach Ansicht von Teilen der Literatur steigert das Prinzip der gegenseitigen Anerkennung auf dem Gebiet des Strafrechts die Gefahr des forum-shoppings.[765] Darunter ist der aus dem Binnenmarkt bekannte Vorgang zu verstehen, dass sich eine Prozesspartei von mehreren einschlägigen Rechtsordnungen die für sie günstigste Rechtsordnung aussucht. Für den Täter ist das die Ordnung mit der geringsten Strafdrohung, die vielleicht sogar auf ei-

---

der BRAK zu einer weitgehenden Substitution des Zeugenbeweises durch den Urkundsbeweis. Ebenso: *Schünemann*, GA 2002, 500, 515: der ein Absinken auf niedrigstes Beweisniveau befürchtet

762 *Schünemann* (Hrsg.), Alternativentwurf Europäische Strafverfolgung, S. 5; *ders.* StV 2003, 116, 120; *ders.* ZRP 2003, 185, 1871

763 Art. 1 Abs. 3 des RB zum Europäischen Haftbefehl: *„Dieser Rahmenbeschluss berührt nicht die Pflicht, die Grundrechte und die allgemeinen Verfahrensgrundsätze, wie sie in Art. 6 des Vertrages über die Europäische Union niedergelegt sind, zu achten."*

764 Dieser wird aber in manchen Stellungnahmen zum Grünbuch „Europäische Staatsanwaltschaft" (KOM (2001) 715 endg.) als nicht ausreichend und dadurch eine Verschlechterung der Beschuldigtenrechte befürchtet. Siehe auch die Stellungnahme des Europaauschusses der BRAK, November 2002, S. 4

765 *Schünemann*, StV 2003, 116, 121; *Satzger*, StV 2003, 137, 139;

nen Freispruch hoffen lässt, für die Anklage ist dies das Land mit den höchsten Strafdrohung oder den am wahrscheinlichsten zu einer Verurteilung führenden Strafgesetzen. Nach Ansicht der Kritiker führt die gegenseitige Anerkennung strafrechtlicher, besonders ermittlungsrichterlicher, Entscheidungen dazu, dass die Ermittlungsbehörden sich für die Anordnung der verschiedenen Maßnahmen sich jeweils die Rechtsordnung heraussuchen, in der für diese Maßnahme die geringsten Anforderungen bestehen.

Im Vorfeld der Betrachtung dieses Vorwurfs darf aber nicht vergessen werden, dass auf Täterseite schon heute ein forum-shopping stattfindet. Aufgrund des Europas ohne Binnengrenzen nutzen besonders im Bereich der Wirtschaftskriminalität viele Straftäter das Land als Begehungsland ihrer Taten, in dem ihnen die geringsten Strafen drohen, bzw. an die Strafverfolgung die höchsten Anforderungen gestellt werden.

m) Bei nationaler Strafverfolgung

Es stellt sich also die Frage, ob im Vergleich zum bisherigen Recht der internationalen Rechtshilfe in Strafsachen durch das Prinzip der gegenseitigen Anerkennung das forum-shopping durch die Strafverfolgungsbehörden gefördert wird.

Geht man von einer unbeschränkten Anwendung der gegenseitigen Anerkennung auch im Ermittlungsverfahren aus, so droht auch bei nationaler Strafverfolgung die Gefahr des forum-shopping.[766] Theoretisch könnte der ermittelnde Staatsanwalt im Rahmen eines deutschen Strafverfahrens eine Anordnung zur Telefonüberwachung in Italien beantragen, um sie dann in Holland zu vollstrecken.
Ausgehend von der früheren Rechtslage wäre ein solches Vorgehen nicht möglich. Lag nach bisherigem Recht ein Fall der Rechtshilfe vor[767], so waren die Mitgliedstaaten des EuRhÜbk[768] gemäß Art. 1 EuRhÜbk zur Leistung der Rechtshilfe verpflichtet. Die Leistung der Rechtshilfe kann aber bei einem Ersuchen an Deutschland abgelehnt werden, wenn das Verlangen gegen allgemeine rechtsstaatliche Grundsätze verstieße oder die Vornahme der begehrten Handlung nach der StPO unzulässig wäre.[769] Nach der StPO ist zum Beispiel bei einer Beschlagnahme gemäß Nr. 2 RiStBV, § 98 I StPO das Gericht am Tatort für die Anordnung der Beschlagnahme zuständig. Die deutsche Behörde würde also einem Rechtshilfeersuchen nicht nachkommen, wenn sie überhaupt nicht zuständig gewesen wäre.

---

766 *Biehler/Parra/Gleß/Zeitler*, Analyse des Grünbuchs zum strafrechtlichen Schutz der finanziellen Interessen der EG und zur Schaffung einer Europäischen Staatsanwaltschaft, S. 33

767 Das deutsche Strafrecht war also nicht direkt nach den §§ 3-7 StGB anwendbar.

768 BGBl. 1976 II S. 1799 ff.

769 *Schomburg* in: Schomburg/Lagodny/Gleß/Hackner, IRG, Art. 1 EuRhÜbk Rdnr. 2

Es ist also festzuhalten, dass auch im Rahmen nationaler Verfahren die gegenseitige Anerkennung strafrechtlicher Entscheidungen Tendenzen zum forum-shopping verstärken bzw. ermöglichen kann.

n) Bei Strafverfolgung auf europäischer Ebene, durch den EuStA

Die Frage, ob die Problematik des forum-shopping in Verfahren, die von dem in der Einführung befindlichen Europäischen Staatsanwalt betrieben werden, droht, stellt sich in zwei Bereichen. Zum einen geht es um die Frage, in welchem Land die Anordnungen für Ermittlungsmaßnahmen zu erwirken sind. Zum anderen stellt sich die Frage, in welchem Land die Anklage zu erheben ist.

aa) Anordnungen im Ermittlungsverfahren

Nach dem Grünbuch zur Einführung des Europäischen Staatsanwaltes[770] wird dem Europäischen Staatsanwalt (EuStA) die Bestimmung des Landes, indem er die Anordnung einer Ermittlungsmaßnahme erwirken möchte, weitgehend freigestellt.[771] Nach dem Konzept des Grünbuchs sollen alle Ermittlungsmaßnahmen[772], die durch einen nationalen Richter, den „Richter im Ermittlungsverfahren", angeordnet werden müssen, in allen Mitgliedstaaten ohne weitere Prüfung anerkannt und vollstreckt werden.[773]
Das Grünbuch schreibt jedoch dem EuStA nicht vor, nach welchen Gesichtspunkten er die Staaten zur Beantragung der Anordnungen auszuwählen hat.[774] Im Gegensatz zu der Entscheidung über den Mitgliedstaat der Anklageerhebung (dazu sogleich) wird im Grünbuch nur der Vorteil der Überwindung der *„Grenzen der internationalen Rechtshilfe"* festgestellt, da die Zwangsmaßnahmen im gesamten Hoheitsgebiet der Mitgliedstaaten gültig wären.[775]
Demnach könnte sich also der EuStA an denjenigen Richter im Ermittlungsverfahren wenden, dessen nationale Rechtsordnung die geringsten Voraussetzungen für die begehrte Ermittlungsmaßnahme aufstellt. Darüber hinaus könnte der EuStA diese Anordnung nach dem Prinzip der gegenseitigen Aner-

---

770 KOM(2001) 715 endg.
771 *Satzger*, StV 2003, 137, 139
772 Das Grünbuch (KOM (2001) 715 endg., S. 56f.) unterscheidet zwischen „vom Richter im Ermittlungsverfahren zu genehmigenden Ermittlungsmaßnahmen" und „vom Richter im Ermittlungsverfahren auf Antrag des Europäischen Staatsanwalts verfügten Ermittlungsmaßnahmen". Zur ersten Gruppe gehören: Zwangsvorführung, Hausdurchsuchung, Beschlagnahme, Sicherstellung von Vermögenswerten, Überwachung der Kommunikation, verdeckte Ermittlung und kontrollierte oder überwachte Lieferung. (Dem Wortlaut ist nicht zu entnehmen, ob der Katalog abschließend ist.) Zur zweiten Gruppe gehören: Haftbefehl, Unterstellung der richterlichen Kontrolle und vorläufige Festnahme.
773 KOM (2001) 715 endg. S. 55
774 *Satzger*, StV 2003, 137, 139
775 KOM (2001) 715 endg. S. 55

kennung dann in jedem anderen Mitgliedstaat vollstrecken.[776] *Satzger*[777] weist darauf hin, dass dies zu der Vollstreckung einer Anordnung führen könnte, die im Vollstreckungsmitgliedstaat nicht angeordnet worden wäre.

bb) Entscheidung über Ort der Anklageerhebung

Diese Konstellation betrifft den eigentlichen Fall des forum-shoppings, nämlich die Wahl der einschlägigen Rechtsordnung durch die Wahl des Gerichtsstandes.

Dabei ist aber zu beachten, dass diese Problematik durch die tatsächliche Ausgestaltung der Regelungen zum EuStA aufkommt oder verhindert wird.[778] Sie wird nicht unmittelbar durch die gegenseitige Anerkennung strafrechtlicher Entscheidungen ausgelöst. Die Wahl der einen oder der anderen Rechtsordnung für die Verfahrenseröffnung wird dem EuStA allerdings durch die europaweite Gültigkeit der Beweismittel und sonstigen Entscheidungen wieder mittelbar erleichtert. Wäre früher aufgrund des erhöhten Aufwandes im Rahmen der Rechtshilfeverfahren die Entscheidung für die Rechtsordnung mit den wenigsten nötigen Rechtshilfeverfahren gefallen, so kann dieser Aspekt in Zukunft missachtet werden.

o) Lösungsvorschlag zum forum-shopping bei Ermittlungsmaßnahmen

Bezüglich der Probleme bei den Anordnungen nationaler Ermittlungsmaßnahmen erscheint eine zwingende Zuständigkeitsregelung sinnvoll.[779] Insbesondere in Fällen der eindeutigen Lokalisierbarkeit der betroffenen Personen oder Sachen bietet sich eine Regelung an, die die Person oder Sache der Rechtsordnung unterwirft, in der sie sich befindet.[780] Konkret sollte also eine Maßnahme nur in dem Mitgliedstaat angeordnet werden, in dem sie auch vollstreckt werden soll.[781] In Fällen mit verschiedenen möglichen Zuständigkeiten sollte sich die Zuständigkeit nach der Nationalität der betroffenen Person oder Nationalität des Eigentümers[782] der betroffenen Sache richten. Das von *Schü-*

---

776 *Satzger*, StV 2003, 137, 139

777 *Satzger*, StV 2003, 137, 139

778 Siehe dazu: *Schünemann*, StV 2003, 116, 121

779 Hier ist eine im Verhältnis zur Lösung der Jurisdiktionskonflikte unterschiedliche Fallgruppe betroffen. Dort wird nach dem für die Anklageerhebung zuständigen Gericht gesucht. Gerade bei Ermittlungsmaßnahmen kann sich aber ein „doppeltes" Forum-Shopping ergeben, wenn die ermittelnde Behörde die in einem anderen Staat zu vollstreckende Anordnung in einem dritten Staat beantragt, z.B. weil diese dort an geringere Anforderungen geknüpft ist.

780 So auch die Ansätze im Grünbuch KOM(2001)715 endg. S. 61

781 *Biehler/Gleß/Parra/Zeitler*, Analyse des Grünbuchs zum strafrechtlichen Schutz der finanziellen Interessen der EG, S. 33; ebenso: *Satzger*, StV 2003, 137, 139

782 Bei „multinationalen Miteigentümern" kann sich die Zuständigkeit nach der Mehrheit des Eigentums richten.

nemann[783] vorgeschlagene „Prinzip der Meistbegünstigung"[784] erscheint nicht sachgerecht. Nach ihm müsste in jedem von der anzuordnenden und zu vollstreckenden Maßnahme betroffenen Mitgliedstaat eine richterliche Entscheidung herbeigeführt werden. Dies würde aber das mit der gegenseitigen Anerkennung verfolgte Ziel der Steigerung der Effektivität der Strafverfolgung nicht erreichen.[785]

p) Ergebnis

Das Prinzip der gegenseitigen Anerkennung ist grundsätzlich geeignet, die Gefahr des Forum-Shoppings zu verstärken. Dies gilt sowohl im Rahmen nationaler als auch europäischer Strafverfolgung.
Auch hier muss aber beachtet werden, dass sich die Gefahr zuerst durch die Einführung einer europaweiten Regelung zur Vermeidung der Jurisdiktionskonflikte verringern ließe.[786] Wenn zudem auch eine Regelung zur Verhinderung des forum-shopping bei Ermittlungsmaßnahmen vor Anklageerhebung eingeführt würde, ließe sich die Gefahr gänzlich verhindern.[787]

II) Strafrechtliche / strafprozessuale Probleme

Das Prinzip der gegenseitigen Anerkennung hat auch Auswirkungen auf strafrechtliche und strafprozessuale Bereiche, diese sollen im Folgenden dargestellt werden.

a) Verbotsirrtum bei fehlender Normkenntnis

Gemäß § 17 S. 1 StGB handelt schuldlos, wer ohne die Einsicht handelt, Unrecht zu tun, und diesen Irrtum nicht vermeiden konnte. Geht man von einer uneingeschränkten Anwendung des Prinzips der gegenseitigen Anerkennung und der damit verbundenen Geltung von ausländischen Entscheidungen aus, kann es ohne Beschränkung der nationalen Strafansprüche zur Pönalisierung eines Verhaltens kommen, obwohl der Gesetzgeber des Tatortes keine Strafbarkeit für die Tat vorgesehen hat.
Es stellt sich also die Frage, ob in diesen Fällen der Täter überhaupt schuldhaft gehandelt hat, weil er einem unvermeidbaren Verbotsirrtum unterlegen sein könnte.[788]

---

783 *Schünemann* (Hrsg.), Alternativentwurf, S. 11; *ders.* ZStW 116 (2004), 376, 382
784 Siehe dazu auch: G X 2 b
785 Dies räumt mit *Satzger,* StV 2003, 137, 139 einer der Befürworter des AE und des Prinzips der Meistbegünstigung ein.
786 *Buruma*, ZStW 116 (2004), 424, 430; *Deiters*, ZRP 2003, 359
787 *Schünemann*, ZStW 116 (2004), 376, 387, Fn. 44
788 *Deiters*, ZRP 2003, 360, Fn 16, mit Hinweis auf *Velten*, Normkenntnis und Normverständnis, 2002, 447 ff.

Geht man entgegen den aktuellen Entwicklungen[789] von einer unbeschränkten Anwendung der gegenseitigen Anerkennung aus, so muss man m.E. auch dann nur in Ausnahmefällen von einem unvermeidbaren Verbotsirrtum ausgehen. Die Maßstäbe für die Vermeidbarkeit des Verbotsirrtums sind zwischen der Rechtsprechung und der Literatur umstritten.[790] Während die Rechtsprechung hier strengere Anforderungen als an die Tatfahrlässigkeit stellt, sollen nach der Literatur geringere Anforderungen gelten. Der Irrtum ist nach der Rechtsprechung vermeidbar, wenn der Täter das Unrecht der Tat *„bei der ihm zuzumutenden Anspannung des Gewissens hätte erkennen können"*.[791] Dabei muss der Täter einen konkreten Anlass gehabt haben, sich über das Verbotensein seines geplanten Handelns Gedanken zu machen.[792]
Nun könnte man diskutieren, ob es bei der unbeschränkten Anwendung der gegenseitigen Anerkennung zur Geltung von so unvorhersehbaren und im eigenen Kulturkreis so unbekannten Normen und Strafbarkeitsentscheidungen kommt, dass der Täter vielleicht gar keinen Anlass gehabt hätte, über das Verbotensein seines Handelns nachzudenken. Dies kann jedoch schon deshalb nicht der Fall sein, weil die Prüfung der beiderseitigen Strafbarkeit ja eben nur bei Vorliegen einer Katalogtat entfällt. Diese Katalogtaten wiederum stellen trotz ihrer Unbestimmtheit Deliktsbereiche dar, deren Strafbarkeit grundsätzlich in allen Mitgliedstaaten der EU anerkannt ist.
An die Zumutbarkeit der Anspannung des Gewissens zur Erkenntnis des Unrechtsgehaltes ist also m.E. kein anderer Maßstab anzulegen als bei einem nur von einer inländischen Norm bedrohten Verhalten.

b) Probleme durch die gegenseitige Anerkennung richterlicher Entscheidungen im Ermittlungsverfahren

Zur gegenseitigen Anerkennung richterlicher Entscheidungen im Ermittlungsverfahren ist zuerst anzumerken, dass sie zwar der politischen Zielsetzung entspricht, aber entgegen dem Europäischen Haftbefehl bisher nicht in geltendes Recht umgesetzt worden ist.

Besonders problematisch erscheint hierbei die gegenseitige Anerkennung von Anordnungen zur Beweiserhebung wie Durchsuchungen oder Überwachungen des Fernmeldeverkehrs. Bezüglich der Voraussetzungen für derartige Anordnungen ergeben sich in den Mitgliedstaaten teilweise erhebliche Unterschiede. In diesem Zusammenhang wird oft das Beispiel der Anordnung zur Überwachung des Fernmeldeverkehrs vorgebracht. Im Gegensatz zur rechtlichen Situation in Deutschland ist in Spanien eine derartige Anordnung grundsätzlich

---

[789] Siehe nur die (neue) Umsetzung des Europäischen Haftbefehls in Deutschland. Dort kommt zum Ausdruck, dass die einzelnen Mitgliedstaaten entgegen der Zielsetzung eine uneingeschränkte gegenseitige Anerkennung nicht wünschen.
[790] *Joecks* in: MüKo StGB, § 17 StGB, Rdnr. 36; Zu den Widersprüchen innerhalb der Rechtsprechung: *Schroeder* in: LK, § 17 Rdnr. 32
[791] BGHSt 2, 194, 209
[792] *Cramer/Sternberg-Lieben* in: Schönke/Schröder, StGB § 17 StGB Rdnr. 16

bei jeder Straftat zulässig.[793] Mit den Voraussetzungen für derartige Eingriffe bringt jeder nationale Gesetzgeber das Verhältnis zwischen Privatsphäre der Bürger und dem staatlichen Strafanspruch zum Ausdruck. Diese gesetzgeberische Wertung wäre durch eine unbeschränkte gegenseitige Anerkennung unwirksam, da mittels gegenseitiger Anerkennung die Entscheidungen der ausländischen Gesetzgeber nach Deutschland übertragen würden und Geltung entfalten würden. Theoretisch könnte der deutsche Staatsanwalt sich eine Anordnung für eine Telefonüberwachung in Spanien ausstellen lassen, obwohl der zugrunde liegende Sachverhalt eine derartige Anordnung in Deutschland nicht decken würde, um diese dann aufgrund der gegenseitigen Anerkennung in Deutschland zu vollziehen.

Diese Probleme werden aber absehbar nicht in dem vorgebrachten Umfang auftreten. Zum einen ist davon auszugehen, dass im Rahmen der tatsächlichen Umsetzung in bestimmten Bereichen auf die Prüfung der gegenseitigen Strafbarkeit zurückgegriffen werden wird. Die gegenseitige Anerkennung käme dann nur im Rahmen bestimmter Katalogtaten in Betracht.[794] Weiterhin wäre es im Rahmen einer gesetzlichen Regelung nahe liegend, die nationalen Zuständigkeiten der Verfahrensordnungen für die richterlichen Entscheidungen festzulegen. Hier bietet sich beispielsweise eine Anordnungskompetenz nach dem Aufenthaltsort oder Ort der betroffenen Person oder Sache an. Dabei würde dann im Fall eines Strafverfahrens mit Auslandsbezug und einer erforderlichen Durchsuchung oder Vernehmung im Ausland sowohl die Anordnung als auch die Vollstreckung im Ausland nach dortigem Recht erfolgen, was unter den Aspekten des Beweistransfers nicht optimal wäre.
Unter Verwendung des Prinzips der gegenseitigen Anerkennung würde es sich hier also anbieten, die Zuständigkeit für den Erlass richterlicher Entscheidungen an die Zuständigkeit im Hauptsacheverfahren zu knüpfen. Diese Anordnung müsste dann in allen anderen Mitgliedstaaten anerkannt und vollstreckt werden. Dabei wäre es für die spätere Verwertung der Beweismittel vorteilhaft, wenn die im Urteilsstaat für die Erhebung maßgeblichen Vorschriften mit der Anordnung übermittelt würden.[795] Um die unterschiedlichen Rechtsschutzniveaus in den verschiedenen Mitgliedstaaten nicht zu untergraben sollte in der tatsächlichen Ausgestaltung die Möglichkeit eines Vorbehaltes vorgesehen werden. Dieser sollte sich aus Effektivitätsgründen darauf beschränken, ob die Maßnahme in einem vergleichbaren nationalen Verfahren im ausführenden Staat angeordnet worden wäre.

---

793 *Böse* in: Fragmentarisches Strafrecht, S. 233, 246f.; *Perron*, ZStW 112 (2000), 202, 219; Die Unterschiede bei den Voraussetzungen für eine Anordnung der Überwachung des Fernmeldeverkehrs wurden auch in dem Rechtshilfeübereinkommen vom 29.05.2000 (Abl. EG C 197 vom 12.07.2000) berücksichtigt. Gemäß Art. 18 Abs. 5 b) sind die Mitgliedstaaten nur dann zur Rechtshilfe verpflichtet, wenn sie die Maßnahme auch in einem vergleichbaren innerstaatlichen Fall durchgeführt hätten.

794 Siehe Art. 2 im RB Europäischer Haftbefehl

795 Ähnlich Art. 3 des Rechtshilfeübereinkommens vom 29.05.2000 (Abl. EG C 197 vom 12.07.2000)

Dieser Lösungsansatz erzeugt zugegeben nicht die von der Kommission gewünschte europaweit verkehrsfähige strafrechtliche Entscheidung. Andererseits stellt sich aber wie beim Beweistransfer die Frage, ob dies in der Vielzahl der Strafverfahren überhaupt notwendig ist. Bei einer richterlichen Ermittlungsanordnung handelt es sich eben nicht um ein Produkt, das für seine Verkehrsfähigkeit in ganz Europa gleichermaßen anwendbar sein muss. Sie wird im Rahmen eines konkreten Verfahrens bezogen auf einen konkreten Sachverhalt erlassen. In den meisten Fällen muss das im Ausland gewonnene Beweismittel nur in einem Strafverfahren verwertet werden, dessen nationaler Gerichtsstand sich nicht ändern wird.[796] Insofern erscheint der Vergleich mit dem freien Warenverkehr im Binnenmarkt als nicht angebracht, die Herstellung derartiger Verhältnisse würde über das erforderliche Maß hinausgehen.

c) Störung der innerprozessualen Balance durch die gegenseitige Anerkennung ausländischer Beweismittel

Wie oben bereits dargestellt,[797] soll sich das Prinzip der gegenseitigen Anerkennung auch auf Ergebnisse des Ermittlungsverfahrens, insbesondere Beweismittel beziehen.[798] Die gegenseitige Anerkennung von im Ausland gewonnenen Beweismitteln stellt eine grundlegende Veränderung des bisherigen Rechtshilferechts dar.[799]

Bei der Gewinnung von Beweismitteln mit Auslandsberührung sind drei Konstellationen möglich.[800] Zum einen werden Beweismittel für ein in einem Mitgliedstaat ablaufendes Strafverfahren in einem anderen Mitgliedstaat von dortigen Behörden gewonnen. Diese Variante wurde bisher nach dem Rechtshilferecht in Strafsachen geregelt und soll hier näher untersucht werden. Weiter können „transnational" Beweise durch die Behörden des Urteilsstaates im Ausland gewonnen werden.[801] Außerdem kommt die Möglichkeit der Beweiserhebung im Rahmen von Untersuchungen durch EU-Organe in Betracht.[802]

---

796 *Böse* in: Fragmentarisches Strafrecht, S. 233, 247; *ders*, ZStW 114 (2002), 148, 181

797 Siehe oben: G V, ebenso die Schlussfolgerungen von Tampere, Nr. 37, abrufbar unter: http://www.europarl.eu.int/summits/ tam_de.htm

798 Schlussfolgerungen Tampere, Nr. 37; Auch wenn sich die politische Zielsetzung mehr in Richtung der bereits in der Entwicklung befindlichen Europäischen Beweisanordnung bewegt, bleibt die europaweite Geltung von Beweismitteln eine wenn auch entfernte Zielsetzung der Europäischen Union.

799 *Bendler*, StV 2003, 133, 135

800 *Gleß*, ZStW 115 (2003), 131, 133

801 Nach bisherigem Recht ist eine derartige Ermittlung nur in Art. 40, 41 SDÜ vorgesehen. Hier ergeben sich durch die Gewinnung und Verwertung der Beweise in verschiedenen Rechtsordnungen keine Probleme, da die Beweise (nur) nach der Rechtsordnung des Urteilsstaates gewonnen werden. Zu den sich hierbei nach dem Rechtshilferecht möglicherweise ergebenden Problemen: *Böse*, ZStW 114 (2002), 148, 177ff. Sie dazu auch unten G X 2 zum AE Europäische Strafverfolgung.

802 *Vogel* in: Grützner/Pötz, IRG, vor §1, Rdnr. 179. Beispielhaft werden dort Ermittlungen von OLAF genannt. Hier kommt es ebenfalls nicht zu einer Kombination verschiedener Verfahrensordnungen bei Beweisgewinnung und Verwertung.

Wird nun nach dem Prinzip der gegenseitigen Anerkennung ein im Ausland nach dem dortigen Recht gewonner Beweis in ein inländisches Verfahren eingeführt und dort verwertet, so kommt es nach den Gegnern des Prinzips der gegenseitigen Anerkennung zu einer Kombination nicht kompatibler Verfahrensordnungen. Dies bewirke eine Störung der innerprozessualen Balance von Rechten des Beschuldigten und dem öffentlichen Interesse an der Strafverfolgung, die in jeder Rechtsordnung durch andere Mittel gesichert werde.[803]

Hier ist also unter Berücksichtigung der bisherigen rechtshilferechtlichen Lage zu prüfen, ob durch die gegenseitige Anerkennung von Beweismitteln eine Störung der innerprozessualen Balance droht, und ob diese im Fall ihres Vorliegens durch übergeordnete Gründe gerechtfertigt sein könnte. Die Gegner des Prinzips der gegenseitigen Anerkennung werfen vor, dass es zu einer Hybridisierung der Strafverfahren komme, indem Teile verschiedener, an sich inkompatibler Verfahrensordnungen in einem Verfahren kombiniert werden.[804]

d) Der Transfer von Beweismitteln nach dem bisherigen Recht

Bislang konnte im Rahmen der „sonstigen" Rechtshilfe gemäß § 59 Abs. 2 IRG ein Staat einen anderen ersuchen, Beweise zu erheben.[805] Diese Rechtshilfehandlung erbringt der ersuchte Staat nach dem Grundsatz „locus regit actum" als eigene Verfahrenshandlung.[806] Die Rechtshilfe wird demzufolge nach der Verfahrensordnung des ersuchten Staates erbracht, der lex fori.[807] Die Verwertbarkeit der Beweise richtet sich aber nach der Entscheidung des erkennenden Gerichtes, das aufgrund seiner Verfahrensordnung entscheidet.[808] In einem deutschen Strafverfahren richtet sich die Verwertung der Beweis folglich grundsätzlich nach deutschem Recht, eine Beurteilung der Rechtmäßig-

---

[803] *Böse* in: Schwarze (Hrsg.), Der Verfassungsentwurf des Europäischen Konvents, S. 151, 155; *Schünemann*, StV 2003, 116, 121; *Sommer*, StV 2003, 126, 127; *Schulz*, StV 2003, 142, 144 mit Hinweis auf den Diskussionsbeitrag von Bendler; *Bendler*, StV 2003, 133; *Nalewajko* in: Europäisierung des Strafrechts in Polen und Deutschland – rechtsstaatliche Grundlagen, S. 297 306; *Braum*, GA 2005, 681, 695, der als Beispiel für die in Europa stark unterschiedlichen beweisrechtlichen Regelungen auf die in Belgien bis vor kurzem fehlenden Zeugnisverweigerungsrechte für Journalisten hinweist. Ebenso kann der in Frankreich mögliche Urkundsbeweis in der Hauptverhandlung und der in Deutschland zulässige Zeuge vom Hörensagen, der in britischen Verfahren unzulässig ist, genannt werden.

[804] *Sommer*, StV 2003, 126, 127

[805] Zum Ablauf der Rechtshilfe bei der Beweiserhebung: *Gleß*, FS Grünwald, 197, 199

[806] *Gleß*, FS Grünwald, 197, 201 dieses Prinzip ist umstritten, siehe die Nachweise bei Gleß (aaO) und Radtke, GA 2004, 1, 10 (Fn. 48). Zur Rechtfertigung dieses Grundsatzes wird vorgebracht, der ersuchte Staat könne stets nur nach seinem eigenen Recht handeln. Zur Umsetzung in Übereinkommen siehe unter anderem Art. 3 Abs. 1 EuRhÜ von 2000 (Siehe oben: E II 3)

[807] *Gleß*, FS Grünwald, 197, 201 mit weiteren Nachweisen

[808] BGH NStZ 1992, 394; NStZ 1995, 45, 46; BGH NStZ 2000, 547; *Böse*, ZStW 114 (2002), 148, 150

keit der Beweiserhebung am ausländischen Recht findet nicht statt.[809] Bei der Beurteilung von im Ausland gewonnenen Beweismitteln auf Grundlage des deutschen Rechts ist aber zu beachten, dass die Beweise in den meisten Fällen[810] eben nicht von deutschen Hoheitsträgern erhoben wurden und die Verwertungsregeln darauf nicht ausgerichtet sind.[811] Zu diesem Komplex liegt umfangreiche Rechtsprechung vor, diese kann als ergebnisorientiert-pragmatisch bezeichnet werden.[812] Die im Ausland gewonnenen Beweise können grundsätzlich auch dann in einem deutschen Strafverfahren verwendet werden, wenn ihre Gewinnung gegen das deutsche Prozessrecht verstoßen hätte.[813] Das ausländische Prozessrecht ist für die Frage der Verwertbarkeit ebenfalls nicht von Bedeutung.[814] Ausnahmsweise führen auch im Ausland gemachte Verfahrensverstöße zu einem Verwertungsverbot in Deutschland: Neben der Verletzung allgemeiner rechtsstaatlicher Grundsätze[815] ist besonders die Fallgruppe relevant, in der das ersuchende Gericht von mehreren möglichen Verfahren dasjenige ausgewählt hat, mit dem die strengen Deutschen Verfahrensvorschriften umgangen werden können.[816] Der Verstoß gegen die deutschen Vorschriften kann und soll aber im Rahmen der Beweiswürdigung beachtet werden.[817] Im Verhältnis zum deutschen Recht wird nach dieser Rechtsprechung der Bereich der Beweiszulassung weiter geöffnet als dies nach deutschem Recht der Fall wäre.

Abweichend von den bisherigen Grundsätzen im Rechtshilferecht[818] wird nach Art. 4 des EU-Rechtshilfeübereinkommens[819] ein Rechtshilfeersuchen vom ersuchten Staat nach den Vorschriften des ersuchenden Staates, die mit dem Ersuchen übermittelt werden müssen, erledigt. Für Rechtshilfeersuchen ist nach dem Übereinkommen also das Recht des ersuchenden Staates maßgeblich.[820]

---

809 *Böse*, ZStW 114 (2002), 148, 149; *Gleß*, FS Grünwald, S. 197, 202

810 Eine Ausnahme besteht im Rahmen von Art. 40 SDÜ

811 *Böse*, ZStW 114 (2002), 148, 180

812 *Gleß*, ZStW 115 (2003), 131, 134

813 BGHSt 2, 300, 304; BGH, GA 1964, 176; BGH, GA 1976, 218, 219; BGH, GA 1976, 218; BGH, NStZ 1985, 376; BGHSt 34,334; BGHSt 35, 82, 83; BGH NStZ 1996, 609; *Böse*, ZStW 114 (2002), 148ff.;

814 *Böse*, ZStW 114 (2002), 148, 150 mwN

815 BGH NStZ 1992, 394

816 Die Rechtsprechung begründet dieses Verwertungsverbot mit der Pflicht des ersuchenden Gerichts, sich möglichst um die Einhaltung der eigenen Verfahrensordnung zu bemühen. RG JW 1938, 658; *Rose*, Anmerkung zu BGH NStZ 1996, 609; *Rose*, NStZ 1998, 156; BGH NStZ 1988, 563

817 BGHSt 2, 300, 304; OLG Hamm, DAR 1959, 192, 193; *Kohlhaas*, NJW 1954, 535; BVerfGE 57, 250, 292

818 Siehe nur: *Gleß*, FS Grünwald, 197, 201

819 Abl.EG C 197 vom 12.07.2000, Siehe auch oben: E II 3

820 *Lagodny*, FS Spinellis, S. 641; *Radtke*, GA 2004, 1, 10; *Sieber*, ZRP 2000, 186, 190; *Böse*, ZStW 114 (2002), 148, 181; *Lagodny*, Anmerkung zu BGH, JZ 1997,45, 49

e) Der Transfer von Beweismitteln nach dem Prinzip der gegenseitigen Anerkennung

Durch die gegenseitige Anerkennung von Beweismitteln soll das Konzept eines innerhalb Europas verkehrsfähigen Beweises verwirklicht werden.[821] Die gegenseitige Anerkennung von im Ausland gewonnenen Beweismitteln ist bislang nicht normiert.[822] Im Konventsentwurf über eine Verfassung für Europa[823] ist in Art. III-270 Abs. 2 Buchst. a *„die Zulässigkeit von Beweismitteln auf gegenseitiger Basis"* als Ziel zur Erleichterung der gegenseitigen Anerkennung und der polizeilichen und justiziellen Zusammenarbeit festgehalten, das durch den Erlass Europäischer Rahmengesetze[824]. erreicht werden soll. Der Entwurf knüpft insoweit an die Vorschläge der Kommission im unten genannten Grünbuch[825] an. Den Mitgliedstaaten wird aber in Art. III-270 Abs. 2 aE VE die Möglichkeit eingeräumt, ein höheres Schutzniveau für die Rechte des Einzelnen im Strafverfahren beizubehalten oder einzuführen. Weiter finden sich Ansätze in den Vorschlägen der Kommission im *Grünbuch zum strafrechtlichen Schutz der finanziellen Interessen der Europäischen Gemeinschaften und zur Schaffung einer Europäischen Staatsanwaltschaft*[826] und in dem Vorschlag der Expertengruppe des *Corpus Juris*[827]. Das Grundkonzept der von der Kommission und dem Corpus Juris vorgeschlagenen Europäischen Staatsanwaltschaft sieht zwar die Verfahrenseinleitung durch die Europäische Staatsanwaltschaft vor, die Strafverfahren werden aber in einem Mitgliedstaat nach dem dortigen Verfahrensrecht durchgeführt.[828] Die Beweiserhebung erfolgt durch Gemein-

---

821 *Gleß*, ZStW 115 (2003), 131, 136; *Brüner/Hetzer*, NStZ 2003, 113, 117, die insoweit von ein Konkretisierung der Ziele des Gipfels von Tampere durch das Grünbuch sprechen; *Biehler/Gleß/Parra/Zeitler*, Analyse des Grünbuchs zum strafrechtlichen Schutz der finanziellen Interessen der EG und zur Schaffung einer Europäischen Staatsanwaltschaft, S. 36; *Sieber*, ZStW 103 (1991), 957, 963; *Sieber*, ZRP 2000, 186, 190; *Sieber* in: Delmas-Marty, Corpus Juris, S. 2

822 Die Realisierung wird noch einige Zeit in Anspruch nehmen, die Unterstützung auf politischer Ebene scheint eher zurückhaltend. Vgl. die Rede von Kommissarin Schreyer anlässlich der öffentlichen Anhörung zum Grünbuch in Brüssel, abrufbar unter: http://europa.eu.int/rapid/pressReleasesAction.do?reference=SPEECH/02/401&format=HTML&aged=0&language=DE&guiLanguage=en; siehe auch: *Schulz*, StV 2003, 142, 143

823 Abl. EG C 169 vom 18.07.2003, S. 1

824 Siehe dazu Art. 33 und 37 des VE

825 Grünbuch zum strafrechtlichen Schutz der finanziellen Interessen der Europäischen Gemeinschaften und zur Schaffung einer Europäischen Staatsanwaltschaft, KOM(2001) 715 endg.; Zu Inhalt und Entstehung des Grünbuchs siehe nur: *Radtke*, GA 2004, 1ff.

826 KOM(2001) 715 endg.

827 Corpus Juris der strafrechtlichen Regelungen zum Schutz der finanziellen Interessen der Europäischen Union, herausgegeben von *Delmas-Marty*. Die aktuelle Fassung des Corpus Juris wird als Fassung von Florenz bezeichnet und kann unter: ec.europa.eu/anti_fraud/green_paper/corpus/de.doc abgerufen werden. Das Corpus Juris stellt das Ergebnis der Arbeiten einer internationalen Expertengruppe dar. Die Ergebnisse der Arbeiten wurden vom EP (siehe Abl EG C 200 vom 30.06.1997, S. 157) und der Kommission begrüßt und bilden einen Grundstock für die Überlegungen des Grünbuchs, das von den Vorschlägen des Corpus Juris teilweise abweicht. S.a.: *Schünemann*, GA 2002, 500, 514

828 Art. 26 Nr. 3 CJ-FF; s.a.: *Kempf*, StV 2003, 128; *Satzger*, StV 2003, 137, 138

schaftsorgane oder nationale Behörden (Art. 20 CJ-FF), bei der Erhebung durch nationale Behörden nach deren Verfahrensrecht. Dementsprechend können auch hier die Probleme auftreten, die sich ergeben, wenn ein Beweismittel nicht nach der Verfahrensordnung des verwertenden Urteilstaates erhoben worden ist.[829]

Bezüglich der Beweiserhebung und Verwertung gleichen sich die Konzepte des Grünbuchs und des Corpus Juris. Die Beurteilung der Zulässigkeit des erhobenen Beweises richtet sich nach der Verfahrensordnung des Staates, in dem der Beweis erhoben wurde.[830] Wurde der Beweis nach dieser Verfahrensordnung rechtmäßig erhoben, so ist er in jedem anderen Mitgliedstaat als Beweismittel zuzulassen.[831] Eine Überprüfung der Rechtmäßigkeit der Beweiserhebung nach der Rechtsordnung des verwertenden Staates ist nicht vorgesehen.[832] Das Modell des Grünbuchs schließt von der rechtmäßigen Gewinnung eines Beweismittels automatisch auf seine Verwertbarkeit.[833] Die ungeprüfte Zulassung rechtmäßig erhobener Beweise beruht auf der Fiktion, dass die Beweiserhebung in der Rechtsordnung des verwertenden Gerichtes erfolgt sei.[834]

Bei rechtswidrig erhobenen Beweisen trifft die Entscheidung über den Ausschluss der für das Hauptverfahren zuständige nationale Richter.[835] Grundlage für diese Entscheidung ist aber nicht die Verfahrensordnung des Urteilstaates, sondern die Verfahrensordnung, nach der der Beweis erhoben wurde.[836] Die Kommission bringt hierzu vor, dass die Verfahrensordnungen aller Mitgliedstaaten die Charta der Grundrechte der EU, die Rechte der EMRK und die Grundfreiheiten umfassen. Die Kommission weist auf die hiermit vergleichbare Situation im Internationalen Privatrecht hin und geht von einer Verringerung der damit verbundenen Schwierigkeiten durch die fortschreitende Vernetzung der Justizsysteme aus. Im Sonderfall der Beweisgewinnung im Verwaltungsverfahren sollen nach dem Grünbuch die Beweise nur verwertet werden dürfen, wenn im Verwaltungsverfahren, sobald Anzeichen für das Vorliegen einer Straftat vorliegen, die Erfordernisse des Strafverfahrens, z.B. Verteidigerrechte

---

[829] Der Vorschlag des Corpus Juris deutet mit seinen speziellen europäischen Beweismitteln in Art. 32 Nr. 1 Buchst. a und b CJ-FF schon auf die trans- oder supranationale Beweiserhebung hin, die aufgrund nationaler Regelungen gewonnenen und zu transferierenden Beweise werden dadurch aber nicht ausgeschlossen und spielen weiterhin eine wichtige Rolle. Zu den Europäischen Beweismitteln: *Delmas-Marty*, Corpus Juris, S. 76

[830] Art. 33 Abs. 2 CJ-FF; KOM(2001) 715 endg. S. 65

[831] KOM(2001) 715 endg. S. 64

[832] KOM(2001) 715 endg. S. 64; *Bendler*, StV 2003, 134 f.; *Radtke*, GA 2004, 1, 7

[833] *Gleß*, ZStW 115 (2003), 131, 143

[834] *Bendler*, StV 2003, 134, 135; *Biehler/Gleß/Parra/Zeitler*, Analyse des Grünbuchs zum strafrechtlichen Schutz der finanziellen Interessen der EG und zur Schaffung einer Europäischen Staatsanwaltschaft, S. 36; *Radtke*, GA 2004, 1, 7

[835] KOM(2001) 715 endg. S. 65

[836] Art. 33 Nr. 2 CJ-FF; KOM(2001) 715 endg. S. 65; *Bendler*, StV 2003, 133, 135

des Angeschuldigten, gewahrt werden.[837] Nach dem Vorschlag des Corpus Juris sind derartige Beweise jedoch nicht verwertbar.[838]

Von der Zulassung des Beweises muss aber die Beweiswürdigung getrennt betrachtet werden. Diese richtet sich nach dem nationalen Recht des Gerichts, das den Beweis verwertet.[839] Davon scheint auch der Entwurf des Corpus Juris auszugehen, er trifft keine anderweitigen Regelungen.[840]

Die Kommission bringt als Argument für die gegenseitige Zulassung und Anerkennung der Beweismittel die oft unwirksame Strafverfolgung in Strafverfahren mit Auslandsberührung vor, die durch die nicht vorhandene automatische Anerkennung verursacht wird.[841] Weder die Harmonisierung der Beweisregeln noch der Verweis auf nationales Recht sind nach Ansicht der Kommission Erfolg versprechend.[842] Nach ihrer Ansicht können deshalb Ermittlungsergebnisse in Gerichtsverfahren oft nicht verwertet werden. Dies wird von der Kommission aber nicht statistisch oder argumentativ untermauert, sie bringt lediglich einige Beispielsfälle von Behinderungen bei dem Transfer von Beweismitteln.[843]

Der Transfer von im Ausland gewonnenen Beweismitteln nach dem Prinzip der gegenseitigen Anerkennung führt also zu einer Trennung der Fragen von Rechtmäßigkeit der Beweisgewinnung und Rechtmäßigkeit der Beweisverwertung, die sich dann nach unterschiedlichen Rechtsordnungen richten.

f) Stellungnahme

Ausgangspunkt für die Beurteilung der gegenseitigen Anerkennung von Beweismitteln muss deren Funktion als Mittel zur Feststellung von Tatsachen als Entscheidungsgrundlage sein.[844] Die Übertragung der Grundsätze des Binnenmarktes auf die Verkehrsfähigkeit von Beweismitteln kann nur dann möglich sein, wenn ein Beweismittel mit einer auf dem Binnenmarkt verfügbaren

---

837 KOM(2001) 715 endg. S. 65

838 *Delmas-Marty*, Corpus Juris, S. 76

839 KOM(2001) 715 endg. S. 65

840 Art. 33 Abs. 2 CJ-FF: *Die Beurteilung der Zulässigkeit eines Beweises richtet sich nach dem nationalen Recht des Mitgliedstaates, in dem der Beweis erhoben wurde. Ist ein Beweis nach dieser Vorschrift rechtmäßig erhoben worden, so darf seiner Zulässigkeit nicht entgegengehalten werden, dass seine Erhebung in dem Land der Beweisverwertung nicht rechtmäßig gewesen wäre [...].*

841 KOM(2001) 715 endg. S. 63; siehe aber *Sieber*, StV 2003, 137, 138, der unter Hinweis auf die bislang erfolgten Maßnahmen gegen den Betrug zu Lasten der EU die Rechtfertigung für die weit reichenden Schritte des Grünbuchs *„mit Zurückhaltung betrachtet"*; *Bendler*, StV 2003, 133, 134; *Radtke*, GA 2004, 1, 7

842 KOM(2001) 715 endg. S. 64; *Brüner / Hetzer*, NStZ 2003, 113, 116; *Radtke*, GA 2004, 1, 7

843 KOM(2001) 715 endg. S. 17; *Radtke*, GA 2004, 1, 9

844 *Gleß*, ZStW 115 (2003), 131, 132; *Böse* in: Der Verfassungsentwurf des Europäischen Konvents, S. 151, 156

Ware vergleichbar ist. Dazu müsste das Beweismittel gleich einer im Binnenmarkt produzierten Ware nach Abschluss der Produktion bei allen Nutzern der „Ware“, hier also allen Verfahrensordnungen der Mitgliedstaaten gleichermaßen mit dem selben Ergebnis verwertbar sein. Dies ist jedoch nicht der Fall.[845] Bei einem Beweismittel gibt es keinen Punkt in dessen Gewinnung, an dem man es in den freien Markt entlassen könnte und es dann überall, also in jeder möglichen europäischen Rechtsordnung die gleiche Wirkung erzielen würde. Im Gegenteil bewirken die in den einzelnen mitgliedstaatlichen Verfahrensordnungen fein abgestimmten Beweisvorschriften, dass das in einer anderen Verfahrensordnung gewonnene Beweismittel oft inkompatibel mit den Vorschriften über die Beweisverwertung ist.[846] Die Situation ist nicht mit der gegenseitigen Anerkennung von Urteilen vergleichbar, die einen Endpunkt eines ausgewogenen Verfahrens darstellen, in dem die Rechte der Beteiligten ausgewogen berücksichtigt wurden.[847]

Die Bereiche Beweiserhebung und Beweisverwertung müssen als untrennbare Einheit gesehen werden, die nur zusammen für die nötige Balance im Strafverfahren zwischen staatlichem Strafanspruch und Rechten des Beschuldigten sorgen.[848] Die Einheit ergibt sich aus der Tatsache, dass in den verschiedenen Rechtsordnungen Fehler in der Beweisgewinnung unterschiedliche Auswirkungen auf die Beweisverwertung haben.[849] Sie sind in den einzelnen Mitgliedstaaten verschieden und kompliziert.[850] Oft wird den Interessen des Beschuldigten in der Beweiserhebung geringeres Gewicht eingeräumt, was im Rahmen der Beweisverwertung wieder ausgeglichen wird, oder umgekehrt. So liegt beispielsweise im französischen Strafverfahren der Schwerpunkt der Beweisaufnahme in der untersuchungsrichterlichen Vorermittlung, auf die im Hauptverfahren Bezug genommen werden kann.[851] In der Hauptverhandlung fehlt es dagegen an der Unmittelbarkeit nach deutschem Verständnis.[852] Auch sei hier auf das im Verhältnis zum deutschen Recht grundsätzlich unterschied-

---

845 *Gleß*, ZStW 115 (2003), 131, 148; *Schulz*, StV 2003, 142, 144 mit Hinweis auf den Diskussionsbeitrag *Satzgers*; *Radtke*, GA 2004, 1, 17; *Böse*, ZStW 114 (2002), 148, 181 (Fn. 164); *Sommer*, StV 2003, 126, 127; *Schünemann*, ZRP 2003, 185, 187; *ders.* StV 2003, 116, 119

846 *Kühne*, Strafprozeßrecht, Rdnr. 48, 52; *Satzger*, StV 2003, 137, 138f.; *Biehler/Gleß/Parra /Zeitler*, Analyse des Grünbuchs zum strafrechtlichen Schutz der finanziellen Interessen der EG und zur Schaffung einer Europäischen Staatsanwaltschaft, S. 45

847 Zur umfassenden Literatur bezüglich der Anerkennung von abschließenden Entscheidungen vergleiche nur *Radtke*, GA 2004, 1, 17 (Fn. 90)

848 *Bendler*, StV 2003, 133, 135

849 *Gleß*, ZStW 115 (2003), 131, 145 mit Beispielen für Rechtsordnungen verschiedener europäischer Länder. Für Deutschland: *Weigend*, ZStW 113 (2001), 271, 288ff.; *Dencker*, FS Meyer-Goßner, S. 237, 239; *Rogall*, JZ 1996, 944

850 *Schünemann*, StV 2003, 116, 121; *Kühne*, Strafprozeßrecht, Rdnr. 47; Darauf weist auch die Kommission in ihrem Grünbuch (KOM(2001)715 endg, S. 64) hin. *Radtke*, GA 2004, 1, 17

851 *Kühne*, Strafprozeßrecht, Rdnr. 48

852 *Kühne*, Strafprozeßrecht, Rdnr. 1233

liche, vom Parteiverfahren geprägte, Strafverfahrensrecht in England hingewiesen.[853] Diese in jeder Verfahrensordnung einzigartige Balance wird durch die gegenseitige Anerkennung der Beweismittel zerstört.[854] Es leuchtet ein, dass im Interesse des Beschuldigten nicht die beiden Ordnungen mit den jeweils geringeren Beschuldigtenrechten kombiniert werden sollten.
Diese Störung der innerprozessualen Balance führt bei einer gegenseitigen Anerkennung von Beweismitteln ohne jeden ordre-public Vorbehalt dazu, dass die Entscheidung des nationalen Gesetzgebers, in welchen Fällen das Interesse an der Strafverfolgung hinter den Rechten des Beschuldigten zurücktreten muss, in Fällen der Anerkennung der Beweismittel nicht wirksam wird.

Ob dies allerdings tatsächlich in großem Ausmaß der Fall sein wird bleibt abzuwarten. Insbesondere die Einführung klarer nationaler Zuständigkeiten für die Rechtsordnungen könnte derartige Probleme zurückdrängen, da sie das forum-shopping verhindern könnte.[855] Außerdem würde sie die Akzeptanz des Prinzips der gegenseitigen Anerkennung verbessern. Dies ist jedoch momentan nicht abzusehen, das Grünbuch stellt für die Entscheidung über die Verfahrenseröffnung durch den Europäischen Staatsanwalt verschiedene Möglichkeiten vor[856], im Corpus Juris findet sich in Art. 26 Abs. 2 CJ-FF eine Möglichkeit der Zuständigkeitsverteilung nach verschiedenen Gesichtspunkten.[857] Ein unabhängig von den Verfahren zum Schutz der finanziellen Interessen der EU anwendbarer Vorschlag liegt aber nicht vor.

Auch der Hinweis der Kommission im Grünbuch[858] auf die dem Richter im anerkennenden Staat zustehende Möglichkeit der Beweiswürdigung ändert nicht die oben genannte Problematik. Die Beweiswürdigung ist nicht der Ort im Strafverfahren, an dem der Richter über die Verwertbarkeit der Beweise entscheidet.[859] Es muss beachtet werden, dass das Beweisverwertungsverbot das Beweismittel der Beweiswürdigung entzieht. Zwar ist der Richter in seiner Beweiswürdigung gemäß § 261 StPO grundsätzlich frei.[860] Die Frage der Glaubwürdigkeit des Beweismittels und damit die Frage der Überzeugung des Richters vom vorliegenden Sachverhalt, wird aber nicht von möglichen Rechtsverstößen im Rahmen der Beweisgewinnung beeinflusst. Außerdem kann die Entscheidung des Richters, das Beweismittel wegen Zweifeln an seiner rechtmäßigen Gewinnung nicht zu verwerten, bzw. es als nicht glaubwür-

---

853 *Kühne*, Strafprozeßrecht, Rdnr. 1193ff; *Bendler*, StV 2003, 134 f.
854 *Biehler/Gleß/Parra/Zeitler*, Analyse des Grünbuchs zum strafrechtlichen Schutz der finanziellen Interessen der EG und zur Schaffung einer Europäischen Staatsanwaltschaft, S. 44
855 *Deiters*, ZRP 2003, 359
856 KOM(2001) 715 endg. S. 60ff.
857 Siehe oben unter: 8 I d bb (5)
858 KOM(2001)715 endg, S. 65
859 *Kleinknecht/Meyer-Goßner*, StPO, Einl. Rdnr. 55
860 *Roxin*, Strafverfahrensrecht, § 15 Rdnr. 13 mit Hinweisen auf die Einschränkungen der freien Beweiswürdigung.

dig anzusehen und es damit nicht zu verwerten, eine Verletzung der Aufklärungspflicht gemäß § 244 Abs. 2 StPO darstellen.[861] Dies kann zur Revision des Urteils nach erfolgreicher Aufklärungsrüge führen.[862]

Weiterhin ist trotz des Hinweises der Kommission auf das ähnliche Verfahren im IPR[863] bezüglich der Anwendung von ausländischem Recht durch das Gericht der Hauptverhandlung zweifelhaft, ob durch die Anwendung fremden Rechts eine angemessene Prozessführung durch das Gericht und die hiervon nicht weniger betroffene Verteidigung ermöglicht werden kann.[864] Dabei ist nur kurz an die sich aus der gegenseitigen Anerkennung von Beweismitteln ergebenden Erschwernisse für eine effektive Strafverteidigung zu erinnern, da der Verteidiger ebenso wie das Gericht sich in beiden Rechtsordnungen auskennen muss.[865] Unter dem Aspekt der Verteidigung wäre es also einfacher, sämtliche Rechtsfragen nach der Ordnung des Prozesses zu prüfen.

Neben den Problemen mit der Zulassung und Anerkennung ausländischer Beweismittel, die im anerkennenden Staat unzulässig wären, muss aber auch der damit verbundene Vorteil einer deutlich effektiveren Strafverfolgung gesehen werden.[866] Gerade die fehlende automatische Anerkennung von im Ausland rechtmäßig erworbenen Beweismitteln verhindert in vielen Fällen die effektive Strafverfolgung in grenzüberschreitenden Fällen.[867]

g) Lösungsmöglichkeiten

Die gegenseitige Anerkennung von im Ausland gewonnenen Beweismitteln erscheint vor den obigen Ergebnissen problematisch. Es werden bereits verschiedene Möglichkeiten diskutiert, wie die auftretenden Probleme abgemildert bzw. verhindert werden können. Der unter cc) vorgestellte Vorschlag weicht dabei am weitesten von den Plänen der Kommission ab, da er den Anwendungsbereich der gegenseitigen Anerkennung stark zurückdrängt.

---

861 *Rose*, Der Auslandszeuge im Beweisrecht des deutschen Strafprozesses, S. 232

862 BGHSt 2, 168, *Gollwitzer* in: Löwe-Rosenberg, § 244 StPO Rdnr. 347 ff.; *Meyer-Goßner*, § 244 StPO Rdnr. 81

863 KOM(2001)715 endg, S. 65

864 *Satzger*, StV 2003, 137, 140; Im Bereich der bisherigen Rechthilfe wurde der Ansatz, die Beweisverwertung nach ausländischem Recht erfolgen zu lassen, ebenfalls abgelehnt. *Böse*, ZStW 114 (2002), 148, 151; *Rose*, Der Auslandszeuge im Beweisrecht des deutschen Strafprozesses, S. 278

865 Siehe oben: H II 3

866 Ablehnend: Gemeinsame Stellungnahme der Bundesregierung und der Länder der Bundesrepublik Deutschland zum Grünbuch, S. 17. Abrufbar unter: http://europa.eu.int/comm/anti_fraud/green_paper/contributions/date.html

867 *Brüner/Hetzer*, NStZ 2003, 113, 116

aa) Beweiszulassungsverfahren

In diesem Zusammenhang ist auf einen Lösungsvorschlag[868] aus der Forschung zu den mit der Anerkennung von Beweismitteln verbundenen Problemen hinzuweisen. Der Vorschlag findet sich nicht im Grünbuch oder im Corpus Juris. Er sieht die Einführung eines „europäischen Beweiszulassungsverfahrens" vor. Dieses soll trotz der Anerkennung von in einer fremden Verfahrensordnung gewonnenen Beweisen eine sichere Tatsachenfeststellung in einem fairen Verfahren gewährleisten.[869] Dazu soll im Rahmen eines Zulassungsverfahrens die Rechtmäßigkeit der Beweiserhebung anhand einheitlicher Kriterien geprüft werden.[870] Erst nach positiver Prüfung wäre der betreffende Beweis verkehrsfähig, die Frage der Rechtmäßigkeit der Beweiserhebung und –verwertung wäre in den nationalen Verfahren nicht mehr zu prüfen.[871] Zur Schaffung einer Beweiszulassungsverordnung soll auf ein Referenzsystem zurückgegriffen werden. Hier erscheint den Autoren die EMRK geeignet, aber nicht unproblematisch. Die Probleme ergeben sich zum einen aus dem Fehlen strafprozessual-beweisrechtlicher Vorschriften in der EMRK. Weiter soll die EMRK lediglich die Gerechtigkeit innerhalb eines nationalen Systems im Sinne einer Einzelfallgerechtigkeit sicherstellen.[872] Dazu werden aber nur die Ausgleichsmöglichkeiten für mögliche Rechtsverletzungen innerhalb eines nationalen Systems beachtet. Derartige Ausgleichsmöglichkeiten liegen aber bei der Anerkennung von in einer anderen Rechtsordnung gewonnenen Beweismitteln eben nicht vor.[873] Andererseits kann aber von der EMRK ausgehend eine Festlegung der unbedingt notwendigen Voraussetzungen einer zuverlässigen Tatsachenfeststellung erfolgen, die dann die Grundlage für eine Beweiszulassungsverordnung darstellen kann.[874]

bb) Europäische Beweismittel

Eine weitere Möglichkeit, den Transfer von Beweismitteln zu erleichtern, wäre die Einführung spezieller Europäischer Beweismittel. Das Grünbuch und das Corpus Juris schlagen die Einführung eines Europäischen Befragungs- und Vernehmungsprotokolls vor, das der Europäische Staatsanwalt bei seinen Vernehmungen anfertigen könnte.[875] Die Übertragung des Vorschlags auf ein System des Europäischen Beweismittels ist aber kaum vorstellbar. Sie würde ja wieder auf eine europäische Strafgesetzgebung hinauslaufen, die schon

---

868 *Gleß*, ZStW 115 (2003), 131, 148; *Biehler/Gleß/Parra/Zeitler*, Analyse des Grünbuchs zum strafrechtlichen Schutz der finanziellen Interessen der EG und zur Schaffung einer Europäischen Staatsanwaltschaft, S. 44; *Radtke*, GA 2004, 1, 19, dort auch zur schon nach Aussicht des Autors wenig aussichtsreichen Schaffung eines eigenständigen europäischen Strafverfahrensrechts; *Hecker*, Europäisches Strafrecht, § 12, Rdnr. 52

869 *Gleß*, ZStW 115 (2003), 131, 148

870 *Radtke*, GA 2004, 1, 19

871 *Radtke*, GA 2004, 1, 20

872 „Gesamtbetrachtungslehre", s.a.: *Schroeder*, GA 2003, 293; *Kühne*, StV 2001, 73, 77

873 *Gleß*, ZStW 115 (2003), 131, 150

874 *Radtke*, GA 2004, 1, 21

875 KOM(2001) 715 endg. S. 64; *Delmas-Marty*, Corpus Juris, S. 77

von der Kommission als unverhältnismäßig bezeichnet wird[876], und deren rechtliche Möglichkeit bezweifelt wird.[877]

cc) Modifikation der bisherigen Rechtshilfe

Ein weiterer Ansatz zur Vermeidung von Problemen, die sich aus dem Transfer von im Ausland gewonnenen Beweismitteln ergeben, wäre ein Vorgehen bei der Beweisgewinnung nach dem Verfahren gemäß Art. 4 des Europäischen Rechtshilfeübereinkommens.[878] Wie oben bereits dargestellt[879] wird nach diesem Übereinkommen das Rechtshilfeersuchen nach den Vorschriften des ersuchenden Staates erledigt, die der ersuchende Staat im Rahmen des Rechtshilfeersuchens übermittelt. Dieser Ansatz berücksichtigt das Ziel der Rechtshilfe, das Strafverfahren im ersuchenden Staat bestmöglich zu fördern. Außerdem besteht in den meisten Fällen gar kein Bedarf nach einem europaweit verkehrsfähigen Beweismittel, es reicht eben aus, dass das Beweismittel im Strafverfahren des ersuchenden Staates verwertet werden kann.[880] In diesen Fällen würde sich ein nach dem Recht des ersuchenden Staates gewonnenes Beweismittel deutlich leichter verwerten lassen.[881]
Sowohl die Kommission in ihrem Grünbuch als auch die Verfasser des Corpus Juris bringen nur die Zielsetzung eines europaweit verkehrsfähigen Beweismittels vor.[882] Ob dies tatsächlich in sämtlichen Fällen von Strafverfahren mit Auslandsberührung nötig ist, erscheint fraglich. Zumindest momentan werden in der Mehrzahl aller Verfahren Beweismittel in einem Staat erhoben und in einem anderen Staat verwertet. Eine europaweite Verkehrsfähigkeit der Beweismittel ist in diesen Fällen gar nicht nötig. Es erscheint also eine deutlich weniger problembelastete Lösung als die automatische Anerkennung sinnvoller. Die gegenseitige Anerkennung von Beweismitteln kann dennoch in einigen Fällen sinnvoll sein. Dabei handelt es sich vor allem um Fälle, in denen die Beweismittel bereits erhoben wurden, bevor der nationale Gerichtsstand feststand, oder sich der Gerichtsstand nach der Beweiserhebung geändert hat.

Die Übermittlung der bei der Beweiserhebung zu beachtenden Vorschriften erscheint hierbei durchaus praktikabel, es sind standardisierte Hinweise für die meisten zu erhebenden Beweismittel mit Übersetzungen in die verschiedenen Sprachen der Mitgliedstaaten denkbar. Auch eine vorgeschriebene Rückfrage des ersuchten Staates bei Unmöglichkeit des Ausführens des Ersuchens würde das Vorgehen erleichtern.

---

876 KOM(2001) 715 endg. S. 64
877 Umfassend: *Satzger*, Die Europäisierung des Strafrechts, S. 90 ff.
878 Abl. EG C 197 vom 12.07.2000, S. 1
879 Zum bisherigen Beweistransfer siehe: H II 3 a
880 *Böse*, ZStW 114 (2002), 148, 181; *ders.* in: Fragmentarisches Strafrecht, S. 233, 249
881 Zu den damit aber teilweise verbundenen Schwierigkeiten bei der Anwendung fremder Regelungen siehe: Oehler, Internationales Strafrecht, Rdnr. 144
882 KOM(2001)715 endg. S. 63; Delmas-Marty, Corpus Juris, S. 3,

Um den Beweismitteltransfer aber grundlegend zu erleichtern, müsste eine grundlegende Modifizierung des Rechtshilferechts bezüglich der Rechtshilfe bei der Erhebung von Beweisen erfolgen. Im Rahmen der Darstellung der bisherigen rechtshilferechtlichen Regelungen wurde insbesondere die Prüfung der beiderseitigen Strafbarkeit als Hindernis einer schnellen Rechtshilfe angesehen. Es wäre also sinnvoll, im Bereich der Rechtshilfe bei der Beweiserhebung gänzlich auf das Erfordernis der beiderseitigen Strafbarkeit zu verzichten. Dabei ist zu beachten, dass das durch das Rechtshilfeübereinkommen vom 29.05.2000[883] ergänzte Europäische Rechtshilfeübereinkommen vom 20.04.1959[884] nicht generell von einer Prüfung der beiderseitigen Strafbarkeit ausgeht.[885] Allerdings haben es sich einige Vertragsstaaten, darunter die BRD, vorbehalten, die Erledigung von Rechtshilfeersuchen von der beiderseitigen Strafbarkeit abhängig zu machen. Schon der Verzicht auf die Prüfung der beiderseitigen Strafbarkeit und der Rückgriff auf einen (wenn überhaupt benötigten) ordre-public-Vorbehalt würde die Rechtshilfe deutlich beschleunigen. Trotz dieser nötigen Änderungen des bisherigen Rechtshilferechts erscheint dieses Vorgehen politisch leichter durchsetzbar, da es weder in die nationale Souveränität noch die Strafrechtsordnung der Mitgliedstaaten eingreift. Der Verzicht auf die beiderseitige Strafbarkeit könnte hier unter anderem mit dem gegenseitigen Vertrauen in die andere Rechtsordnung gerechtfertigt werden. Das vorgeschlagene System ist deshalb m.E. auch leichter erreichbar als die oben vorgestellten Vorschläge des AE[886], da auf das Meistbegünstigungsprinzip verzichtet werden könnte und keine Behörden des Urteilsstaates auf fremdem Gebiet tätig würden.

h) Ergebnis

Das von der Kommission und dem Corpus Juris vorgeschlagene System des europaweit verkehrsfähigen Beweises muss in der aktuellen Entwicklungsphase als unzureichend bezeichnet werden. Sollte auch in einer endgültigen Ausgestaltung ein Mechanismus zum Ausgleich der sich aus dem Beweistransfer ergebenden Nachteile für den Beschuldigten fehlen, so führt die gegenseitige Anerkennung von im Ausland gewonnenen Beweisen eine Störung der innerprozessualen Balance herbei.[887] Dies bedeutet erhebliche Einschnitte in die Rechte des Beschuldigten im Strafverfahren.[888] Da die die europaweite Geltung eines Beweismittels in den meisten Fällen nicht notwendig ist, erscheint die Modifikation der bisherigen Rechtshilfe sinnvoller.

---

[883] Abl. EG C 197 vom 12.07.2000, S. 1

[884] ETS Nr. 30

[885] Art. 5 des EuRhÜbk, siehe auch oben: C I 2 b und E II 3

[886] *Schünemann* (Hrsg.), Alternativentwurf europäische Strafverfolgung, S. 11

[887] Siehe auch: *Hecker*, Europäisches Strafrecht, § 12, Rdnr. 44

[888] So auch: Stellungnahme des Europaausschusses der BRAK, S. 6; ebenso: Stellungnahme des DAV, S. 12; ebenso: Stellungnahme deutscher Strafrechtslehrer, S. 1 (abgedruckt bei *Schünemann*, GA 2002, 500, 515f.; alle abrufbar unter: http://europa.eu.int /comm/anti_fraud/green_paper/contributions/date.html

III) Probleme des Rechtshilferechts im bisherigen Sinn (IRG)

Die Einführung des Prinzips der gegenseitigen Anerkennung ändert die bisherigen rechtshilferechtlichen Regelungen grundlegend. Hier soll insbesondere überprüft werden, ob die gegenseitige Anerkennung sich aus dem bisherigen Rechtshilferecht ergebende Rechte der betroffenen Personen verletzt.

a) Gefahr der Verletzung von Rechten des Betroffenen durch den Verzicht auf die beiderseitige Strafbarkeit

Untrennbar mit der Einführung der gegenseitigen Anerkennung ist die Abschaffung der Prüfung der beiderseitigen Strafbarkeit verbunden. In Fällen einer Katalogtat[889] soll keine Prüfung der gegenseitigen Strafbarkeit erfolgen. Es stellt sich also die Frage, ob dieser Verzicht auf die bisherige Voraussetzung der Rechtshilfe die Rechte der betroffenen Personen verletzt.[890]

Dazu ist zu prüfen, ob das Erfordernis der beiderseitigen Strafbarkeit ein subjektives Recht der betroffenen Person darstellt und seine Abschaffung also eine Rechtsverletzung darstellen kann.

b) Die beiderseitige Strafbarkeit im Rechtshilferecht

Eine grundlegende Anforderung an ein Rechtshilfeersuchen ist die beiderseitige Strafbarkeit des dem Rechtshilfeersuchen zugrunde liegenden Verhaltens in sowohl dem ersuchenden als auch dem ersuchten Staat.[891] Die Frage der gegenseitigen Strafbarkeit hat sich im Auslieferungsrecht entwickelt. Für länderübergreifend strafwürdig erscheinende Sachverhalte galt nach naturrechtlichem[892] Verständnis das Prinzip des „aut punire aut dedere“[893].[894] Der Täter sollte also entweder am Tatort bestraft werden, oder an einen anderen Ort übergeben werden, damit er dort bestraft werden sollte.

Der Grundsatz ist im IRG in Art. 3 Abs. 1 geregelt. Im Bereich der sonstigen Rechtshilfe[895] wird nur bei der Herausgabe von Gegenständen gefordert, dass

---

[889] Dies liegt vor, wenn die Handlung dem im jeweiligen Rahmenbeschluss angegebenen Straftatenkatalog unterfällt.

[890] Siehe nur: *Schünemann*, StV 2003, 531, 532; *ders.* ZRP 2003, 185, 188; *Böse* in: Grützner/Pötz, § 81 IRG Rdnr. 7 ff.

[891] Zur beiderseitigen Strafbarkeit siehe: *Böse* in: Momsen/Bloy/Rackow (Hrsg.), Fragmentarisches Strafrecht, 2003, 242; *Vogler* in: Grützner/Pötz, § 3 IRG Rdnr. 2

[892] Creifelds Rechtswörterbuch, S. 951: Das Recht, das sich aus der menschlichen Natur ableitet und das demgemäß aus der reinen Vernunft, die allen Menschen eigen ist, erkennbar ist. Es ist daher für alle Zeiten gültig, von Raum und Zeit unabhängig.

[893] Übersetzung: „entweder bestrafen oder ausliefern“. Diese Regel geht auf Grotius zurück (*Grotius*, De jure belli ac pacis, 1625, Buch II, Kap. 21 § III 1 f. und § IV 3; zitiert in: *Ambos* in: MüKo vor §§ 3-7 StGB, Rdnr. 59) und wird heute *„aut dedere aut judicare“* (entweder ausliefern oder verurteilen) ausgedrückt. Umfassend: *Maierhöfer*, „aut dedere – aut judicare“, 2006, 72

[894] *Popp*, Grundzüge der internationalen Rechtshilfe in Strafsachen, Rdnr. 196 ff.

[895] Die Rechtshilfe, die weder die Auslieferung, noch die Vollstreckungshilfe zum Gegenstand hat.

die Tat auch nach deutschem Recht strafbar oder als Ordnungswidrigkeit verfolgbar ist.[896]

Zur beiderseitigen Strafbarkeit sei noch angemerkt, dass es sich dabei keineswegs um ein unumstrittenes Merkmal der Rechtshilfe handelt. So finden sich immer wieder Tendenzen, es vollständig abzuschaffen.[897] Eine Einschränkung der beiderseitigen Strafbarkeit aus der Zeit vor der Einführung der gegenseitigen Anerkennung findet sich unter anderem in Art. 3 des EU-Auslieferungs-Übereinkommens.[898] *Vogel* bezeichnet es sogar als Fremdkörper im Rechtshilferecht[899], wogegen es von anderen als grundrechtsfundierte Auslieferungsvoraussetzung angesehen wird.[900]

aa) Grundlage für die beiderseitige Strafbarkeit

Zur rechtlichen Begründung für die beiderseitige Strafbarkeit werden verschiedene Ansätze vertreten.[901]

(1) Das Gegenseitigkeitsprinzip

Es erscheint nahe liegend, die beiderseitige Strafbarkeit aus dem Gegenseitigkeitsprinzip abzuleiten.[902]

Nach der bisherigen Konstruktion der Rechtshilfe in Strafsachen ist das Gegenseitigkeitsprinzip ein wichtiger Bestandteil der Systematik des Rechtshilfe-

---

896 § 66 Abs. 2 Nr.1 IRG

897 *Lagodny in:* Schomburg/Lagodny/Gleß/Hackner, IRG, § 3 IRG Rdnr. 2, der die beiderseitige Strafbarkeit zum Zweck einer beschleunigten Strafverfolgung aufgeben will. *Ders.*, ZStW 101 (1989), 987, 996; *Jescheck*, ZStW 66 (1954) 518, 530; *Schomburg*, StV 1998, 153, 157; *Weigend*, JuS 2000, 105, 107; *Braum*, GA 2005, 681, 684 mit Hinweis auf die Oxforder Beschlüsse von 1880, in denen bereits die Ansicht ausgedrückt wird, dass für eine wirksame Rechtshilfe in Strafsachen der Grundsatz beiderseitiger Strafbarkeit keine umfassende Geltung beanspruchen dürfe.

898 Abl. EG C 313 vom 27.02.2003, S. 12. Art. 3 Abs. 1: *„Erfüllt die dem Auslieferungsersuchen zugrunde liegende Handlung nach dem Recht des ersuchenden Mitgliedstaates den Straftatbestand der Verabredung einer strafbaren Handlung oder der Beteiligung an einer kriminellen Vereinigung und ist sie mit einer Freiheitsstrafe oder einer die Freiheit beschränkenden Maßregel der Sicherung und der Besserung im Höchstmaß von mindestens 12 Monaten bedroht, so darf die Auslieferung nicht mit der Begründung abgelehnt werden, dass diese Handlung nach dem Recht des ersuchten Mitgliedstaates keinen Straftatbestand darstellt, sofern […]"*
Siehe dazu auch: *Lagodny*, ZRP 2000, 175, 177; *Böse* in: Grützner/Pötz, § 81 IRG, Rdnr. 6

899 *Vogel*, JZ 2001, 937, 942, der von der Rechtshilfe als lediglich Hilfe zur fremden Strafverfolgung ausgeht und deshalb die Strafbarkeit im ersuchten Staat nicht für relevant hält.

900 *Schünemann*, ZStW 116 (2004), 376, 385; *ders.* GA 2004, 193, 203

901 Überblick bei: *Schomburg/Lagodny in:* Schomburg/Lagodny/Gleß/Hackner, IRG, Einleitung Rdnr. 64

902 So *Grützner*, ZStW 68 (1965), 501, 506 unter Hinweis auf *Mettgenberg*, die Reziprozität im Deutschen Auslieferungsrecht, 1909, 51; *Lagodny in* Schomburg/Lagodny/Gleß/Hackner, IRG, § 5 IRG Rdnr. 2; *ders.* ZRP 2000, 175, 177; a.A.: *Popp*, Grundzüge der internationalen Rechtshilfe in Strafsachen, Rdnr. 202; ebenso: *Vogel*, JZ, 937, 942

rechts. Das Gegenseitigkeitsprinzip findet sich aktuell in § 5 IRG, war aber schon in § 4 Nr. 1 DAG normiert.[903] Es stellt im Völkerrecht ein allgemeines, aus einer politischen Handlungsmaxime[904] entwickeltes und auf der Gleichberechtigung der Staaten beruhendes Prinzip gleich einem „do ut des" dar.[905]

Aus diesem Ansatz der Spiegelbildlichkeit zwischen den Staaten hat sich die beiderseitige Strafbarkeit als historisch gewachsene Ausprägung des Gegenseitigkeitsprinzips entwickelt.[906] Es sollte ähnlich dem Gegenseitigkeitsprinzip nur dann Rechtshilfe geleistet werden, wenn dies aufgrund der Strafbarkeit im ersuchten Staat ebenfalls in Frage kam. Aufgrund der Entwicklung aus einem völkerrechtlichen Prinzip lassen sich im Erfordernis der beiderseitigen Strafbarkeit keine subjektiven Rechte des Verfolgten herleiten.[907]

(2) Grundrechtsschutz als Grundlage

Es werden Ansätze vertreten, nach denen die Voraussetzung der beiderseitigen Strafbarkeit aufgrund des Schutzes der Bürger und ihrer Rechtspositionen durch die Grundrechte bedingt wird.[908] *Schünemann* bezeichnet die beiderseitige Strafbarkeit sogar als grundrechtsfundierte Auslieferungsvoraussetzung.[909] Dem ist nicht zuzustimmen. Das Prinzip der beiderseitigen Strafbarkeit wird nicht durch die Grundrechte bedingt.[910]
Sollte jedoch ein Fall vorliegen, in dem der ersuchende Staat ein in der BRD grundrechtlich geschütztes Verhalten bestrafen will, oder die Strafe in der BRD grundrechtlich verboten sein sollte, so wird dies durch die Grundrechte an sich auch ohne die beiderseitige Strafbarkeit verhindert.[911]

(3) Kriminalpolitische Aspekte

Nach anderer Ansicht stehen kriminalpolitische Aspekte hinter dem Prinzip der beiderseitigen Strafbarkeit. Stellt ein Staat ein bestimmtes Verhalten nicht unter Strafe, so will er sich auch nicht an einer Verfolgung des von ihm als straf-

---

903 § 5 IRG: *„Die Auslieferung ist nur zulässig, wenn auf Grund der vom ersuchenden Staat gegebenen Zusicherungen erwartet werden kann, dass dieser einem vergleichbaren deutschen Ersuchen entsprechen würde."*

904 BGHSt 24, 297, 303; Siehe auch: OVG Münster, NJW 1989, 2209

905 *Lagodny* in: Schomburg/Lagodny/Gleß/Hackner, IRG, § 5 IRG Rdnr. 2

906 *Hackner/Schomburg/Lagodny/Wolf,* Die internationale Rechtshilfe in Strafsachen, Rdnr. 25; *Lagodny*, ZStW 101 (1989), 987, 998; *Böse* in: Grützner/Pötz, § 81 IRG Rdnr. 10

907 *Böse* in: Fragmentarisches Strafrecht, S. 233, 242; *Lagodny in* Schomburg/Lagodny/Gleß/Hackner, IRG, § 3 IRG, Rdnr. 2; *Vogel*, JZ 2001, 937, 942

908 *Popp*, Grundzüge der internationalen Rechtshilfe in Strafsachen, Rdnr. 204

909 *Schünemann*, ZStW 116 (2004), 376, 385

910 *Lagodny* in: Schomburg/Lagodny/Gleß/Hackner, IRG, § 3 IRG Rdnr. 2; *Lagodny*, ZStW 101 (1989), 987, 996; So auch die Stellungnahme des Bevollmächtigten der Bundesregierung im Verfahren vor dem BVerfG zum Europäischen Haftbefehl, BVerfG vom 18.07.2005, 2BvR 2236/04Rdnr. 50

911 *Lagodny*, ZStW 101 (1989), 987, 996; *ders.* in: Schomburg/Lagodny/Gleß/Hackner, IRG, § 3 IRG Rdnr. 2; *Böse* in: Grützner/Pötz, § 81 IRG Rdnr. 9

frei betrachteten Verhaltens durch einen anderen Staat beteiligen.[912] Nach dieser Ansicht wird durch die beiderseitige Strafbarkeit also dem kriminalpolitischen Wertungen eines Staates Rechnung getragen. Die strafrechtliche Nichtsanktionierung eines Verhaltens geht also so weit, dass auch im Falle einer ausländischen Strafklagezuständigkeit der Täter nicht ausgeliefert wird und die Verfolgung der Tat somit verhindert wird.

Aus dieser Begründung für die beiderseitige Strafbarkeit kann aber gerade kein individualschützender Charakter dieser Voraussetzung geschlossen werden. Der Staat privilegiert zwar aufgrund einer kriminalpolitischen Entscheidung bestimmte Verhaltensweisen als nicht strafbar, dies bedeutet für den einzelnen Bürger aber keine gesicherte Rechtsposition. Der Bürger muss immer davon ausgehen, dass aufgrund einer kriminalpolitischen Entscheidung ein bislang straffreies Verhalten mit Strafe bedroht wird.[913] Dies ist grundlegender Ausfluss des Rechtsstaatsprinzips und der Legislativhoheit des Gesetzgebers.

(4) Zwischenergebnis

Es ist davon auszugehen, dass das Erfordernis der beiderseitigen Strafbarkeit seine Grundlage im völkerrechtlichen Gegenseitigkeitsprinzip hat. Eine subjektive Rechtsposition wird durch die beiderseitige Strafbarkeit nicht erzeugt.

c) Ergebnis

Aufgrund des Fehlens einer subjektivrechtlichen Komponente der beiderseitigen Strafbarkeit kann auch der Verzicht auf diese keine Rechte des Betroffenen verletzen. Dabei ist zu beachten, dass in Fällen, in denen eine Rechtsverletzung der Betroffenen aufgrund des Wegfalls der beiderseitigen Strafbarkeit droht, diese meist an den übrigen Grundrechten scheitern würde. Anders ausgedrückt: die beiderseitige Strafbarkeit gewährt dem Betroffenen ein Schutzniveau, dass über das seiner Grundrechte hinausgeht.[914] Der Verzicht darauf kann zwar das Schutzniveau absenken, aber noch nicht die Grundrechte verletzen.

Außerdem darf der Aspekt nicht vergessen werden, dass die beiderseitige Strafbarkeit nur bei Vorliegen einer Katalogtat entfällt, die wiederum einen weitgehend harmonisierten Deliktsbereich darstellt.[915]

Das BVerfG hat in seiner Entscheidung zum Europäischen Haftbefehl die Frage der Rechtsverletzung durch den Verzicht grundsätzlich offen gelassen, da es mit dem Merkmal des maßgeblichen Inlandsbezuges eine Möglichkeit ge-

---

[912] *Popp*, Grundzüge der internationalen Rechtshilfe in Strafsachen, Rdnr. 203

[913] Natürlich unter Beachtung des Rückwirkungsverbotes.

[914] *Böse* in: Grützner/Pötz, § 81 IRG Rdnr. 9

[915] *Kreß*, ZStW 116 (2004), 463 mit Hinweis auf den diesbezüglichen Hinweis *Burumas; Böse* in: Grützner/Pötz, § 81 IRG Rdnr. 9

schaffen hat, den deutschen Rechtsraum zumindest im Rahmen der Auslieferung vor ausländischen Strafansprüchen zu schützen.[916]

[916] BVerfG vom 18.07.2005, 2 BvR 2236/04, Rdnr. 122

Zusammenfassung und Ergebnis

Die Einführung des Prinzips der gegenseitigen Anerkennung auf dem Gebiet des Strafrechts stellt sich als grundlegende Änderung und Neuerung der bisherigen rechtshilferechtlichen Regelungen dar. Es ist getragen vom Bedürfnis nach der Optimierung der grenzüberschreitenden Strafverfolgung in einem zunehmend grenzenlosen Europa und dem Bewusstsein um ein zumindest grundsätzlich vergleichbar hohes Niveau der einzelnen mitgliedstaatlichen Rechtsordnungen.[917] Außerdem basiert es auf dem gegenseitigen Vertrauen in die jeweils anderen Rechtsordnungen.[918] Es stellt gleichsam die Kehrseite zur Freizügigkeit in Europa dar.[919]
Die Einführung der gegenseitigen Anerkennung wird momentan in verschiedenen Bereichen des Rechtshilferechts vorangetrieben, es soll der entscheidende Schritt zur Erreichung eines Raums der Freiheit, der Sicherheit und des Rechts in Europa sein. Dabei ist der nicht zu bestreitende Vorteil der gegenseitigen Anerkennung der im Vergleich zur Harmonisierung der mitgliedstaatlichen Rechtsordnungen geringere Aufwand ihrer Einführung.[920] Außerdem ist die begrenzte gegenseitige Anerkennung, die keine allgemeine Harmonisierung der mitgliedstaatlichen Rechtsordnungen vorsieht, ein Weg, die nationale Identität und Staatlichkeit in einem einheitlichen europäischen Rechtsraum zu wahren.[921] Die mit den unbestrittenen Möglichkeiten der gegenseitigen Anerkennung untrennbar verbundenen Probleme und Risiken dürfen dabei allerdings nicht vergessen werden. Bei uneingeschränkter Anwendung kann es zur Verkürzung des Rechtschutzes der Betroffenen und zu einem Eingriff in die fein austarierten Verhältnisse im Strafverfahren kommen. Außerdem ist zu prüfen, in welchen Bereichen die gegenseitige Anerkennung wirklich Sinn macht. So sind zum Beispiel überall in Europa gültige Beweismittel gar nicht nötig, sie werden meist in einem Staat gewonnen und in einem anderen Staat verwertet.

Es liegt an den nationalen und europäischen Gerichten, ständig die Grundrechte der Bürger vor nicht gerechtfertigten Eingriffen zu bewahren. Außerdem sollte auf politischer Ebene bald ein System zur Lösung der Strafgewaltkonflikte eingerichtet werden. Die ausufernden Strafansprüche der einzelnen Länder

[917] *Deiters*, ZRP 2003, 359, 360, der das Prinzip der gegenseitigen Anerkennung als Gebot politischer Klugheit bezeichnet.
[918] *Buruma*, ZStW 116 (2004), 424, 429f.; Spricht in diesem Zusammenhang sogar von radikaler Toleranz gegenüber den anderen Rechtsordnungen auf der Basis der gemeinschaftlichen europäischen Kultur. Diese soll aber nicht grenzenlos gelten. Er sieht sie nur verwirklicht, wenn die einzelnen Staaten sich bei der Anwendung ihres Rechts auf Taten im Ausland zurückhaltend zeigen und spielt so wieder auf die oft vorgebrachte Forderung nach einer Regelung zur Lösung der Jurisdiktionskonflikte an.
[919] *Deiters*, ZRP 2003, 359, 362
[920] *Buruma*, ZStW 116 (2004), 424, 428
[921] BVerfG vom 18.07.2005, 2 BvR 2236/04, Rdnr. 75

stellen ein Problem dar, das durch die Kombination mit der gegenseitigen Anerkennung erheblich an Gefahr gewinnt.

Die Strafrechtswissenschaft sollte sich nicht darauf beschränken, Kritik an der gegenseitigen Anerkennung zu üben, sondern mit konstruktiven Beiträgen auf die Problembereiche hinweisen und Lösungsmöglichkeiten aufzeigen. Der reine Widerstand gegen das Prinzip erscheint aufgrund des weitgehenden Fortschrittes fragwürdig und aussichtslos.[922]

---

[922] *Vogel*, ZStW 116 (2004), 400, 422

Hsiao-Wen Wang

Der universale Strafanspruch des nationalen Staates

Eine Untersuchung über das Weltrechtsprinzip im Internationalen Strafrecht

Frankfurt am Main, Berlin, Bern, Bruxelles, New York, Oxford, Wien, 2005.
IX, 187 S.
Frankfurter kriminalwissenschaftliche Studien.
Verantwortlicher Herausgeber: Ulfrid Neumann. Bd. 90
ISBN 978-3-631-53216-4 · br. € 39.–*

Nach dem Weltrechtsprinzip darf ein Staat nach seinen Strafgesetzen bestimmte Verbrechen, die wegen der Verletzung universal anerkannter Rechtsgüter international als strafwürdig und -notwendig erachtet werden, unabhängig von Tatort, Nationalität von Täter und Opfer und Tatortrecht unter Strafe stellen. Unter Berufung auf das Weltrechtsprinzip dürfen die nationalen Strafrechtsnormen ungeachtet ihrer etwaigen Differenzen zu anderen Rechtsordnungen die Geltung gegenüber allen Menschen in der Welt beanspruchen. Angesichts des auf dem Weltrechtsprinzip beruhenden universalen Strafanspruchs des Nationalstaates setzt sich die Arbeit in philosophischen, völkerrechtlichen, verfassungsrechtlichen und straf-theoretischen Überlegungen mit der Legitimation des Weltrechtsprinzips auseinander.

Aus dem Inhalt: Das Weltrechtsprinzip im Internationalen Strafrecht · Die Begründung universal gültiger Normen · Die völkerrechtliche Begründung und Einschränkung des universalen Geltungsanspruchs nationaler Strafrechts-normen · Die verfassungsrechtlichen und straftheoretischen Überlegungen zum universalen Geltungsanspruch nationaler Strafrechtsnormen · Die rechtlichen Regelungen über das Weltrechtsprinzip in der Bundesrepublik Deutschland

Kolibri 360 GmbH
Ferdinand-Jühlke-Straße 7
99095 Erfurt, Deutschland
produktsicherheit@kolibri360.de

Druck:
CPI Druckdienstleistungen GmbH
im Auftrag der
Kolibri 360 GmbH
Ferdinand-Jühlke-Str. 7
99095 Erfurt